LUIS PÉREZ SANTIAGO

TODO ES POSIBLE

APRENDE A GESTIONAR TU VIDA CON EL *COACHING* Y EL MÉTODO SILVA DE CONTROL MENTAL

Prólogo de **Diana Silva**

edaf

LUIS PÉREZ SANTIAGO

TODO ES POSIBLE

APRENDE A GESTIONAR
TU VIDA CON EL *COACHING*
Y EL MÉTODO SILVA
DE CONTROL MENTAL

Prólogo de **Diana Silva**

www.edaf.net

MADRID - MÉXICO - BUENOS AIRES - SANTIAGO
2017

© 2016, Luis Pérez Santiago
© 2017. De esta edición, Editorial EDAF, S.L.U.

Diseño de la cubierta: Gerardo Domínguez
Maquetación y diseño de interior: Diseño y Control Gráfico, S.L.
Fotografías de interior: Cedidas por el autor.
Fotografía de autor de cubierta: Paula Portilla

Editorial Edaf, S.L.U.
Jorge Juan, 68,
28009 Madrid, España
Teléf.: (34) 91 435 82 60
www.edaf.net
edaf@edaf.net

Ediciones Algaba, S.A. de C.V.
Calle 21, Poniente 3323 - Entre la 33 sur y la 35 sur
Colonia Belisario Domínguez
Puebla 72180 México
Telf.: 52 22 22 11 13 87
jaime.breton@edaf.com.mx

Edaf del Plata, S.A.
Chile, 2222
1227 Buenos Aires (Argentina)
edaf4@speedy.com.ar

Edaf Chile, S.A.
Coyancura, 2270, oficina 914, Providencia
Santiago - Chile
comercialedafchile@edafchile.cl

Mayo de 2017

ISBN: 978-84-414-3746-3
Depósito legal: M-11209-2017

PRINTED IN SPAIN   IMPRESO EN ESPAÑA

COFÁS

3 1350 00368 2657

Dedico este libro a mis hijos, por su paciencia y comprensión, pues, cuando me lanzo hacia una meta, los arrastro conmigo.

Índice

Agradecimientos

A mi gran maestro José Silva, por descubrirme mi misión; a Diana Silva, por su apoyo incondicional y a Laura Silva, por su motivación.

A los directores del Método Silva España.

A Rosa Sadornil, Ginés Muñoz, David Gómez, Luis Garrido y Carolina Alves.

A editorial Edaf, y mis editores, por brindarme la posibilidad de publicar este libro.

A mis padres.

Hago una mención especial a Laia Solé Solé, por su paciencia y su ayuda leal, y a Paula Portilla Fernández, por su estupenda edición y su pasión.

Sin todos ellos no hubiera sido posible. Gracias, Gracias, Gracias.

Prólogo

Cuando recibí el mensaje de Luis, emocionado por el proyecto de la publicación de su libro, rápidamente comprendí que la figura de mi padre, José Silva, formaría parte de la esencia de su futura obra, pues, para él siempre fue un gran referente y así me lo ha manifestado en múltiples ocasiones, por esto decidí escribir estas palabras.

Mi padre y Luis se conocieron hace muchos años, cuando acudió a uno de sus cursos, pues ya había conocido las técnicas del Método Silva con otros instructores y estaba muy emocionado con aprenderlas directamente del Maestro, de la mano de mi padre José Silva, ya que estos conocimientos le habían cambiado la vida y por eso quería conocer en persona a uno de sus grandes inspiradores y creador del Método Silva. Desde ese momento mi padre y Luis tuvieron una gran conexión.

Por aquel entonces yo no conocía a Luis, pero sucedió años más tarde, cuando en junio de 2016 comencé a presidir la organización del Método Silva a nivel mundial y Luis era uno de los instructores más destacados y prestigiosos de España. Así comenzó también nuestra relación.

En este libro Luis no solo explica todos los conocimientos que ha adquirido a lo largo de sus años como *coach*, practicante del Método Silva y como instructor del mismo, sino que ha sido capaz de sorprenderme y captar mi atención con todas las experiencias personales y emotivas que cuenta a lo largo de sus páginas, no solo por su interés personal, sino terapéutico en relación con el método. Un camino desde el fracaso hasta el aprendizaje de la mano de grandes maestros como Richard Bandler, Laura Silva, Rosa Argentina, Tony Robbins, su maestro Hisataka, o mi padre, José Silva.

Una de las partes que más me ha sorprendido y que yo desconocía de Luis, que relata con mucha humanidad en este libro, ha sido su dura infancia y cómo, a pesar de ello, ha conseguido triunfar en el ámbito personal, profesional y espiritual. Ha sabido sacar el lado positivo y alegre de su situación y ha conseguido transmutar todas las situaciones negativas en algo beneficioso para él, extrayendo todo el aprendizaje que la vida le ha dado aprovechando las oportunidades.

El libro de Luis es la herramienta imprescindible para cualquier proceso de crecimiento personal y superación, la guía perfecta para poner en práctica las técnicas necesarias para ello, con ejercicios muy fáciles y sencillos que van desde el autoconocimiento y el desarrollo del ego, hasta las claves que te permitirán alcanzar tus metas. Ha sabido, gracias a su experiencia y dedicación, transmitir el conocimiento de los cursos, conferencias, congresos, entre otras muchas actividades, en un libro que resume de forma muy asequible y exhaustivamente los valores éticos y las capacidades mentales que él posee, enriquecido con la emoción que le aportan sus vivencias personales y cómo, gracias a lo aprendido, ha conseguido superar todos los obstáculos que hubo de afrontar a lo largo de su vida.

Una infancia muy compleja, una juventud sin rumbo… pero que, gracias al Método Silva, que comenzó a practicar desde el año 1985, ha llegado a ser el hombre que es actualmente.

Tras haber leído el libro, he descubierto a un hombre auténtico, a un hombre de fe que vive en coherencia con sus valores, pues los practica y de esta forma los transmite en sus cursos de forma muy apasionada.

Espero, de todo corazón, que disfrutéis leyendo este libro como he disfrutado yo.

Diana Silva
Presidenta del International Silva Method (CSMI).

Presentación

Hace 10 años que conocí a Luis Pérez en un curso que él impartía en Barcelona. En 2007 tuve la oportunidad de visitar y asistir a su curso como colega e instructora de esta misma modalidad en Portugal.

Sé que Luis, y su vida, por mucho que navegue y sea un especialista en *Coaching*, como sé que es y como se puede apreciar en este maravilloso libro, estará unido al Método Silva, a esta maravillosa metodología en la que se entrega y dedica con tanto amor cuando imparte sus cursos.

Una de las grandes conexiones que tuvimos cuando nos hicimos amigos fue la posibilidad de intercambiar ayuda, consejos, debates y compartir mucho del material que utilizamos, siempre orientado al crecimiento de ambos.

Una de las cosas maravillosas que sucede cuando tienes un amigo como Luis, es que siempre se puede contar con él en cualquier situación, aunque vivamos lejos. Después de diez años de encontrarnos en nuestro viaje, siento un gran orgullo y emoción al escribir esta presentación para el libro de mi gran amigo Luis. Estoy muy agradecida por permitirme estar presente en este momento tan importante de su vida como es el lanzamiento de su libro.

Una de las cosas que me gustaron cuando conocí a Luis era su dedicación al deporte y su desarrollo dentro del Método Silva y cómo ha sido capaz de aplicar el método para él mismo, llegando a ser uno de los mejores competidores del mundo y ejemplo para sus alumnos dentro del deporte. Se sabe que el entrenamiento físico y deportivo está estrechamente vinculado con el entrenamiento mental, ya que facilita el autocontrol y el autodesarrollo para lograr y alcanzar metas de forma más eficaz.

Para finalizar con esta mención a la vida deportiva de Luis, voy a utilizar una historia muy usada por José Silva, al que aprecio y nombro mucho. Esta historia puede ser aplicada a cualquier persona, pues demuestra de forma sencilla a través de un cuento popular cómo actúa y piensa una persona cuando tiene miedos o baja autoestima en relación con algo:

> *Una mañana, mientras un nadador estaba caminando por la playa, vio entre la arena y el agua una botella, así que decidió cogerla y de ella apareció un genio grande e imponente que le dijo: «Muchas gracias por liberarme, por esto voy a concederte tres deseos».*
>
> *El nadador le preguntó si podía concederle todo lo que él quisiera, a lo que el genio respondió que sí, todo aquello que él deseara. De esta forma, el deportista deseó tener un coche rojo descapotable de muy alta gama. Y el genio se lo concedió.*
>
> *Le preguntó si podía pedir una gran casa nueva, a lo que el genio le contestó que, si lo quería, se lo concedería. Pasado un tiempo, decidió gastar el último deseo que le quedaba y le pidió al genio ser el mejor atleta del mundo, pues nunca lo iba a conseguir sin ayuda, a lo que el genio le contestó: «Todo lo que pidas serán órdenes para mí, pero, si de verdad no crees en tus posibilidades, nunca llegarás a ser el mejor atleta del mundo».*

Cuando en *Coaching* nos referimos al autoconocimiento y al desarrollo, lo que realmente se hace es hablar de alcanzar los objetivos propuestos, y esto solamente se logrará conociendo el funcionamiento de nuestro cerebro, nuestras ondas cerebrales y cómo es su funcionamiento en las distintas situaciones de nuestro día a día, como Luis describe en su libro. Gracias a este libro, *Todo es posible*, también aprenderás a identificar tus creencias limitadoras que no te permiten alcanzar las metas que te propongas en cualquier área de tu vida.

A lo largo de los años la situación más difícil que me he encontrado ha sido siempre en relación con los clientes y los alumnos que se aferran a sus creencias limitantes y conductas que los bloquean. Creencias que adquirieron cuando fueron criados por sus grandes pilares en la vida, aquellos a los que más queremos y admiramos como son nuestros padres, abuelos, maestros, o incluso conductas adquiridas por la propia cultura del país y la religión, ya que sabemos que estos factores también tienen mucha fuerza, pues estamos culturalmente atados a muchos valores. Es aquí donde empieza nuestro trabajo, darnos cuenta y aceptar nuestras defensas e ir evolucionando en las cerraduras para llegar a la creencia establecida y curarla.

Como se acostumbra a decir mucho en Portugal, «Quien hace lo que siempre ha hecho, tiene lo que siempre tiene». Esta es una frase que me gusta mucho aplicar al día a día en relación con las creencias limitantes, pues resulta mucho más fácil acostumbrarnos a nuestra mala situación, imaginar el daño que nos está haciendo continuamente y creer que esta situación es la que no nos permite alcanzar algo, que enfrentarnos a ello. Es más fácil vivir en la zona de confort, que aceptar nuestra creencia limitante y sanarla.

Cuando nos resignamos, damos un nuevo sentido a nuestras creencias y acabamos justificando y echando la culpa sobre otros: «Siempre es lo mismo», «Nunca elijo a la persona acertada para mí», «Voy a dejar mi trabajo, porque siempre tengo problemas con mis compañeros». Seguir con estas conductas no es porque siempre tengas «mala suerte en la vida» o seas «víctima de esta sociedad», sino porque siempre eliges el camino equivocado. Continuar con esta actitud y estos comportamientos, incluso aunque cambies de entorno, te llevará a acabar siempre de la misma manera; recibiendo siempre lo mismo, volviéndose un ciclo constante en tu vida.

Creo que somos un espíritu dentro de un cuerpo, y como tal debemos entender la vida como un aprendizaje, y nuestros aprendizajes surgen de nuestras vivencias diarias, de los caminos que vamos eligiendo. Debemos aprender a cambiar, si es que nuestro camino no nos está haciendo sentir bien, cambiar de ruta hacia otro camino que nos lleve a una evolución diferente, hacia un camino de aprendizaje, de bienestar y de realización tanto en el ámbito personal como profesional.

Agradezco mucho el libro de Luis, pues explica muy claramente muchos de los pensamientos de la gente de hoy en día cuando dicen que «Pensar en el cambio ya es el cambio», pero, por desgracia, no es así. Tenemos que aprovechar todo el amor que recibimos, tener unas correctas conductas mentales cambiando nuestra forma de tratarnos y de tratar a los demás, y así poder modificar realmente nuestra forma de actuar.

Los ejercicios y el entrenamiento tienen un papel muy importante, pues nos hacen plantearnos nuestro mundo más introspectivo, lo que nos permite conocernos a nosotros mismos para poder cambiar todos los conceptos negativos que tenemos y lograr la libertad personal, tener un buen nivel de autoestima y sentirnos realizados. Si las personas no pueden hacerlo por sí solas, con estos ejercicios propuestos por Luis tendrán la capacidad de comprender, aceptar y buscar al entrenador que hay en ellos mismos y que los llevará a un camino de conocimiento interior.

La vida es lo que es, y no lo que nosotros queremos que sea; por tanto, tenemos que tener el valor para enfrentarnos a todas las pruebas a las que estamos sometidos, afrontar el problema, aceptarlo y resolverlo con éxito.

Lo más bonito y gratificante en el camino de la evolución de una persona es percibir nuestra propia evolución y sentirnos seguros, porque estamos equipados con las herramientas mentales que nos permiten continuar con nuestro propósito y comprobar frente a nosotros mismos todo el progreso que hemos realizado, conocernos como nuevos individuos, con pensamientos y emociones rejuvenecidos y realizando acciones coherentes con nuestra propia vida, a pesar de cualquier adversidad que se nos presente.

Ana Sofía Leal
Instructora y Representante oficial
Silva Method International, en Portugal.

Introducción

Piensa en grande y tus hechos crecerán.
Piensa en pequeño y quedarás atrás.
Piensa que puedes y podrás.
Todo está en el estado mental.

Rudyard Kipling

Todo lo que cuento a continuación es mi historia. Un hombre con espíritu de niño que sufrió mucho en su infancia, pero que con el esfuerzo y su capacidad de resiliencia, de superarse y de levantarse, consiguió casi todo lo que se propuso. De niño perdido a medalla de oro al mejor competidor del mundo.

En este capítulo os muestro la historia de mi vida tal y como fue. Con sus partes duras, que he intentado mostrar con humor, y también con todas aquellas cosas positivas que consiguieron hacer de mí el hombre que soy. Este es el resultado de mi paso por el mundo. Gracias a mi esfuerzo conseguí lograr alcanzar muchas de las metas que me propuse. Pasé de tenerlo todo a perderlo, pasando uno de los momentos más difíciles de mi vida, pero, gracias a mi trabajo diario y mi capacidad para resurgir de las cenizas como un ave fénix, estoy aquí ahora, cumpliendo otro de mis sueños; escribir mi propio libro.

Cuando empecé con la práctica del Método Silva en el año 1985, nunca imaginé cómo iba a cambiar tanto mi vida. Desde aquel entonces comenzó mi andadura con los libros de control mental, psicología y demás técnicas de muchos de mis grandes maestros que narro en este libro.

Esto es el trabajo de toda una vida dedicada a la superación personal, de tantas horas de esfuerzo y aprendizaje, de lecturas y cursos realizados. He querido recopilar en este libro todas aquellas lecciones que la vida me ha ido enseñando y que han hecho la persona que soy hoy.

Este libro es para ti, como un cultivo de los mejores frutos de diferentes árboles para mostrártelos, para lograr que juntos te sientas capaz de alcanzar todo aquello que te propongas. Es un mapa para que encuentres tu poder, tu talento y saques lo mejor que hay en ti.

La finalidad de este libro es guiarte a través de las técnicas que han cambiado mi vida mostrándome como vivo ejemplo de ello. Es un pedacito de mí, que espero que también pueda convertirse en un gran pedacito de ti, un aprendizaje que te dure para siempre y te acompañe a lo largo de tu trayectoria.

A lo largo de todos los capítulos del libro expondré y os facilitaré todos los ejercicios y prácticas útiles que se convertirán en herramientas imprescindibles para poder aplicarlas a tu vida cotidiana.

Esta es mi historia, tal y como os la cuento aquí. Espero que disfrutéis tanto como yo realizando este libro, que tanto esfuerzo me ha llevado y os resulte útil para conocer un poco mejor a Luis Pérez, instructor del Método Silva de Control mental, *Coach*, padre, deportista y luchador.

LUCHANDO POR LA VIDA DESDE EL NACIMIENTO

Mi madre era una hermosa mujer de pelo negro larguísimo. Cuando se quedó embarazada de mí, era soltera y mi padre, como dice la canción mexicana: «parrandero, mujeriego y jugador». Me querían llevar a un orfanato, pero mi abuela materna, Engracia, se opuso vehemente:

—¡Antes de que mi nieto vaya a un hospicio yo me meto de puta!

Nací en la casa de mis abuelos en Capiscol, un barrio periférico de la ciudad de Burgos, situada cerca del río Arlanzón. Al principio, cuando mis abuelos construyeron la casa, era un barrio muy tranquilo, pero se convirtió en una barriada para familias gitanas, con un club nocturno a cien metros.

Title: Jesús te llama :
disfruta de paz en su
presencia
Item ID: 31350003417518
Date due: 11/13/2019,23:
59

Title: Todo es posible :
aprende a gestionar tu vida
con
Item ID: 31350003682657
Date due: 11/13/2019,23:
59

Nací prematuro y a mi madre no le dio tiempo a llegar a la clínica, así que, como antiguamente se hacía, llamaron a Josefa, la comadrona del barrio. El material médico y los utensilios de parto fueron una palancana y unas toallas. Cuando nací, me acomodaron en una caja de cartón de embalaje de la televisión, pues la economía no estaba para comprar cunas, pero sí televisores.

Al poco de nacer, me dio un intento de parálisis, en la época lo llamaban «airada». Aquí comenzó mi lucha por sobrevivir. Cuando mi padre fue a inscribirme en el registro, los funcionarios le pusieron pegas por no estar casados. Él se enfadó mucho y encolerizó, y acabó discutiendo con ellos y sin registrarme. Yo mismo lo hice cuando fui a hacerme el DNI por primera vez con catorce años, pues no figuraba en el libro de familia.

Mis padres se casaron porque sus padres los obligaron. Mi madre, en principio, no quería casarse y sus padres la apoyaban, pues mi padre no les gustaba. Pero en aquella época ser madre soltera era una huella que no muchas mujeres podían soportar, pues era algo que estaba muy mal visto. Para ella, mi padre era muy atractivo; con su moto, la chaqueta de cuero negro con cremalleras y la pinta de chulo al más puro estilo de la película *Grease*.

Mis abuelos eran unas bellísimas personas que desde el primer momento me adoraron y siento que en los primeros seis años de mi vida su casa fue mi verdadero hogar, donde recibí mucho cariño y atención. Mis padres vivían en la casa anexa, lo cual hizo que mi niñez transcurriera un poco alborotada, pues mi padre era un tipo como los gánster de la época que veíamos en las películas. La situación era realmente tensa: cuando llegaba borracho a casa pegaba a mi madre y a veces a mí también. En una ocasión, cuando tenía cinco años, mi madre me llevó a la feria en las fiestas de Burgos, donde nos encontramos el coche de mi padre, un seiscientos verde oliva, aparcado en la feria y con el faro roto por alguna colisión. Al pensar que podía haber tenido algún problema, mi madre y yo tomamos un taxi, y mi padre al llegar a casa hasta pensaba que mi madre estaba «liada» con el taxista. Por mi corta edad no entendí a qué se refería, y pensé que me preguntaba que si habíamos venido en taxi, a lo que respondí que sí. Seguidamente se quitó el zapato y cogió a mi madre de su preciosa coleta de pelo negro y la metió en una habitación contigua que no tenía puerta. Detrás de la cortina escuchaba los insultos de mi padre y los gemidos y sollozos de dolor de mi madre. No me pude contener y me hice mis necesidades encima del miedo que tenía. Tuve enuresis durante una época, pero a los ocho años lo superé.

En aquella época la violencia familiar era muy habitual y el machismo reinaba en general. Cuando defendía a mi madre, se enfadaba conmigo y me decía que no me metiera. Finalmente, entendí que estaban hechos el uno para el otro: la víctima y el agresor.

La relación con mi madre era rara. Ella era distante y poco comunicadora. No recuerdo muchas muestras de cariño por su parte. Con los años he pensado que tal vez por la relación con mi padre, llegó a odiar a las figuras masculinas, por lo que siempre he sentido cierta indiferencia por su parte. Frente a esto yo sentía evasión y apatía, sumergiéndome en mis sueños, siempre felices mientras me entretenía jugando con cualquier cosa.

Tampoco conseguía tener una buena relación con mi padre, que se metía constantemente conmigo y parecía que me culpaba por todo, en especial por haberse tenido que casar con mi madre y por todo lo que le iba mal, ya que durante esa época había intentado poner en marcha muchos negocios y con todos fracasó. Incluso se dio el caso de que los montaba, vendía todos los productos y no pagaba a los proveedores. Cuando intentaban cobrar, acababan rodando por las escaleras, pues mi padre tenía un carácter muy agresivo. Esto, unido a su poder físico, pues era campeón de boxeo y lucha, lo convertían en un arma muy peligrosa. Estuvo varias veces en el calabozo por episodios violentos.

Un día, alardeando delante de sus amigos del control y el poder que tenía sobre mí, me dijo que me tirase por la ventana. Lo temía tanto, que me acerqué a la ventana dispuesto a tirarme. Otra práctica graciosa para él era atarme debajo de la mesa, recortar conchos de naranja, y tirármelos como si fuera un perro. Me tenía muy confundido, parecía el *Dr. Jekyll y Mr. Hyde*. A lo largo de toda mi infancia sentía emociones y sentimientos muy contradictorios y enfrentados. En otras ocasiones mi padre era muy agradable; cuando paseábamos por el río con nuestro pastor alemán, a veces jugaba conmigo y me llevaba en su moto, una *Bultaco Metralla*, que me encantaba, o en otras ocasiones, cuando estaba sereno íbamos los fines de semana de excursión por algunos pueblos, escuchando a Los Chichos. Lo pasábamos muy bien. Recuerdo una ocasión en la que, luchando en el suelo con él jugando, él se dejó ganar y yo me sentí muy bien y muy feliz.

Jesús Ortega, mi amigo, al que yo le llamaba «El chuchi», estaba en una situación parecida a la mía y me proporcionaba bocadillos y comida cuando me escapaba de casa, y yo hacía lo mismo cuando le sucedía a él. Hacíamos casetas a la orilla del río Arlanzón. Recuerdo una vez en la que mi padre me encontró en una caseta durmiendo, después de haberme escapado de mi casa. Me subió alzándome con sus brazos para llevarme de vuelta. Curiosamente, cuando me escapaba y después me encontraba, le hacía tanta gracia que esa vez no me pegaba. A mí todo eso me tenía muy confundido, y me originaba muchos sentimientos encontrados, ya que cuando hacía las cosas bien no me decía nada y cuando me comportaba mal le hacía gracia y yo me quedaba perplejo, sin ningún tipo de criterio para saber si era la dirección correcta para seguir.

Lo cierto es que yo no sabía a qué atenerme, según cómo tuviera el día, yo recibía castigo o cariño. Viviendo en una dualidad constante con una persona de características bipolares. La sensación con mi padre era extraña, pues había momentos en los que era muy majo, agradable y me lo pasaba bien con él y, sin embargo, otras veces veía la violencia de los castigos psicológicos y físicos que nos propinaba cuando llegaba borracho. Como no sabía a qué atenerme, la angustia era absoluta. Hoy, gracias a conocer los mecanismos del ego y la sombra puedo entender sus reacciones.

Cada vez veía peor. Ahora entiendo que desarrollé mi problema visual, porque no quería ver la realidad en la que vivía.

Cuando mis padres se marcharon a trabajar a Alemania, Suiza y Suecia, yo me quedé con mis queridos abuelos maternos. Era muy feliz en su casa, disfrutando en verano, bañándome en las cristalinas aguas del río, yendo a pescar y a las huertas a coger fruta de los árboles y patatas para asarlas. En una ocasión mis padres regresaron y por alguna razón mis abuelos maternos y ellos se enfadaron y cuando marcharon de nuevo a Suiza, me dejaron con los abuelos paternos.

Con ellos no era feliz, mi abuelo materno iba a visitarme a escondidas y me llevaba chocolate del que me gustaba; me quería y me mimaba mucho. Recuerdo cuando me llevaba a coger setas al campo y cuando regresábamos mi abuelita me tenía preparado un plato gigantesco de patatas fritas y huevos, recuerdo con nostalgia como untaba los huevos con las patatas con un sabor divino. Asábamos castañas en la cocina económica de carbón. Comía sentadito en un taburete y de mesa usaba una silla de madera. También recuerdo ver llorar por primera vez a mi padre en aquella misma cocina el día que murió su padre, de ese día recuerdo todo, incluso cómo salía del colegio y me compraba un muñequito que le ponías un cigarrillo y fumaba.

Cuando regresaron de sus viajes por Europa, compraron un piso en el barrio de Gamonal. Para celebrar la bienvenida a la nueva casa, mi madre me ponía quina para untarla con galletas. Siempre estaba pensando en ir a la casa de mis abuelos y en cuanto podía me marchaba con ellos, pues era donde estaba más feliz.

A los 10 años, como tenía muchas discusiones con mi padre, para que no me pegara, me escapaba de casa y en algunas ocasiones dormía en casetas que me hacía en el río. En una ocasión en que mi hermano rompió un reloj, mi padre me echó la culpa a mí y para que no le hicieran daño yo no delaté a mi hermano. Me escapé a casa de mis abuelos, pero mi padre vino a buscarme. Entonces huí despavorido por el patio trasero, me metí en una huerta y dormí en una esquina acurrucado entre dos muros. Otras veces dormía en locales vacíos y me tapaba con los sacos de esparto que se utilizaban para las patatas. Recuerdo cómo las ratas pasaban por encima de mí.

EL FRACASO ESCOLAR

En clase era un fracaso total; me expulsaban de los colegios por pegarme con los niños y porque no estudiaba. Los profesores, no conocedores de una miopía magna ni de mi *disgrafía*, me enviaban al fondo del aula, desistiendo del intento de conseguir captar mi atención en clase. Mis horas lectivas transcurrían sentado en el pupitre con la mirada en la ventana mirando al infinito, soñando con viajes increíbles, preciosas historias de amor, conduciendo coches extraordinarios… lo que menos me importaba era lo que pasaba en clase. Me llamaban «el profesor siesta», pues cuando el profesor me preguntaba y me hacía levantarme, yo lo miraba mudo, sin saber qué contestar y con las piernas temblando, pues estaba soñando con aquello que después, con el paso del tiempo, se convertiría en mi realidad.

En segundo de EGB un profesor, Don David, el más majo de todos, descubrió que no veía e hizo que me compraran unas gafas. Yo estaba muy contento con mis gafas nuevas de pasta y con los cristales de culo de botella. Los niños se metían mucho conmigo y no tardaron en rompérmelas, pues era el clásico chiquitín enclenque, que nunca me oponía a nada.

Hubo otros profesores que me humillaron y nunca creyeron en mí. Don Román, por ejemplo, llegó a afirmar cuando hablaba sobre la palabra *imposible*, que no había nada imposible, y dijo: «Excepto que Luis sea jugador de futbol, tal vez con lentillas» y se carcajeó. Años después, al ganar la medalla de oro al mejor competidor del mundo, me encontré con él y lo llevé a ver mi gimnasio. No le recordé su comentario. No hizo falta. Conseguí que se sintiera orgulloso.

En el colegio era solitario y con mi amigo «Tubilleja», del mismo estilo que yo, nos escondíamos por las esquinas o debajo de las escaleras y apedreábamos a otros niños. Nos defendíamos el uno al otro. También solía ir a descubrir lugares y casas vacías que, con mi mejor amigo, «El Chuchi», ocupábamos y utilizábamos como base para organizar pequeñas «trastadas». Recuerdo cómo hacíamos carritos de madera y ballestas de pinzas y otros elementos creativos. Siempre he sentido que me sentía muy feliz creando cosas. Era una especie de presentimiento o intuición, como si supiera que en el fondo me estaba preparando para algo más grande.

CONSTRUYENDO MI ACTITUD

Practicaba la fuerza de voluntad de forma autodidacta con unos pastelitos que me gustaban mucho: las raquetas. Valían 20 pesetas y cuando tenía 100 pesetas me compraba 5 y me las comía. Sin embargo, de cuando en cuando, llegaba a la pastelería y me decía: «Ummm, qué buena pinta» las miraba y las olía, para luego marcharme sin comprármelas.

Un día que fuimos al campo a comer, paramos en un pueblo, mi familia se quedó en el coche y mi padre me mandó traer casera. Cuando regresé para decirle que en el bar no tenían, me dijo: «Ve a por la dichosa gaseosa casera y si no la traes, no vuelvas». Entonces fui casa por casa para ver si me vendían una casera, hasta que la conseguí. Este hecho me marcó mucho. Con la perspectiva del tiempo aprendí el valor de la perseverancia. Desde este incidente mi padre me encargaba hacer cualquier recado sobre documentos, y siempre le solucioné todo. No regresaba a casa sin tenerlo solucionado. En una ocasión me castigó dos meses sin salir de casa. Lejos de molestarme, me adapté en casa creando maquetas de naves espaciales y batallas intergalácticas. Me gustaba mucho el Mazinger Z y me lo pasaba muy bien jugando con los muñequitos que yo mismo me hacía. Muchas veces me compraba juguetes haciendo ver que eran para mi hermano pequeño.

Estaba tan acostumbrado a que me echaran y a escaparme de casa que en el fondo me sentía bien, porque sentía una especie de liberación.

Aunque muchas veces tenía una sensación de inseguridad y miedo terrible, finalmente desarrollé tal intuición que mientras metía la llave para entrar en casa ya sabía si esa noche dormiría en mi cama o no.

Durante la adolescencia fui un inadaptado, sin dirección en mi vida. A los trece años comencé a trabajar de camarero en unas piscinas, con catorce años vivía en un pueblo a sesenta kilómetros de la ciudad y a veces me escapaba haciendo autostop; fue un año maravilloso para mí, ya que descubrí las verbenas y las fiestas en los pueblos.

Como no me adaptaba al colegio y faltaba constantemente, me internaron y, aunque no conseguí integrarme en el sistema, cogí la costumbre de leer y de esa forma empecé a interesarme por los libros místicos y el desarrollo personal.

A los quince años empecé a trabajar en la construcción con mi padre, combinándolo con el trabajo de cavar tumbas. Él me seguía tratando muy mal y me echaba constantemente de casa, teniendo que dormir muchas veces en la calle o en una buhardilla.

Como físicamente era muy débil, mi padre me llevó al gimnasio y me pagó el primer mes de judo en el gimnasio Escuela, algo que le he agradecido toda la vida, pues significó el comienzo de mi transformación. Crecí y me puse muy fuerte físicamente, y continúe pagando las mensualidades del gimnasio buscando y vendiendo cobre, chatarra y cartones.

Con diecisiete años comencé a salir con mi primera novia, María del Mar, quien me ayudó a ser más tranquilo, pues siendo poderoso físicamente, deseaba darles escarmiento a todos los que habían abusado de mí físicamente.

Las artes marciales se habían convertido en algo esencial en mi vida y comencé a destacar, y hasta conseguí desvincularme de las malas compañías. A pesar de que la mayor parte de mis amigos se drogaban, y aquellos que no morían de sobredosis terminaban en la cárcel, yo nunca llegué a fumar ni a drogarme. Fui como la flor de loto que nace en la basura, pero no se ensucia. Recuerdo que, sentados en una piedra, un gitano me comentaba todo convencido: «Si estás casado, no hay que drogarse, pero si no lo estás, es lo mejor del mundo». Por un lado, veía caer amigo tras amigo, y por otro lado me apasionaba el deporte, especialmente las artes marciales. Estoy muy agradecido a que mi referente estaba cada vez más en los gimnasios y menos en la calle. Me iba haciendo más fuerte cada día, física y mentalmente. Cada vez más me apetecía aprender sobre el crecimiento personal, los viajes y las artes de combate.

Mi padre me puso al mando de un garaje, dejándome la responsabilidad total. Sentía que confiaba en mí y eso me hacía sentir importante. Al comenzar a dirigirlo, un empleado no me hacía caso y lo despedí. Él se rió y me dijo: «Cuando se lo diga a tu padre, ya verás». Mi padre supo defenderme y respetar mi decisión. Todavía recuerdo la sensación de valor que me dio mi padre al refrendar esta decisión. En lo que restó para terminar esa semana, este empleado trabajó muchísimo y hacía lo que yo le ordenaba, por lo que le permití continuar en la empresa. Resultó uno de los mejores trabajadores. Dirigí el garaje durante un año y medio hasta que se vendió.

A los veinte años de edad, mi padre me puso al frente de otro negocio, pero no quería trabajar junto a él; encontré un trabajo de seguridad en una discoteca y como era bajito y peleaba muy bien, acudían luchadores para medirse conmigo. Allí pude aplicar el arsenal de artes marciales que había aprendido. Esta experiencia me curtió muchísimo e incluso me enfrenté a asesinos, que los doblegué gracias a mi seguridad física y mental. Finalmente, aprendí a solucionar todas las situaciones complicadas hablando, sin necesidad de usar las artes marciales. Todo el mundo me respetaba.

La miopía iba en aumento y cuando me quitaba las gafas no veía nada; estaba realmente preocupado, pues perdía mucha vista, llegué hasta las 19 dioptrías.

Arturo Pisa, un pastor evangelista gitano, me enseñó algunas técnicas del Método Silva. Esto supuso un punto de inflexión en mi vida. El 2 de junio de 1985 concluí el curso del Método Silva de Control Mental con el instructor Bernardo Bernal, quien ha sido un gran maestro para mí toda la vida. Desde entonces cada día practico lo que aprendí en el curso y me ha ayudado a crecer de una forma exponencial. Mi vida dio un cambio radical. Comencé a leer un libro de crecimiento personal por semana, entrenaba varias artes marciales: judo, taekwondo, hapkido, kickboxing... Con una voluntad férrea conseguía todo lo que me proponía. Paralelamente, impartía clases de artes marciales mezclando el judo con el taekwondo y el boxeo, siendo pionero en algo que se convertiría en moda como el MMA artes marciales mixtas.

EL SUEÑO DE JAPÓN

Una vez tuve un sueño: no sabía que era premonitorio hasta que lo viví. Mis ganas de superación, mi ilusión y mi intuición me llevaron a vivirlo. Así nació lo que se convirtió en el acierto más importante de mi vida. Entonces fue cuando comenzó el sueño de un hombre con afán de superación, con ganas de aprender y de, por fin, encontrar su destino en la vida. Así comienza mi sueño de Japón.

> *Estoy en Japón, en un dojo de madera. En lo alto de una balda veo un pequeño templo y un cuadro con una imagen de un maestro japonés. A mano izquierda hay un Makiwara y a la derecha un tambor japonés. El suelo es de tatami antiguo, las puertas correderas de madera y papel. Mientras estoy ejecutando una Kata, siento el poder en mí, puedo sentir el fluir de la sangre por mis venas y cómo la energía llena todos mis músculos. Me desplazo con precisión y conecto golpes y técnicas acompasadamente ante la atenta mirada de un maestro japonés con el ceño fruncido una pequeña sonrisa sale de sus labios, asintiendo con delicadeza. Lleva un clásico kimono de kárate y un cinturón de color rojo.*
>
> *Huele a madera fresca y a sudor. Suena un gong y, de repente, estoy en un estadio enorme donde miles de personas observan mis movimientos y la furia con la que me muevo. Lo estoy sintiendo de forma vívida. Al concluir la kata, suena un estruendo general de aplausos de personas que han presenciado esta demostración. Están levantadas y aplaudiendo.*
>
> *Suena de nuevo el gong y veo a mi oponente en el suelo tras haber recibido el impacto de mi pierna. Le había propinado una patada Ushiro Mawashi Geri. Se oye el bullicio y la preocupación, los árbitros japoneses se reúnen y de repente, me despierto. Me levanto, sudado por la intensidad. Todo era un sueño... un intenso sueño.*

A partir de mi sueño en Japón aprendí que, a veces, los sueños sí se cumplen y que todos ellos surgen de nuestro subconsciente. Todo aquello que eres capaz de soñar, eres capaz de cumplir. Todo es posible.

EL VIAJE A JAPÓN

Me encontré con Carlos, amigo del gimnasio Discóbolo, donde juntos entrenábamos pesas y taekwondo. Recuerdo que me llamaba «karate kid». Venía muy excitado y me enseñó un billete de 10 yenes. Él se iba a trabajar a Japón, en Tokio, porque una amiga casada con un japonés había montado un restaurante español allí. Yo estaba entusiasmado con la noticia que me había dado, pues desde que tuve el sueño, tenía en la cabeza ir allí para aprender con los grandes maestros. Según me lo contaba, yo ya me veía viajando. Le pregunté si tendrían trabajo para mí y me dijo que lo preguntaría a Marian, su amiga. A los pocos días Carlos me anunció que no necesitaban más personas para trabajar. Aun así, sentí que esa era mi oportunidad de cumplir mi sueño y decidí marcharme sin trabajo, pues sentía una llamada irrefrenable de machar. Aunque no sabía cómo lo haría, pensé que si tenía el «para qué», el «cómo» aparecería solo. Quería cumplir mi sueño de viajar y entrenar con los mejores maestros del mundo en Japón.

Antes de acostarme, me hice mi ejercicio de visualización. Primero, me relajé de cabeza a pies, me fui a mi lugar ideal de descanso y emergió la montaña sagrada del Japón, el Fujiyama. Me visualizaba en lo alto de aquella montaña única y vi con mucha claridad una película mental de cómo marchaba a Japón. Me sentía como poseído por un intenso deseo y una gran seguridad de que conseguiría viajar a ese país y que me iría muy bien.

Al día siguiente, impartiendo la clase de defensa personal de la tarde, me encontré con mi primo Óscar. Yo tenía un Seat 131 1600 blanco muy bonito con llantas deportivas que había restaurado durante meses. Sabía que a mi primo le encantaba mi coche, así que se lo vendí por el precio del billete. Hablé con mis padres y se rieron de mí. Me hicieron bromas de cómo algunas personas de la familia se fueron a Madrid y volvieron a la semana. No me tomaron muy en serio. Lo comenté entre los amigos y me hicieron bromas al respecto. Ante estas actitudes continué con mis planes y no lo comenté con absolutamente nadie.

Me despedí de mis trabajos fijos, tanto de la discoteca como del gimnasio. No todos me animaban, me decían que si estaba loco, que qué iba a hacer un chaval de Burgos en Tokio sin haber idiomas y sin haber salido nunca de España. Pero yo estaba seguro de que todo saldría bien, pues así lo había visualizado y sabía que la Conciencia Universal había puesto en marcha toda la magia necesaria para realizar mi sueño. Como Paulo Coelho dice en *El alquimista*: «El universo conspira para ti, cuando te dispones a vivir tu leyenda personal».

Apenas pasaron 20 días desde el comentario con mi amigo y el momento en que cogimos el vuelo destino Tokio. En 1987, a los 23 años, consumaría uno de mis sueños más anhelados. En esas casi tres semanas vendí el coche y todo lo que tenía, me despedí de todo el mundo y conseguí el billete y el dinero justo para sobrevivir el primer mes.

Por mi mente pasaban todo tipo de imágenes y por mi cuerpo todo tipo de emociones, pero había una que no tenía: miedo. Por alguna razón que no alcanzo a comprender sabía que todo iba a salir bien. Desde pequeño sabía que me estaba preparando para algo grande y que el viaje era parte del juego.

Unos días antes de partir me dirigí a hablar con mi padre enseñándole el billete. Entonces comprendió que iba en serio. Se me quedó mirando con cara de sorpresa y preocupación al mismo instante: «Es verdad que te vas…», masculló con voz baja. Con seguridad asentí con la cabeza. Entonces, me lanzó la última tentación. Él sabía cuánto me gustaban los coches y me ofreció el suyo: el *Lancia Beta 2000*, un deportivo rojo italiano que me encantaba. Además, me dejaría dirigir los negocios de la familia a mi antojo. Yo le contesté que no vendía mis sueños por dinero, además los negocios de la familia no estaban en sintonía con mi filosofía de vida. Añadí que cuando regresara de Japón montaría mi propio gimnasio. «Tú y tus fantasías» me contestó. «Tú piensa lo que quieras, pero lo voy a conseguir, pues yo soy el escritor de mi propia vida». Sacó de la cartera 40.000 pesetas y me las dio para el viaje. En ese momento sentí que me quería de verdad. Se dio la vuelta y se marchó hacia la casa mirando al suelo.

Mis hermanos sí creían en mí. Me preocupaba que toda mi familia quedara a merced de la tiranía de mi padre y su exacerbado despotismo, pues yo era el único que le hacía frente, pero, para poder conseguir trascender a mi situación y vivir mi leyenda personal, sabía que tenía que marcharme a Japón.

Llegó el día del viaje. Justo después de mi cumpleaños, mi amigo y yo salimos hacia Tokio. Sentía algo especial, algo muy fuerte en mi interior. Me despedí de todos los amigos y de mi novia de toda la vida, a la que le comenté que era mi momento. El destino quería que fuera así. Si teníamos que volver a vernos, pasaría.

Llegó el día, y por primera vez en mi vida vi un aeropuerto; la Terminal 1 de Barajas, Madrid. Por primera vez en mi vida vi un avión y por primera vez en mi vida me monté en uno. Todo eran emociones y sensaciones indescriptibles.

Comenzó el vuelo y la sensación de despegar fue toda una experiencia. Nada volvería a ser igual. En el avión no lograba conciliar el sueño, pues solo miraba por la ventana y me movía por todo el aparato observando cada detalle del mismo: sus asientos viejos, las alfombras descosidas… era un aparato muy obsoleto, pero a mí me daba la impresión de ir en una nave espacial rusa.

Fue una sensación realmente alucinante el ver la puesta de sol sobre un aparato que no dejaba de moverse, de temblar y vadearse. Llegamos a Moscú. El aeropuerto de Sheremetyevo era lúgubre, oscuro, no se oía nada, aunque estaba lleno de gente. Solo se oían los pasos de las personas.

Tuvimos que hacer noche y un montón de soldados armados hasta los dientes nos metieron en un autobús. Estuvimos viajando durante dos horas a un lugar que no sabíamos. Mi amigo decía que eso era Siberia y que de ahí ya no salíamos. Aquel año Gorbachov intentaba implantar la Perestroika y el

En el aeropuerto por primera vez.

ambiente estaba muy tenso. Yo no sentía miedo, era algo distinto, era una especie de excitación y a la vez estaba disfrutando de las experiencias y sensaciones. Llegamos a un edificio sobrio como el aeropuerto, era un hotel de la época del comunismo, donde dormimos.

Al día siguiente regresamos al aeropuerto y disfrutamos nuevamente del despegue y del vuelo hasta llegar al aeropuerto de Narita, Tokio. Cuando bajamos del avión, pasamos por un brazo mecánico que nos llevó hasta un edificio súpermoderno. Me sentía en el futuro. Era increíble, pues parecía que estaba en Star Wars en una base intergaláctica. Todo era automático: las puertas, las escaleras… Ya había visto algo así en un gran almacén de Madrid, pero, desde luego, nada comparado con esto. Los aviones estaban alrededor ensamblados a túneles de paso de este aeropuerto tan increíble.

Teníamos que coger un billete, pero todas las instituciones y leyendas de las máquinas estaban en japonés y no sabíamos si movernos o no del aeropuerto. Mi amigo tenía trabajo y su jefa vendría a por él, pero yo me había lanzado a la aventura y no sabía nada de lo que iba a pasar. Mi sensación era de excitación por todo lo que estaba pasando. Estábamos como Paco Martínez Soria cuando llegó a Madrid en una clásica película de un paleto de pueblo

Con los monjes del templo Yagriti.

que llega a la gran ciudad, pero maximizado, porque aquello no parecía otro continente, sino otro planeta… Allí no había letras, solo dibujos, personas que parecían clones y muchas máquinas…

De repente, se oyó una voz que sonó a gloria: «¡Eh, chicos!». Giramos la cabeza y era Marian, la jefa de mi amigo. Una inmensa alegría inundó mi corazón, esta chica era de nuestro planeta. Todo el trayecto lo pasé hablando con Marian, gran amante de la filosofía. Practicaba yoga y meditación. Conectamos muy bien. Me invitaron a dormir en su casa. Al día siguiente me comentó que podría alojarme en el Yagriti, un templo hindú con monjes típicos de la India.

Me llevó y me presentó a varios monjes y personas lugareñas que vivían allí y practicaban la meditación, el yoga físico y el yoga devocional. Me dieron un lungota, una especie de calzoncillo que evitaba que tuviese erecciones. Me comentaron que la alimentación sería vegetariana, lo cual me encantó. Iba a ser toda una experiencia vivir en un auténtico templo de meditación y recogimiento. Me asignaron un miniespacio de dos metros de largo por un metro de ancho en el suelo de una habitación con veinte personas más y una manta para dormir. La siguiente tarea a realizar era la limpieza y mantenimiento del lugar.

El coste mensual era de 40.000 yenes, justo el total de dinero que traía. Les pedí que si no les importaba les pagaba al fin de mes (pues necesitaba el dinero para apuntarme al Kodokan Judo Institute, que era el centro mundial del judo, construido por Jigoro Kano, el fundador del judo). Hacer judo en el centro mundial era uno de mis sueños. También apuntarme a otro centro de Karate Kyokushinkai, pues la idea del viaje era entrenar con los grandes del mundo.

Tras un par de días de adaptación al lugar, salí a explorar la ciudad de Tokio. Fue impactante visitar Sinyuku, uno de los barrios más grandes de la capital, con edificios enormes y espectaculares autopistas aéreas. Estaba fascinado por lo que estaba viviendo y viendo. Coger metros, andar kilómetros y kilómetros por la ciudad de Tokio.

Me sentía pletórico de vida y de emociones observando la grandiosidad de una de las ciudades más impresionantes y ricas del mundo. El primer día en el Kodokan fue fantástico, pues me permitió estar con las figuras del judo. Era un edificio espectacular con tres plantas y un polideportivo de judo para competir en la última.

Pasados quince días de mi llegada a Japón no encontraba trabajo y acompañaba a los monjes a vender cuadros por las calles y parques como Harayuku Park, un parque imponente donde los domingos miles de personas

En Sinyuku.

se reunían a bailar y hacer espectáculos callejeros. Sin embargo, tenía un entusiasmo inextinguible, meditaba todos los días y me conectaba con la Consciencia Universal, para que me ayudara en esta situación tan apasionante como inestable.

Los monjes me aconsejaron que hiciese un títere arlequín de madera y me pusiera en las calles para que me dieran algo de dinero. Decían que yo era una persona muy especial, un ser de luz y que debía ir a la India para hacerme monje. Les contesté que no, que sabía que triunfaría en Japón, que solo era cuestión de pasar la prueba y que todo saldría bien. Uno de los monjes me comentó que en el Victoria Station, un restaurante muy grande, necesitaban personal para la cocina. No me lo pensé ni un instante y allí me presenté. Así fue como comenzó la aventura de aprender japonés. Estaba fregando platos cantando y todos los que trabajaban conmigo en la cocina me enseñaban a hablar. Fregaba sin parar y los japoneses se quedaban sorprendidos de la ilusión que tenía por todo. Me lo tomaba como un entrenamiento, como en Karate Kid, pero en vez de «dar cera pulir cera», en mi caso era «quitar arroz, limpiar arroz». En unos meses ya me defendía con el japonés y comencé a dar clases de español a una japonesa millonaria que había sido geisha, Ikuko Izumi, que se había casado con un rico hacendado. La verdad es que sabía escribir en castellano mejor que yo e incluso me corregía las faltas de ortografía, dado que yo tenía ese problema de *disgrafía*. Pero yo practicaba con ella conversación.

Trabajando en la cocina.

A través de sus clases se convirtió en una gran maestra para mí en el arte de la sensualidad.

Cambié a un restaurante donde me pagaban mejor. Allí me tenían como un mono de feria, exhibiéndome, pues en el año 1987 no había muchos extranjeros en Japón y todos me miraban como algo exótico. Pero no dejaba de hacer deporte y entrenar en judo y Karate Kyokushinkai y viviendo en el Yagriti, donde seguía meditando todos los días. Tenía una vida muy intensa. También aprovechaba mi estancia en Japón para visitar los templos, dojos de diferentes estilos para comprender mejor la cultura que allí se vivía. En una ocasión visité la región de los cinco Lagos, muy cercana al monte Fuji, que días después coroné.

Visitando los cinco lagos.

Un día en Harayuku Park escuché una palabra en castellano, procedía de un bailarín de *break-dance* llamado Mega flash Martínez. Comenzamos a hablar, me contaba que practicaba un arte marcial llamado Koshiki Karate y Shorinji ryu kenkokan karate do con el fundador del estilo. Quedamos para entrenar con el gran maestro Masayuki Kukan Hisataka, que era descendiente de una dinastía de emperadores. Su padre era el fundador de esta antigua escuela. Él mismo había creado un sistema provisto de casco y peto protector y que mezclaba el judo y el karate. Me dije: «Este es el sistema que yo estoy buscando», pues desde hacía varios años mezclaba varias artes marciales y tenía mi propio estilo. Con el Koshiki Karate podía poner en acción todo mi potencial.

El *dojo* era muy clásico al puro estilo del siglo XIX, con tatami en el suelo y paredes de madera y papel. A mano izquierda había un *makiwara* para endurecer los puños y a la derecha un tambor, todo era igual que en mi sueño y sentía que había llegado a casa. A partir de ese momento decidí que ese era el estilo que practicaría junto con el Kickboxing y dejé de practicar el resto de artes marciales.

UNA HISTORIA DE SUPERACIÓN A TRAVÉS DE LAS ENSEÑANZAS DEL MAESTRO HISATAKA

改善

Día a día iba cogiendo más confianza con este gran maestro de kárate y de la vida. Me adoptó como si fuera su hijo y me transmitió lo importante de la conexión entre el cuerpo, la mente, el espíritu y las emociones y que, cuando hay desequilibrio en una de estas partes del yo, se resiente todo.

Una mañana, mi maestro me levantó de la cama a las 6 de la mañana y sin decir una palabra me llevó en tren a hasta una pequeña aldea fuera del bullicio de Tokio. Comenzamos a subir por los caminos sinuosos de una pequeña montaña, se percibía mucha paz en el lugar. Allí comenzó a transmitirme los secretos del éxito, tanto físico como mental que expongo en este libro.

Entrenando en el dojo con mi maestro.

35

Comenzó hablándome del *Satori* (el despertar). Si quería ser un gran karateka o una gran persona tenía que practicar *Kaizen* (que significa mejora continua) y primeramente debía conocer el funcionamiento de mi cerebro y la mente.

Este testimonio en primera persona es el ejemplo de que todo es posible, siempre hay posibilidad de cambio, de mejora… Y a veces han de confluir determinados elementos, aunque pasen años. Pero llega el punto de inflexión, de encuentro o de equilibrio para que se produzca el cambio hacia una etapa nueva, un sueño.

El funcionamiento del cerebro y la mente es clave para el camino del control mental y el entrenamiento en la vida, como veremos en el siguiente capítulo y a lo largo del libro.

En Japón me empapé de la filosofía Kaizen,
que significa «mejora continua» o «cambio hacia algo mejor».
La historia de Japón es un claro reflejo del significado de este término,
pues tras su derrota en la Segunda Guerra Mundial,
Japón quedó destruido y en ruina absoluta. Tuvo que resurgir
de sus cenizas como el ave fénix y reconstruirse poco a poco:
«Un largo camino comienza con un pequeño paso».

1

EL FUNCIONAMIENTO DEL CEREBRO Y LA MENTE

LAS NEURONAS, EL MOTOR DE NUESTRO CEREBRO

El cerebro es el órgano más complejo de nuestro cuerpo y forma parte del centro de control de nuestro organismo, el responsable del funcionamiento de elementos tan importantes como la memoria, las emociones y el lenguaje.

Conforman nuestro cerebro 100 billones de células nerviosas, aproximadamente 86 mil de estas son las denominadas neuronas, cuya función es transmitir las señales electroquímicas de nuestro organismo. Estas a su vez están anexionadas unas con otras y de esta forma permiten el flujo de impulsos nerviosos.

Cuando nacemos, partimos con un número fijo de neuronas, y no es hasta una edad avanzada cuando empezamos a perderlas de forma natural. Las conexiones entre las neuronas mediante la sinapsis pueden aumentar constantemente con el uso de nuestras capacidades, por eso cuanto más lo usamos, más capacidad mental desarrollamos. Esto sucede, por ejemplo, con la memoria, el lenguaje o las habilidades matemáticas.

Nuestra capacidad mental no solo depende de nuestro número de neuronas, sino de las conexiones entre ellas y de la forma en la que nosotros las trabajemos.

La conexión entre nuestros dos hemisferios

Nuestro cerebro está dividido por dos grandes mitades llamados hemisferios, y ambos están conectados entre sí por el cuerpo calloso.

Cada uno de los hemisferios recibe un nombre diferente; por un lado, tenemos el *hemisferio derecho* y por el otro tenemos el *hemisferio izquierdo*. Cada uno se encuentra especializado en funciones complementarias.

El *hemisferio derecho* es el que coordina la expresión no verbal, es decir, las emociones, la intuición, la memoria en lo referente a la parte visual o la orientación espacial. Personas cuyo hemisferio derecho esté más desarrollado podrán recordar imágenes con mayor facilidad y serán personas con gran imaginación y creatividad.

El *hemisferio izquierdo* es el que se encarga de todo lo contrario, corresponde a la parte verbal del ser humano. Es responsable de coordinar la expresión oral y el habla en general, una de sus funciones más importantes, pero a su vez también tiene otras capacidades como los razonamientos lógicos, la resolución de problemas o las capacidades matemáticas, entre otras.

Por norma general, todos destacamos más en las habilidades de un hemisferio que de otro, de hecho, estudios de prestigio han demostrado que los diestros destacan más en las capacidades del hemisferio izquierdo, mientras que los zurdos en las del lado derecho. Con la práctica es posible que ambos hemisferios estén equilibrados.

Nuestras tres partes del cerebro y su funcionamiento

Uno de los grandes descubrimientos en lo que a la mente se refiere sucedió en la década de los años 90 del pasado siglo xx, cuando se demostró que no teníamos ni uno ni dos cerebros, sino tres y estos habían surgido como respuesta a la evolución del ser humano desde la antigüedad.

La parte más primitiva de nuestro cerebro es aquella llamada *reptiliano* y es el área que más relación posee con nuestro comportamiento y conducta. Su función es coordinar nuestros instintos más primitivos; la necesidad de alimentación, de reproducción o de relación con otros individuos.

La segunda zona más evolucionada sería la que se encontraría en el *cerebro medio* o *límbico*, situado debajo de la corteza cerebral, y es aquel que hace relación a la parte más emocional. La parte que hace alusión a los sentimientos se encuentra localizada en esta zona en todos los mamíferos.

La zona última en desarrollarse sería la denominada *corteza* o *neocórtex*. Es la parte racional de los humanos, y solo alguno de los mamíferos considerados más inteligentes dispone de él. La función de este cerebro consiste en dotarnos de la capacidad de raciocinio y diferenciación.

1. Neocórtex
2. Límbico
3. Reptiliano

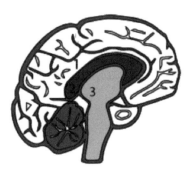

Los tres cerebros / © *Paula Portilla.*

Las ondas cerebrales

Cuando explicamos las neuronas, hicimos referencia a su función principal que consistía en trasmitir los impulsos eléctricos que produce el cerebro. Estos impulsos producen una serie de ritmos a los que se les denominan ondas cerebrales.

En la década de los años 20, Hans Berger, científico y psicólogo alemán, demostró la relación entre los distintos ritmos de impulsos nerviosos y el estado de consciencia de los individuos. Determinó la existencia de cuatro tipos de ondas cerebrales fundamentales denominadas; alfa, beta, theta y delta.

- Las *ondas beta* tienen una frecuencia entre 14 y 35 Hz (ciclos por segundo). Se producen cuando nos encontramos en estado de consciencia, despiertos y activos, por ejemplo, realizando actividades como la lectura, teniendo una conversación o resolviendo un problema.
- Las *ondas alfa* son aquellas que oscilan entre 8 y 14 Hz, y se producen cuando nos encontramos en un estado de relajación, por eso las ondas son más lentas y su amplitud es mayor. Sucede cuando estamos despreo-

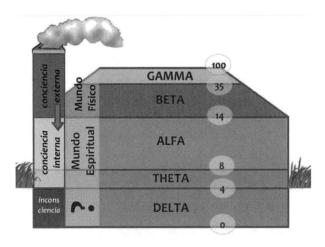

Ondas cerebrales / © Laia Solé.

cupados, caminando o realizando alguna actividad que no requiera mucha concentración.

• Las *ondas theta* oscilan entre 4 y 8 Hz. Son aquellas que se producen en un estado de profunda relajación y mucho más lentas y amplias que las alfa. Cuando nos encontramos en este estado, realizamos tareas que han sido automatizadas y donde no somos conscientes de que las estamos realizando. Este es un estado creativo, donde sucede la inspiración y la aparición de ideas.

• Y, por último, las *ondas delta*, entre 1,5 y 4 Hz. Este tipo de ondas se generan en nuestra fase de sueño profundo, en la inconsciencia.

En la figura de la casa podemos observar de forma más clara el funcionamiento de las ondas y cómo se comportan dependiendo del grado de consciencia del individuo.

Nuestra mente, nuestro cuerpo y nuestra actividad física son completamente diferentes en cada uno de estos estados o frecuencias. Cuando estamos despiertos y activos, el cerebro produce frecuencias de onda Beta que superan los 14 ciclos por segundo, relacionadas con la dimensión objetiva en la que imperan los sentidos físicos —el tacto, la vista, el gusto y el olfato— para relacionarnos con el entorno. Nuestra mente se mantiene en un nivel de conciencia exterior.

Cuando las descargas neuronales descienden producimos ondas alfa. En este estado usamos nuestros sentidos internos —la imaginación, la memoria, la visualización, la creatividad, la intuición y otras capacidades perceptoras— y no estamos limitados por el tiempo y el espacio. Cuando funcionamos en este nivel, estamos despiertos en la frontera de lo consciente y lo inconsciente, lo cual nos permite estar más conectados con nuestro interior. De este modo, nuestra mente y cuerpo siguen teniendo una actividad consciente y al mismo tiempo tenemos acceso a la información y a las capacidades del subconsciente.

Nos encontramos en estado alfa cuando estamos profundamente relajados, cuando nos sentimos en paz y con bienestar interior. Determinados estilos de música, contemplar el mar, oler ciertos aromas o visualizar determinadas imágenes nos inducen a este estado especial de la mente que nos conecta con nuestra esencia. Con el protocolo de relajación que aprenderás más adelante podrás acceder al estado alfa cuando lo desees.

LAS TRES MENTES. EL *SOFTWARE* DEL CEREBRO

La mente es aquella facultad de percibir que tiene la inteligencia humana, así como la capacidad de percibir del ojo es la vista y la del oído percibir sonidos. A través de los sentidos nuestra mente percibe la realidad neutra. Cuando estamos despiertos y caemos en estado de vigilia, el cerebro está reproduciendo pulsaciones eléctricas que superan los catorce ciclos por segundo. En este nivel, como hemos dicho con anterioridad, estamos emitiendo frecuencias de onda Beta donde imperan los sentidos físicos como el tacto, la vista, el gusto o el olfato. Cuando nuestras pulsaciones eléctricas descienden en torno a ocho pulsaciones, estamos pasando a las frecuencias Alfa, asociadas a la tranquilidad, el descanso, la inspiración, la creatividad, el aprendizaje, la memoria y otras capacidades perceptoras del ser humano.

> «El 95% del tiempo vivimos en piloto automático,
> solo estamos enfocados y conscientes en un 5%».
> Bruce Lipton

MENTE CONSCIENTE, SUBCONSCIENTE Y UNIVERSAL

Para explicar qué es la mente consciente, la mente subconsciente y la mente universal, vamos a utilizar una metáfora de un ordenador: tendríamos su carcasa, que representaría nuestro cráneo, y en su interior dispondríamos del disco duro y toda la electrónica que lo conforma. El *software*, o lo que es lo mismo, los programas o rutinas de un ordenador, serían la mente consciente y subconsciente.

- Nuestra *mente consciente* tan solo representa el 7% mientras que la mente subconsciente llega al total de un 93%, según los estudios de Albert Merhabian de la Universidad de California (UCLA). Una de las funciones principales de la mente consciente consiste en filtrar la información que entra a la *mente subconsciente*, cuya labor es procesar la información que obtenemos a través de nuestros sentidos físicos y almacenarla en el «disco duro», en la memoria. La mente subconsciente, a su vez, está conectada con la mente universal. La mente consciente puede percibir el mundo con objetividad, es analítica, sin emociones, puramente racional. Discrimina, pues puede distinguir la diferencia entre verdad y mentira, es la parte matemática del cerebro y poseer cuatro funciones principales:

  1. *Identificar* los datos de entrada que proceden de varias fuentes: de nuestros pensamientos o del mundo externo como, por ejemplo, cuando estamos cruzando una calle y oímos el ruido de un coche o autobús, los ojos se vuelven hacia el coche para identificar qué es el sonido y de dónde procede; cuando uno ve el coche, automáticamente relaciona el sonido con el coche.

  2. *Comparar.* Siguiendo el ejemplo anterior, compara este coche en movimiento con todos los demás coches en movimiento que has visto. Si tú vives en una gran ciudad como Madrid, ves un coche y lo comparas en movimiento con otros coches en movimiento, como has estado en contacto con miles de coches, tus reflejos serán mucho más rápidos; sin embargo, si vives en una localidad pequeña como Mozoncillo de Juarros y has visto pocos coches, tus reflejos serán más lentos. La comparación se hace a través de un rápido reconocimiento por el subconsciente y una comprobación de todas las experiencias previas que hayas tenido de todos los vehículos en movimiento. Según haces la comparación, obtienes una respuesta instantánea; de hecho, el subconsciente funciona miles de veces más rápido que la mente consciente. Puedes echar un simple vistazo, oír ruidos, o pensar algo conscientemente y activar al momento una reacción que podría nece-

sitar una enorme ingente de horas de evaluación si lo hicieras con la mente consciente.

3. *Analizar*. Una vez que recibe una respuesta en su comparación, analiza la situación. Tú estás cruzando la calle y oyes el ruido del motor del automóvil, mueves tus ojos a la derecha, el coche viene hacia ti, tu capacidad de establecer comparación te dice que va a unos noventa kilómetros por hora y que estará donde tú estás en cinco segundos, a no ser que tú te muevas.

4. *Decidir*. La mente consciente decide qué hacer después del análisis, nos dice qué sí o qué no; como un ordenador, siempre está diciendo sí o no a la información de entrada o de salida. La mente consciente solo puede tener un pensamiento en el mismo instante. Es una máquina perfecta, así que, si estás cruzando la calle, oyes el ruido y miras a la derecha, acto seguido ves el coche en movimiento, la comparación actúa y te dice que ese coche que viene se dirige hacia ti y que tras su análisis observas o percibes que te tienes que apartar, te planteará la disyuntiva de apartarte o no. ¿Debo retroceder o no? Si la respuesta es *sí*, se inserta la palabra «sí» en la mente subconsciente con una carga emocional. Cuanto más rápida e intensa sea la emoción, más rápido responderá el subconsciente, poniendo en movimiento todos los nervios, tendones, todos los tejidos, el corazón, los pulmones, los músculos para actuar.

- La *mente subconsciente* es un gigantesco banco de datos, es como un disco duro que se crea, se regenera y se amplía según nuestra necesidad; cuanto más necesitemos guardar, más interconexiones neuronales se crean. La mente subconsciente puede almacenar información de millones de situaciones y hechos.

Según el médico y psiquiatra suizo Carl Gustav Jung, la mente consciente actúa de *jardinero* y la subconsciente es el *jardín*. Aquellas semillas que sean plantadas por el *consciente*, serán lo que crezca en el *subconsciente*; así mismo, podemos establecer el paralelismo de que la mente consciente sería como el *guardián*, y la subconsciente el *castillo de los tesoros mentales*.

Una de las funciones más importantes consiste en hacer que nuestro comportamiento sea coherente con nuestro comportamiento anterior, es decir, aporta coherencia a los actos que llevamos a cabo en nuestro día a día, de modo que si hemos sentido alegría en una situación, y presenciamos una situación similar, sentiremos alegría de nuevo. Frente a una situación desconocida la tendencia natural es ni tener, ni dejar de tener alegría, es estar en un estado neutro hasta no disponer de más información y haber creado un banco de experiencias. La mente subconsciente hace que todas tus palabras y acciones encajen con el autoconcepto que tienes de ti y que de esta forma sean consecuentes con lo que deseas. Con el tiempo todas estas palabras y acciones integrarán tu autoconcepto, modelando tu lenguaje corporal, tus actitudes, nivel de energía, nivel de confianza en ti mismo, y tus habilidades sociales. Todo estará en consonancia con tu autoconcepto, de tal forma que cuando tú te sientes genial, tu autoconcepto es positivo y reaccionas físicamente caminando con pasos más enérgicos y tu lenguaje corporal es de confianza. Sin embargo, cuando tu autoconcepto es negativo, tu cuerpo, tus hombros y tu cara reflejarán tu estado de ánimo.

Para seguir explicando el funcionamiento de la mente de forma más sencilla, continuamos con la metáfora del ordenador. Hablaremos de la relación entre la conexión del terminal (ordenador) con la «nube» a través de internet. En la nube podemos guardar toda la información que deseemos y acceder a ella sin tenerla en el dispositivo, y a su vez la podemos compartir con los demás. Además, en internet tenemos a nuestra disposición todo tipo de información, tanto positiva como negativa, al igual que en el éter, donde estaría el inconsciente colectivo.

Desde los antiguos escritos egipcios, remontándonos a 5000 años a. de C. se ha dicho que existe una mente superior, que ha recibido diferentes nombres. Napoleón Hill lo denominó *inteligencia infinita* o, por ejemplo, Ralph W. Emerson, quien dice que flotamos en el regazo de una inmensa inteligencia, como un «pez Nemo» que vive en su anémona; tiene todo lo que necesita en su océano, pero no es consciente de la inmensidad del mismo. De esta misma forma podemos acceder a esta inteligencia en cualquier momento para averiguar las respuestas que necesitamos y resolver los problemas que hemos de afrontar.

Jung lo llamó la *mente superconsciente*, la mente que está sobre las otras mentes; es la fuente de toda inspiración, de la motivación, del entusiasmo, de la emoción, de las corazonadas, la fuente de la perspicacia, los destellos de intuición, la fuente de la creatividad y de la innovación. Es la fuente de todas las ideas.

RASGOS DE LA MENTE UNIVERSAL

Tenemos acceso a esta fuente externa de la que nos podemos nutrir, que nos suministra respuestas a nuestras preguntas y nos ayuda a avanzar hacia nuestras metas. Esta mente maravillosa que contiene toda la información ha estado disponible en todo momento. Tu descubrimiento de la mente universal cambiará tu vida. Convertirá tus capacidades en ilimitadas, si aprendes a trabajarla. Además, tiene todos los datos de tu mente subconsciente, esto significa que toda experiencia, información, conversación, película, etc., está almacenado en tu mente subconsciente.

Cuando la mente universal trabaja, tiene acceso a toda la información que has aprendido y también puede discriminar entre datos válidos y datos no válidos. La respuesta se basará solo en la información válida. La mente universal conoce la diferencia entre lo que es verdad y lo que no lo es.

Gracias a la mente universal puedes obtener respuestas ajenas a tu propia experiencia. No tienes que saberlo todo ni contenerlo todo en tu mente. Por ejemplo, vas andando o conduciendo y te viene una idea sobre un producto o servicio y no lo consideras importante, ya que nadie lo fabrica o lo vende, y automáticamente te olvidas del tema. Unos años después alguien saca ese mismo producto o servicio y se hace millonario y te dices «hace unos años esto ya se me había ocurrido a mí». Quizá la otra persona tuvo la misma idea que tú, pero ella tuvo fe en sus ideas y tú no. Muchas veces rechazamos nuestras ideas precisamente porque son nuestras. Si tú tienes una meta, y esta está en sintonía contigo, la mente universal te enviará las ideas que necesitas para llevarla a cabo; si pones en marcha esa idea con decisión y crees en tus posibilidades, lo conseguirás.

Algunas de las característistias de la mente universal son:

1. *Funciona constantemente.* La mente universal resuelve todos los problemas que se te plantean en el camino. Define claramente un problema o una meta, y concéntrate en ella en tu cuadro mental (técnica que veremos más adelante). Luego olvídate del tema y continúa haciendo tu vida. La mente universal se pondrá en marcha y te proporcionará la respuesta precisa que necesites. Cada paso que des hacia tu meta, la mente universal creará las condiciones para acercarte más al siguiente

movimiento. Muchas veces es necesario completar la primera etapa para poder iniciar una segunda.

2. Cuando estableces un objetivo, la mente universal *emite motivación*. Si tienes una meta bien definida y que desees intensamente, la mente universal será una fuente de energía y entusiasmo. La motivación orientada hacia tus metas libera ideas y energía para lograrlas. Es una fuente de energía libre. Cuando sientes emoción en relación con un proyecto, parecerá que eres capaz de aprovechar esa energía y que la puedes alimentar e impulsar, día tras día, semana tras semana. Sentirás una energía que fluye continuamente y que conspirará para que consigas tu sueño.

3. *Responde a enunciados claros y hechos con autoridad*, como, por ejemplo, lo que sucede con las afirmaciones positivas al dotarlas de emoción: «Me amo, me acepto y me apruebo. Me doy permiso para avanzar y estoy avanzando». Tu mente consciente da la orden a tu mente subconsciente, y esta accede a la mente universal.

4. *Crece en capacidad según se utiliza y según se utiliza* crees en ella. Puedes llegar a un punto en el que estás conectado a la mente universal constantemente. Lo único que tienes que hacer es seguir el flujo de la vida; las soluciones, las personas, o las circunstancias vendrán a tu vida en el orden preciso, en la secuencia que necesitas, y las que no necesitas irán desapareciendo. Cuanto más confíes en la energía universal más funcionará.

Crecerás como ser humano en la medida en que te nutras de esta energía universal. Fuera de esta conexión la vida siempre es una lucha. La mente universal funciona de forma óptima con una actitud de expectativa confiada. Confiando en que algo bueno sucederá atraerás lo mejor para ti y los tuyos cada vez más y más deprisa, hasta que se convierta en algo automático.

Hazlo de forma consciente, investigando, informándote, recopilando toda la información que puedas, pues casi todas las decisiones se deben a la obtención de información. Al concentrarte en la búsqueda de soluciones a tus problemas, estas podrán llegarte de múltiples maneras: en un sueño, en una conversación, o mediante coincidencias. Intenta resolverlo de manera consciente, con la información que dispones y si esto no funciona, ocuparás tu mente con otra cosa, y en el momento adecuado te llegará la respuesta de forma inesperada, como una corazonada, o una intuición.

Cuando esa respuesta llega en el momento preciso, tienes que actuar inmediatamente, ya que tiene una duración limitada. Por ejemplo, si esa respuesta llega por la mañana, actúa de inmediato, ya que es posible que después ya no sirva. Cuando la respuesta llegue a tu mente, tendrás una fuerte sensación al sentir que es la adecuada. ¡Hazlo inmediatamente!

Aquello que te parezca correcto, siguiendo tu intuición, te llevará a aprovechar las oportunidades que se te presenten, y tendrás las experiencias que necesitas para tu éxito. Te pondré un ejemplo personal.

En el año 2012 mi padre ya no se podía valer por sí mismo y estaba viviendo en mi casa. Un viernes fuimos a hacerle una revisión con el médico del pueblo y tras salir de la consulta este le dio un volante para hacerse el lunes a primera hora unos análisis de sangre y de orina. El sábado por la mañana me di cuenta de que había perdido dicho volante, así que esa noche, para encontrarlo, utilicé la técnica del «vaso de agua», que explico más adelante, muy común en control mental. Pero no lo encontré.

Como vivo en una pedanía sin comercios, exceptuando una cantina, fui al pueblo a comprar el pan y cuando estaba cruzando la carretera, desde el aparcamiento hasta donde está la panadería, escuché una voz que me llamaba, me di la vuelta y era el doctor que nos había hecho el volante, que no vivía allí, pero estaba allí en ese momento y me comentó: «El lunes a las ocho y media pásate por mi consulta que te voy a dar un volante nuevo, pues tengo que introducir unos nuevos parámetros, no esperes la cola, para que te dé tiempo a estar a las nueve en la cita de Burgos». En este caso no encontré el volante perdido, pero el universo creó esta sincronicidad e hizo encontrarme al médico esa mañana para hacerme un volante nuevo.

Una vez que tengas tu meta clara en la mente, es posible que sientas que tu vida es una carrera de obstáculos, quizá experimentes conmociones, agitación y algún revés, y tal vez encuentres tu meta más adelante en un lugar distinto haciendo cosas que nunca hubieras imaginado. Por ejemplo, si quieres prosperar en los negocios, empezarás con algo que tiene que ver con lo que estás haciendo, te parecerá ir cuesta arriba sorteando vallas, y cuando hayas encontrado tu meta, será probable que estés en un sitio totalmente distinto al que pensabas. Al mirar atrás, verás que los aparentes contratiempos han sido necesarios para llegar al lugar en el que estás ahora. Sentirás que toda tu vida es una serie de extraordinarias coincidencias, que en un principio parecían obstáculos, pero que, vistos desde la perspectiva,

En el mundial de Japón de 1994.

integraban lecciones de gran valor que necesitabas aprender para obtener las metas que has conseguido. ¿Cuántas veces se produce un gran éxito después de un fracaso?

Napoleón Hill estudió a más de 500 personas de éxito, tales como Henry Ford, Tomas Alva Edison, entre muchos más individuos anónimos, a quienes todos animaban a desistir al principio, pero que no se rindieron, y al final lograron su objetivo, un gran éxito.

En mi vida estas sincronicidades han ido apareciendo de forma muy notable. Por ejemplo, después de regresar de Japón en las Navidades de 1992, me lancé a conseguir otro de los grandes sueños de mi vida: tener mi propio dojo (gimnasio), así que después de varios meses trabajando con mis propias manos, el 3 de enero de 1994 abrí las puertas de mi centro al que llamé Gimnasio Escuela Castilla, en honor al primer gimnasio donde entrené.

En solo cuatro meses contaba con más de trescientas personas. Todo fluía y parecía que el universo me traía todo lo que tanto había anhelado. En ese mismo año organicé un campeonato de España de Kickboxing profesional en Burgos y también partí de nuevo para Japón al campeonato del mundo de Koshiki Kárate. Tras ganar varios combates llegó el momento de pelear con un japonés, quien había sido anteriormente campeón del mundo en 1993. Nos llamaron por el micrófono, entramos en el tatami, saludamos, y allí fue cuando me percaté de que los dos jueces eran japoneses, con lo que ya la victoria sería difícil, puesto que no dejarían ganar fácilmente a un español en Japón.

En el campeonato de Japón, con la medalla de oro.

Al comenzar, marqué un punto y acto seguido lo hizo él también. El combate era de alto nivel. Le conecté tres rodillazos que hubieran sido seis puntos pero solo me puntuaron dos de ellos.

Después lo proyecté al suelo, pero uno de los jueces japoneses ordenó parar el combate alegando que eso era falta, con lo cual me amonestaron quitándome otro punto. Con esto advertí que si no lo dejaba KO, perdería el combate. Así que en un momento concreto me vino la genialidad: conecté patada circular (mawashi geri) izquierda, seguido de patada circular derecha al pecho, y finalmente una circular por detrás (ushiro mawashi geri), impactándole en la cara y derribando a mi adversario como si fuera una ficha de dominó, considerándose «ipon» (KO) en el reglamento de Koshiki kárate.

Recibiendo la medalla de oro al mejor competidor del mundo de la mano del ministro nacional de Deporte.

49

Mi maestro Masayuki Hisataka estaba observando el combate, e hizo un amago de levantar la mano para marcar que era un ipon, como consta en dicho reglamento. Me imagino que por temas políticos cortó la acción y no levantó la mano. De modo que el juez, que era maestro de mi oponente, dijo que solamente eran tres puntos. En cambio, el otro juez japonés, en un alarde de honestidad, marcó el ipon con sus banderas. El árbitro central, influenciado por la vehemencia del juez maestro de mi oponente, solo me dio al final tres puntos. De esta forma dieron tiempo a mi oponente para recuperarse físicamente del tremendo impacto recibido, acabando el combate y otorgando la victoria a él, lo cual fue un robo manifiesto. La final del campeonato del mundo quedó entre mi oponente e Hisataka, el hijo de mi maestro (presidente de la Federación Mundial). Hisataka le conectó una patada lateral en la cara sin derribar a su oponente, y aunque técnicamente era perfecta le dieron ipon, el cual, a mí se me había negado con una técnica más contundente, pues lo había derribado. En la competición por equipos, peleando España contra Japón, me tocó pelear con Hisataka, el hijo de mi maestro, campeón del mundo al que vencí claramente. Aquella misma noche, en la habitación el maestro confesó que yo era el campeón del mundo, pues en realidad había ganado a todos. Yo estaba decepcionado con mi maestro, pues lo tenía en un pedestal, y se cayó el mito. Me prometí a mí mismo no cometer ni consentir jamás estas injusticias. Gracias a esta experiencia, en unos años me convertí en el director nacional de arbitraje de la Federación Española de Kickboxing, cargo que ostenté desde 1999 hasta 2009, habiendo quedado en dos ocasiones campeón del mundo de arbitraje.

Ante la espectacularidad de mis combates, y reconociendo que yo era el mejor del campeonato, me otorgaron la medalla de oro al mejor competidor del mundo, máximo galardón en un campeonato de Koshiki Kárate, que me fue otorgada por el Ministro Nacional de Deportes. De esta experiencia me llevé dos lecciones: la primera, la frustración que produce cuando te roban algo que es tuyo y cómo este aparente fracaso me llevó a ser el mejor árbitro del mundo, y la segunda, que lo que es mío, vendrá a mí. A mi regreso a España, al cabo de unos días, nació mi primera hija, Laura, una niña preciosa, que ha alegrado mi corazón durante toda mi vida.

Debido a los golpes recbidos duante el campeonato relatado anteriormente en Japón, tras observarme el fondo del ojo izquierdo, decidieron que me tenían que operar. Me dieron un diagnóstico en el que a los cuarenta años me quedaría ciego, y que si no quería perder el ojo tendría que dejar el kárate.

Decidí no volver a competir, pues consideré más importante mi vista que una medalla. Me centré en este deporte como entrenador y árbitro preparando a competidores y consiguiendo unos resultados extraordinarios.

Mi conclusión es que es existe un orden superior que organiza
los acontecimientos, para que se agrupen de una forma simultánea
y así brindarte lo que necesitas.

CÓMO ACTIVAR TU MENTE CONSCIENTE Y SUBCONSCIENTE, Y CONECTARLAS CON LA MENTE UNIVERSAL

La mejor forma de interconectar las mentes es a través de la meditación y la visualización. Lo ideal para hacerlo es a solas, en silencio, escuchando tu voz interior y dedicarle un tiempo entre cinco y veinte minutos. Sentirás cómo se despeja tu mente por completo y te llegarán muchas ideas, fluirá una corriente de energía y sentirás cómo se acumula en tu interior, y te vendrá la respuesta que necesitas para tu problema, proyecto o meta. Existen varias formas de percibir a través de la mente universal:

- *Sincronicidades*: en forma de encuentros aparentemente casuales, con personas que te pueden dar ideas, o te llegarán de la nada. Esta respuesta se te puede presentar muy clara y sencilla, percibiendo con perspectiva la solución global al problema y que a veces se presenta como un fogonazo. También se puede presentar con objetos, a través de internet, libros o una conversación en un autobús entre varias personas. De estas y muchas formas más, te llegarán las respuestas que necesitas para el proyecto en el que estás trabajando o la solución a un problema

- *Acontecimientos inesperados*: situaciones en las que tendrás que detenerte a observar y prestar mucha atención a tu emoción. Normalmente, cuando la emoción es negativa significa que algo que no te gusta va a pasar, y cuando la emoción es positiva, y está acompañada de alegría y energía, aumenta tu sensación de júbilo, eso es que algo positivo te va a ocurrir, y te llegará con la fuerza necesaria para llevarlo a cabo. Con el tiempo se irá agudizando tu intuición.

TIPOS DE APRENDIZAJE

No conocemos la realidad tal como existe, somos nosotros quien la representamos a través de la percepción sensorial y el dominio de unos sentidos sobre otros. Existen tres maneras de representar el mundo a través de la percepción sensorial: la *visual,* la *auditiva* y la *sensorial-kinestésica* o *cinestésica,* esta última comprende las relacionadas con el movimiento, el tacto el gusto y el olfato. Imagínate que vamos por la calle, y nos cruzamos con alguien conocido. Probablemente, si soy auditivo, lo saludaría con un «Hola, qué tal»; si, por el contrario, fuese visual, lo saludaría con una mirada y con una sonrisa; si soy kinestésico, me acercaría a saludar o a darle la mano.

1. Las *personas visuales* son la mayoría en la población, piensan en imágenes y en muchas más cosas al mismo tiempo; son observadoras y se fijan en los detalles, necesitan mirar y que les miren para comunicarse. Se preocupan por su imagen, hablan deprisa y en un tono alto. Ejemplos de expresiones que realizarían las personas visuales serían; «Desde mi punto de vista», «Échale un ojo» o «Me gusta este enfoque». El individuo visual, al comprar cualquier cosa, se fijará en la estética del objeto, pues necesita que le entre por los ojos. En el caso del auditivo será necesario que el vendedor lo convenza con datos sobre el producto, sus características, beneficios, las ventajas del precio, etc.
Las personas visuales aprenden poniendo a su disposición gran cantidad de imágenes, diagramas y material de lectura. Utilizan fotos e imágenes para ilustrar puntos e ideas clave, y deben construir imágenes mentales y utilizar visualizaciones para recordar la información relevante. Para enseñarles nuevos comportamientos, hay que mostrarles los elementos clave. Para discutir ideas o proyectos habrá que dibujarlas con símbolos, gráficos y diagramas. Utilizan papel, lápices y rotuladores de colores. Subrayan puntos clave con distinto color y dibujan las mismas ideas con otras imágenes, reemplazando las palabras con símbolos e iniciales. Transforman imágenes en palabras.
2. Las *personas auditivas* aprenderán repitiendo lo que oyen y leen. Piensan de forma secuencial, es decir, una idea detrás de otra y son personas que saben escuchar y con mucha capacidad de oratoria. Hablan

modulando el tono y el timbre de voz; les gusta escuchar música y hablar con ellos mismos. A su vez, suelen tener una imagen discreta y conservadora. Un ejemplo de sus expresiones podrían ser: «Eso me suena bien», «He hecho oídos sordos» o «Me llama la atención». Fíjate en una conversación telefónica. Si una persona se muestra más distraída y desconectada, seguramente sea visual, pues estas personas necesitan mucha concentración para procesar la información auditiva. Otro ejemplo de personas visuales serían aquellas que cuando están intentando aparcar necesitan apagar la radio. En cambio, un auditivo puede hacer varias cosas a la vez mientras mantiene una conversación telefónica. Y, al kinestésico, te lo encontrarás móvil en mano de aquí para allá. Estas personas aprenden mejor escuchando y hablando. Pueden aprender mediante explicaciones cuidadosas, repitiendo los puntos clave y haciendo muchas preguntas. Es crucial darle definiciones claras. Pasar los esquemas a afirmaciones claras, describir las imágenes en palabras y hablar de ellas. Repiten lo que dicen para que puedan escuchar sus propias ideas. Usan cintas de audio, graban ideas claves y las escuchan. Usan el teléfono para comunicarse. Les gusta discutir sus problemas con sus amigos, explicar sus ideas y reformular puntos de vista en otras palabras.

3. La *persona kinestésica*, en cambio, probará el producto, lo tocará, lo olerá u observará cómo reacciona ante determinadas acciones, aprenden con lo que tocan y hacen, son más emotivas e impulsivas. Las manualidades y actividades físicas se les darán bien, se mueven y gesticulan mucho y priorizarán su comodidad ante la estética. Su tono de voz será más grave y hablarán despacio. Y utilizarán expresiones como: «Esto me da buenas vibraciones», «Esto me huele mal» o «Esto me pone la piel de gallina». Los bailarines son muy kinestésicos, funcionan muchas veces por sensaciones, y no son nada auditivos, no les gusta escuchar cómo se hace, sino ver cómo se hace, mejor aún, verse haciéndolas porque también son muy visuales. El aprendizaje de los kinestésicos es mucho más lento que el del visual o el auditivo, por eso durante años ha sido el gran olvidado del sistema educativo, sin embargo, es mucho más profundo. Tú puedes memorizar la lista de los elementos químicos y olvidarte el día siguiente, pero, una vez logras aprender a andar en bicicleta, ya nunca lo olvidarás. Las personas kinestésicas

visualizan con todos sus sentidos, ensayan e interpretan lo que van a desarrollar.

Aunque siempre hay un canal que predomina sobre el resto, todos utilizamos los tres canales para representar la realidad; en situaciones diferentes podremos utilizar canales diferentes y, por tanto, tener distintos tipos de aprendizaje, como proponemos en el siguiente ejercicio. Puedo ser muy kinestésico en mi vida privada y en el trabajo ser mucho más auditivo o visual.

Ejercicio 1: Canales perceptuales

Este ejercicio está diseñado para que identifiques tu estilo de aprendizaje que originalmente crearon Bandler y Grinder. No es un test de inteligencia, ni de personalidad. No tiene respuestas correctas o erróneas, solamente trata de ser lo más sincero contigo mismo. Una vez finalizado el test, revisa tus respuestas y anótalas, siendo V (Visual), A (Auditivo) y K (Kinestésico), de esta forma, podrás observar con qué modelo te identificas mejor.

1. Prefiero hacer este ejercicio de forma:
   V) Escrita
   A) Oral
   K) Realizando tareas

2. Con qué aficiones disfrutas más:
   V) Pintar, dibujar, hacer fotos
   A) Escuchar música, cantar, contar historias
   K) Pasear, cuidar del jardín, bailar

3. Aprendiendo, prefieres:
   V) Ver diagramas, presentaciones…
   A) Escuchar una descripción y hacer preguntas
   K) Hacer ejercicios

4. En vacaciones disfruto más de:
   V) Visitar nuevos lugares
   A) Descansar
   K) Participar en actividades

(Continuación)

Ejercicio 1: Canales perceptuales

5. Cuando recuerdo una película:
   V) Recuerdo sus escenas
   A) Recuerdo algún diálogo
   K) Recuerdo los sentimientos

6. Tienes una duda ortográfica, ¿qué haces?
   V) Me imagino las diferentes posibilidades y elijo la correcta
   A) Las escucho mentalmente
   K) Las escribo y elijo la más correcta

7. Cuando te regalan algo:
   V) Prefieres que sea bonito
   A) Prefieres que sea sonoro
   K) Prefieres que sea útil

8. Acabas de comprar un mueble, y tienes que montarlo tú mismo, ¿qué prefieres?
   V) Ver un vídeo o consultar las instrucciones en papel
   A) Escuchar una cinta que describa los pasos a seguir
   K) Comenzar a montarlo y aprender sobre la marcha

9. Estás perdido con el coche, ¿qué haces?
   V) Miro el mapa
   A) Pregunto a alguien
   K) Sigo conduciendo en busca de una referencia conocida

10. Me cuesta menos recordar:
    V) La fisionomía
    A) La voz
    K) Los gestos

11. Estás cuidando el jardín del vecino que está de vacaciones y no sabes cómo hacerlo ¿qué harás?
    V) Ver cómo lo hace otra persona
    A) Recibir instrucciones y aclararlas
    K) Que alguien te ayude mientras lo haces

Ejercicio 1: Canales perceptuales

12. Lo que más valoro en las personas es:
    V) Su apariencia
    A) Lo que dicen
    K) Lo que hacen

13. Cuando voy a un restaurante, lo que más me llama la atención es:
    V) El ambiente
    A) La conversación
    K) La comida

14. Me entusiasma que:
    V) Me muestren cosas
    A) Me hablen
    K) Me inviten a participar

15. Disfruto más con actividades como:
    V) Ir al cine
    A) Asistir a una conferencia
    K) Practicar deportes

16. Cuando quieres enseñar algo a alguien, ¿cómo lo haces?
    V) Creas una imagen para esa persona
    A) Se lo explicas de forma lógica
    K) Lo acompañas y le enseñas en el proceso

17. Debes recordar un número importante, ¿qué te ayudará más?
    V) Hacerte una imagen mental de este número
    A) Repetírtelo a ti mismo a otra persona
    K) Escribirlo o teclearlo varias veces

18. Cuando voy a comprar un producto:
    V) Lo observo bien
    A) Escucho al vendedor
    K) Lo pruebo

(Continuación)

Ejercicio 1: Canales perceptuales

19. En exceso, me molesta más:
    V) La luz
    A) El ruido
    K) Las aglomeraciones

20. Cuando consuelo a alguien procuro:
    V) Señalarle un camino
    A) Darle palabras de ánimo
    K) Abrazarlo

Una vez realizado el ejercicio, procede a sumar todas tus respuestas: por un lado, todas aquellas que sean V, por otro lado las A y finalmente las K. Una vez obtengas los resultados, podrás observar qué canal predomina más en tu proceso de representación de la realidad.

Lo ideal sería tener desarrollados los tres canales para tener una comunicación más completa con los demás y una percepción más rica de la realidad. Si te identificas mucho en el grupo de los visuales, pero tienes poco desarrollado el canal kinestésico, te propongo un ejercicio para desarrollar al máximo los tres canales.

Aquello que te parezca correcto, siguiendo tu intuición,
te llevará a aprovechar las oportunidades
que se te presenten, y tendrás las experiencias
que necesitas para tu éxito.

2

BARRERAS HACIA EL ÉXITO

Mi maestro Hisataka me comentó en una de sus lecciones que tarde o temprano iba a encontrarme con piedras en mi camino, y que si mi propósito de verdad me merecía la pena, debería luchar y esforzarme para conseguirlo, pues no siempre las cosas serían fáciles y muchas veces los mayores obstáculos nos los ponemos nosotros mismos, ya que desde que nacemos desarrollamos un conjunto de máscaras para sobrevivir emocionalmente al que denominamos *ego*. Me habló sobre su conquista, y cómo identificar y saltar estas barreras, pues, una vez consigas trascender al ego, entenderás que solo la esencia puede traerte la felicidad; por tanto, es fundamental que nuestros objetivos estén en armonía con nuestros valores.

EL EGO

Ego proviene del latín y significa «yo». También se le puede llamar personalidad, ego falso o yo falso. Es una coraza elaborada con mecanismos de supervivencia emocionales y psicológicos que desarrollamos desde pequeños: vamos aprendiendo el lenguaje y empieza el dolor.

Cuando nuestros padres o familiares no nos amaron incondicionalmente, no sentíamos que éramos valorados por lo que éramos, sino por lo que hacíamos, surge el ego. Independientemente de lo buena o mala que haya sido nuestra infancia, el ego nos ha ayudado a sobrevivir psicológica y emocionalmente. Nuestros padres no han podido satisfacer a la perfección nuestras necesidades emocionales y de desarrollo psicológico, y no se trata de culparlos, pues ellos fueron educados de esta misma manera errónea. Son víctimas de víctimas (es decir, se produce de generación en generación). Incluso aunque nuestros padres lo hubieran hecho de forma perfecta, que no es en absoluto el objetivo, cada uno de nosotros hemos nacido con unos filtros de percepción y metaprogramas a través de los cuales interpretamos el mundo. Entonces, desde nuestra percepción subjetiva desarrollamos la sensación de que no éramos perfectos tal como realmente éramos, que había algo mal en nosotros, que siendo tal como éramos no valíamos lo suficiente. Aunque no supiéramos cómo expresarlo, sentíamos mucho miedo y para protegernos o enfrentarlo desarrollamos estrategias de defensa, autoconceptos y comportamientos; capas y capas de cebolla que con el tiempo nos han ido desconectando de nuestra esencia, donde realmente residen la felicidad, la paz interior y el amor.

Capas que ocultan nuestra esencia / © Laia Solé.

Nos sentimos separados de nuestra naturaleza verdadera y como consecuencia, sentimos una sensación de vacío y dolor. Para silenciarlo y no sentir el vacío, empezamos a desarrollar apegos y adicciones que nos mantienen dormidos y en piloto automático.

Las adicciones pueden darse a cosas diferentes: sustancias, relaciones, sexo, comida, pornografía, compras, juego, consumismo, etc. Tanto los apegos como las adicciones son comportamientos que nos permiten desconectar más del dolor interno, «funcionan», pues nos desconectan temporalmente del dolor. Por ejemplo, si soy complaciente con todo el mundo porque tengo miedo al rechazo, no viviré el rechazo y no creceré, pues el miedo que enfrentas es el miedo que vences.

En cambio, cuando nacemos, somos esencia, lo más genuino, hay conexión con la vida. Como durante la infancia hemos perdido la conexión con nuestra esencia, el mecanismo del ego se activa mediante el miedo básico que cada persona tiene. Pero no somos ese ego, esa personalidad y aunque la personalidad es un aspecto particular de nuestro ser, nos convertimos en nuestra personalidad y esta es la causa de nuestro sufrimiento y ansiedad, que se puede manifestar en forma de distintos miedos inconscientes que son el motor de nuestro comportamiento.

El ego es la voz que nos susurra y cree que nuestra interpretación de la realidad es la auténtica. Esa cacofonía interior que escuchamos constantemente en la cabeza también es el ego. Tenemos entre 60.000 y 90.000 pensamientos al día, de los cuales el 90% son los mismos, son repeticiones y absorben nuestra atención y generan emociones. No somos conscientes de que son pensamientos, opiniones, reacciones y nos identificamos con estas vocecitas de la mente, pensando que son «yo», cuando en realidad es tu ego. No es real, sino una creación de nuestra mente.

Es imprescindible identificar tu vocecita interior como el ego, porque, si no la identificas, te quedarás atrapado y empezará nuevamente a infectarte, a intoxicarte. Al igual que el observador en física cuántica, tenemos que saber ver al ego, identificarlo y aceptarlo. Un camino para conseguirlo puede ser la meditación y el estar en el aquí y el ahora.

Vivimos identificados con el ego, con esa vocecita interior y estamos convencidos de que nuestra interpretación de la realidad es la causa por la que nos resulta tan difícil cambiar, porque cuestionar mis creencias es cuestionarme a mi ser.

En definitiva, todo lo que no es amor, es ego. Es nuestro poder mental que se apodera en contra de nosotros.

¿Cómo identificar tu ego?

El ego es un mecanismo de supervivencia, tiene su función y nunca desaparecerá. Nuestra misión no es eliminarlo ni negarlo, sino aprender a vivir con él, sin identificarnos con él, y trascenderlo al máximo, pues el ego siempre está latente y alerta y puede traicionarnos: es el efecto parecido al de un alcohólico que ha dejado de beber y una sola copa puede desatar de nuevo la adicción.

El método que sugiero es el siguiente:

- *Observar los resultados que tienes en tu vida* (te puede ser útil el ejercicio de la rueda de la vida que encontrarás en el capítulo 6 sobre metas). Tu vida exterior es un reflejo de tu vida interior. «Como eres dentro eres fuera». Cuando tus resultados no son los que esperas o deseas y no te satisfacen, tu ego quiere que cambie lo de fuera, el exterior (tu pareja, tu jefe…, etc.), pero cuanto más quieras cambiar el espejo, más se resistirá. La realidad simplemente es. No es buena ni mala, solo es neutra. El ego desea cambiar la realidad de tu exterior, porque tiene la falsa esperanza de que cuando el exterior cambie, en tu interior te sentirás bien. Busca la culpa en el exterior, en los demás. Por ejemplo, «Si cambio a mi jefe estaré mejor», pero eso no es verdad, yo no puedo cambiar a nadie. Solo puedo cambiar mi punto de vista o actuación sobre las cosas que me suceden y el modo en el que me afecten.
- *Identificar el ego a través de las relaciones de trabajo*, familiares, amistades, etc. Siempre proyectamos nuestro ego en los demás, especialmente en la pareja. Ella es nuestra mejor maestra. Tu ego despierta el ego del otro y viceversa.

Todo lo que no soportamos de los demás, lo que nos molesta de forma especial, lo que nos saca de nuestras casillas, habla mucho más de ti que del otro. Aunque no seamos conscientes de ello, esas cosas que nos molestan son exactamente las mismas que no soportamos o no aceptamos de nosotros mismos. Como señala el refrán: «Lo que dice Juan de Pedro dice más de Juan que de Pedro».

Cuando te aflora o aumenta esa molestia, cuando el ego toma las riendas, puedes preguntarte: ¿qué pasa dentro de mí que tanto me molesta de ti? ¿Qué no estoy aceptando de mí, que tampoco lo acepto en ti? En realidad, estamos frente a nosotros mismos.

Todo lo que nos ocurre, las circunstancias que vivimos y las relaciones que establecemos tienen un para qué: hacernos crecer y aprender. Por regla general, los consejos que das a los demás son los consejos que tú necesitas. Cuando eres más consciente asumes que lo que estás viendo en la otra persona es tu proyección, tu reflejo.

La Curva de Aprendizaje, de Seymour y O'Connor, señala que atravesamos cuatro etapas en el aprendizaje y también es aplicable en el proceso de nuestra desidentificación con el ego, pues pasamos por las mismas etapas. Empezamos siendo unos completos ignorantes acerca de quiénes somos. Reconocer la propia ignorancia es el primer paso para el despertar.

Fases del aprendizaje. Proceso de autoconocimiento	
Incompetencia inconsciente «No sé que no sé»	En este apartado de inconsciencia aún no conocemos a nuestro ego y por eso nuestra mente está descontrolada. Eres esclavo de tu ego y actúas tal y como él desea. Cuando se produce el dolor, buscas distracciones para evadirte. *Por ejemplo, has visto varias películas de Bruce Lee y Jean-Claude van Damme, vas al gimnasio y te apuntas a kickboxing pensando que serás campeón en seis meses.*
Incompetencia consciente «Sé que no sé»	En este punto ya has reconocido al ego en ti. Sigues identificado con él. Eres consciente de que puedes actuar de otra forma en las situaciones que experimentas, y te haces consciente de tu falta de conocimiento. Ahora comienza tu aprendizaje, descubriendo tus miedos y carencias. *Siguiendo con el ejemplo. Llevas un mes en el gimnasio y te das cuenta de que no tienes ni idea, que en las películas todo es muy fácil.*
Competencia consciente «Sé qué sé»	Ya tienes la habilidad de reconocer al ego, y de saber identificarlo, pero aún no eres capaz de dominarlo. Todavía tiene que producirse la repetición de las acciones para que estas lleguen al subconsciente. *Llevas tres años en el gimnasio, acabas de sacar el cinturón negro. Eres consciente de lo que sabes, pero debes seguir entrenando para saber más.*
Competencia inconsciente «No sé que sé»	Este es el último paso: ahora pasan todas las habilidades aprendidas de ser una acción consciente a llegar al subconsciente y por tanto, se hace de forma automática ya que ya está incorporada. *Conoces las técnicas y ya las has relegado a tu subconsciente, las dominas.*

Cuando estamos en la competencia inconsciente, vivimos conectados con nuestra esencia: estamos relajados, tranquilos y serenos. Interiormente sentimos que todo está bien con independencia de las circunstancias, aceptando a los demás y la realidad, tal como es. Vivimos en el presente, disfrutando del aquí y el ahora. Para pasar de la ignorancia al autoconocimiento, es necesario transitar por una fase intermedia, que, por norma general, provoca confusión en nuestra mente. No abandones, esta confusión es síntoma de que estás atravesando las capas de cebolla como son la adicción, el ego, el dolor… y que estás preparado para aprender algo nuevo sobre ti.

Muchas personas, al llegar a este punto de confusión que forma parte del proceso de aprendizaje, piensan que esto no va a funcionar o que simplemente no es para ellos, porque no quieren abandonar su zona de comodidad. Nuestro cerebro, siempre que tenga un interés sincero, conseguirá procesar la información y muy pronto lo que era confuso se convertirá en algo familiar, lo que te resultaba imposible, te resultará obvio.

Todo lo que no es amor, es ego. La conquista más grande que harás en tu vida será la de tu ego.

Cómo desapegarnos de nuestro ego

La batalla con nuestro ego falso sucede todos los días, nunca desaparece y por eso hay que aprender a vivir en equilibrio y para ello debemos entrenarlo. Los siete pasos que Buda desarrolló y que te muestro a continuación te ayudarán a trascender estas ideas que nos impone nuestro ego.

1. *Libérate de sentirte ofendido,* lo que nos ofende nos debilita. Tu ego es el que se siente ofendido por las palabras de los demás, lo interpreta todo como si fuese un ataque cuando no está a favor de lo que él piensa. Tu ego está buscando ocasiones constantemente para que nos sintamos ofendidos.

2. *Libérate de la necesidad de ganar.* El ego diferencia entre ganadores y perdedores, no existe un término medio y, por supuesto, el ego siempre desea ser ganador, pero puedes ganar durante una temporada. Al final, siempre habrá alguien que sea mejor que tú; más joven, más eficaz, o quizá con más suerte que tu. No puedes ganar siempre. ¿Por qué no disfrutas de todo lo que haces en vez de estar pendiente de ganar o perder? No eres ni tus derrotas ni tus victorias; olvida que lo opuesto de ganar es perder. Vive en paz con aquello que logres, y si un día no te encuentras con la energía suficiente, no importa, sé el observador y disfruta.

3. *Libérate de la necesidad de tener razón.* El ego siempre quiere tener razón, a costa de batallar por ello, pelear con gente para conseguirlo… Puedes

tener razón, o ser feliz. No necesitar tener razón en cada discusión te hará gritarle a tu ego «Ya no soy tu esclavo».

4. *Libérate de la necesidad de ser superior.* Para el ego solo existe un ganador y un perdedor; por tanto, siempre habrá un ser superior o un ser inferior que necesita estar por encima de los demás. Libérate de la necesidad de ser superior, pues lo verdaderamente necesario no es ser mejor, o estar por encima de alguien, es ser la mejor versión de ti mismo.

5. *Libérate de la necesidad de tener más.* Para el ego la felicidad reside en las cosas externas, por eso siempre está buscando más. Para el ego nada es suficiente, siempre va a necesitar más. Atraes lo que deseas hacia ti, pero sin exigir nada. En el momento que dejas de necesitar más, parece que te llega mucho más de lo que deseabas.

6. *Libérate de la necesidad de relacionarte con aquello que tu logras.* Todo es una ilusión de la mente de tu ego, pues no hay derrotas ni victorias. Cuando no agradeces las habilidades y las capacidades que hacen posible que consigas todas tus metas, si realmente no las reconoces y agradeces, surgirá una necesidad de seguir sin parar persiguiendo logros. Sé el observador, agradece todas las capacidades que posees, pues cuanto menos necesites atribuirte tus logros, más libre serás.

7. *Libérate de tu necesidad de gustar.* El ego tiene una necesidad de gustar y de tener reconocimiento. Cuando te liberas de esta necesidad, te liberas de la esclavitud de gustar a los demás. Deslígate de los resultados y céntrate en el camino y en disfrutarlo.

El ego espiritual

El ego espiritual es el último obstáculo, es la forma que tiene el ego de sobrevivir, de mantener el control, pues tiene una vida propia y como todas las formas de vida, lucha para sobrevivir. Cuando comienzas en el mundo del desarrollo personal y la espiritualidad, puedes caer en el «ego espiritual»: haces cursillos y el ego se sofistica y empiezas a dar consejos a todo el mundo, aunque no te lo pidan. Recuerda que el ego lucha por tu supervivencia y por la suya, por ello se pone la máscara de espiritual para que tú te creas que te conoces, que estás «muy trabajado», pero en realidad te sigue manipulando.

El ego intenta saltarse el trabajo mental y psicológico verdadero, pasando directamente a todo lo trascendente o espiritual, evitando el doloroso trabajo de quitarse la máscara y de mirar hacia el interior. Tu ego te hará creer que está mucho más evolucionado de lo que está en realidad.

A medida que te conozcas más a ti mismo, que trabajes tus miedos e inseguridades, tu ego tratará de defenderse con uñas y dientes de diferentes formas: incomodidad, dolor, miedo, rabia… Pues a tu ego no le interesa que le identifiques porque tiene miedo a morir, está apegado a la supervivencia.

El auténtico conocimiento de ti mismo es el más valioso remedio contra el engaño del ego. La verdadera espiritualidad te sana, es aceptarte tal como eres, es el proceso por el cual tomamos consciencia de cómo nuestro ego intenta compensar nuestros miedos, complejos, carencias, traumas, frustraciones y heridas, huyendo de un extremo a otro.

En base a la teoría del péndulo que vamos a explicar en el apartado sobre miedo, cuando tenemos una carencia negativa, la vamos a compensar desde el ego, creando un péndulo.

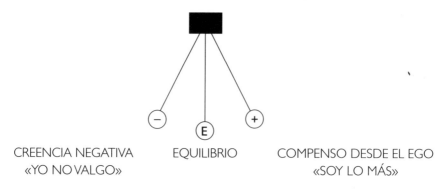

CREENCIA NEGATIVA   EQUILIBRIO   COMPENSO DESDE EL EGO
«YO NO VALGO»   «SOY LO MÁS»

Por ejemplo, si descubres que eres una persona egoísta, el ego lo va a compensar siendo muy altruista.

En mi caso, mi herida personal es «Yo no valgo» y mi ego, como mecanismo de supervivencia, me lleva a crear el personaje de «Soy lo más». En el camino de «Yo no valgo» a «Soy lo más» hay mucho sufrimiento y vacío interior, pues te mueves en extremos mientras que el equilibro se encuentra en la esencia.

Desde pequeño tuve una baja autoestima y un sentimiento de no valía, ya que no había sido un hijo deseado; mis padres fueron obligados a casarse, debido a mi llegada. Esto me lo ha reprochado mi padre durante toda mi vida. Y aunque sé que también me quería fui siempre la persona sobre la que descargó su ira.

En clase siempre estaba escondiéndome, debido a mi gran fracaso escolar y a mis problemas de visión no detectados hasta los siete años. Cuando el profesor buscaba a quién preguntar, yo me movía a la vez que el compañero de delante, para evitar ser visto por el profesor y que no me preguntase. Si alguna vez sucedía, me quedaba en blanco y en ese momento se reforzaba mi herida de «Yo no valgo». Tenía la sensación de ser un extraterrestre, que había venido a este mundo a observar a esta gente tan rara.

Cuando lograba el éxito, me sentía muy bien, pero al hacerlo desde el ego, cuando fracasaba volvía al «No valgo» y en ese efecto de péndulo que se producía tenía un gran sufrimiento y la sensación de no valer. Cuando funcionaba desde el ego, me dejaba secuestrar por él, intentando engañar a los demás sobre mi valía, y especialmente a mí mismo.

Al independizarme del seno familiar y trabajar para otros, el papel de mi padre, lo adquiría mi jefe, por lo que trabajaba muchas horas y procuraba ser muy eficiente para recibir su aprobación.

Con las parejas que tuve siempre tenía que ser el «macho alfa», estando a la altura para que me dijeran que era el mejor. El mantener ese personaje me estresaba tanto, que terminaba fallando. De esta forma siempre buscaba ser el mejor para demostrárselo a todo el mundo.

A pesar de haber conseguido puestos importantes en empresas, logros deportivos y varios negocios, muchas veces no disfruté del proceso. Finalmente, comprendí que lo verdaderamente esencial no son las metas en sí, sino el camino. Y descubriría que en realidad me sentía pleno, cuando ayudaba a los demás a conseguir sus sueños. De esta forma encontré mi misión en la vida.

En la actualidad el péndulo es cada vez más pequeño y cada día disfruto más de mi esencia haciendo las cosas por el mero placer de hacerlas y no por la recompensa emocional que otros me puedan proporcionar. Ese ha de ser nuestro objetivo.

SOMBRAS Y ESPEJO

En 1886 Robert Louis Stevenson soñó con un hombre cometiendo un crimen y tomó una poción que le provocó un cambio radical de personalidad, pasó del afable científico Dr. Jekyll y se convirtió en el violento y cruel Mr. Hyde. De este sueño de Stevenson surgió la novela titulada *El extraño caso del Dr. Jekyll y Mr.Hyde.*

Todos llevamos dentro de nosotros mismos un Dr. Jekyll y un Mr. Hyde, y bajo la máscara amable que mostramos en el día a día escondemos comportamientos y sentimientos negativos como la vergüenza, la rabia, la mentira, los celos, la lujuria, el orgullo o el resentimiento. Esta parte oscura en psicología se denomina la sombra personal.

Carl Gustav Jung definió la sombra como aquello que una persona no desea ser. La sombra son todas aquellas cosas que no vemos (o no queremos ver en nosotros mismos), todo aquello que negamos, lo que no reconocemos como nuestro. Se va construyendo desde pequeños, a la vez que el ego y va complementándolo, a causa de nuestro miedo de ser abandonados. El miedo al rechazo es muy inconsciente y ancestral, incluso ya en la época de Atapuerca, hace 1,300,000 años, si éramos rechazados y nos excluían de la tribu, los osos y los leones acabarían con nosotros. De la misma forma en que cuando nos enfrentábamos a los leones y a los osos, nuestro ego sigue escondiendo ciertos aspectos, como mecanismo de supervivencia, que cree que no van a ser bien vistos por nuestras distintas comunidades.

Entrenando en el río cercano al Dojo.

Desde la antigüedad, la sombra se ha representado con el símbolo del dragón como guardián de los tesoros ocultos que hay en nosotros y que no queremos aceptar. Esos tesoros representan nuestra parte de sombra y para acceder a ellos debemos enfrentarnos al dragón. Debemos ser capaces de vencerlo; es decir, de dominar e integrar la sombra, de aceptarnos por lo que somos y por lo que no somos, de amarnos y de perdonarnos.

La sombra no es perjudicial, solo lo es bajo la perspectiva del ego. La sombra se va creando a medida que el ego va enterrando en el inconsciente todo aquello que considera malo, que debe ocultar en secreto por miedo a lo que piensen los demás. Todos los miedos o heridas que no vemos como los complejos, las carencias, los enfados y las ansiedades es todo lo que tratamos de ocultar.

La sombra no solo tiene aspectos que el ego considera negativos, sino todo aquello que rechazamos de nosotros mismos. De la misma forma que rechazamos esto, también podemos rechazar nuestros talentos, habilidades, capacidades y cualidades que no hemos llegado a desarrollar aún.

Además de la sombra personal de cada uno, cada cultura, cada país y cada familia valoran algunos aspectos de la personalidad y rechazan otros. Es decir, también existe la sombra familiar y la colectiva. Por ejemplo, quizá en algunas familias se consienta expresar la ira y, en cambio, la ambición económica esté sepultada en el terreno de la sombra. En otras se permite hablar sobre la sexualidad, pero no se acepta la expresión artística.

Se llama *sombra* porque es difícil de ver, ya que no es accesible; por su naturaleza es inconsciente y difícil de detectar. Cuando nos acercamos o comienza a manifestarse, nos asusta. Como el ego, huye de la luz de la conciencia porque es una amenaza para su supervivencia. Por eso no queremos entrar en contacto con ella, la intentamos esconder y pretendemos eliminarla proyectando los aspectos que nuestro ego no quiere reconocer en los demás. Creemos que enterrando, disimulando o escondiendo los aspectos negados o negativos los vamos a eliminar, o desaparecerán, pero siempre vuelven a nosotros a través de nuestras relaciones con los demás. La sombra se manifiesta en nuestro exterior en pequeños detalles. Veamos algunos ejemplos:

- Los rasgos que más adoramos y más repudiamos de los demás.
- Cuando reaccionamos de forma desmesurada, con enormes ataques de ira.
- Tener un sentido del humor sarcástico o carecer de sentido del humor.
- Cuando la vergüenza nos abruma.
- En los sentimientos desproporcionados respecto a los demás.
- Nuestro rechazo o admiración desmesurada ante una cualidad de alguien.
- Cuando rechazamos nuestras semejanzas con nuestros progenitores; por ejemplo, «Yo no me parezco nada a mi padre». Nos aterrorizamos al vernos reflejados en quien más rechazamos.
- Cuando discutimos exageradamente, nos enfadamos o tenemos conductas fuera de lugar ante las creencias de los demás.
- Proyectamos la sombra a través del sexo, dinero, estatus, etc.

No queremos escuchar los gritos de nuestra sombra y posponemos el bucear hacia las profundidades de nuestro ser, aletargándonos con jornadas de trabajo excesivas, adicciones, distracciones, antidepresivos, etc. Aunque sus voces se aplacan, la sombra sigue expresándose con excesos, síntomas, enfermedades psicosomáticas o sentimientos profundamente negativos.

Para vivir en un estado de paz interior y dejar de autosabotearnos, saber quiénes somos realmente y cuál es nuestro potencial, es necesario integrar nuestra sombra.

Al mantener una relación sana con nuestra parte oscura, con amor y sin juzgar, podremos obtener una energía increíble para alcanzar metas desde la esencia y activar las capacidades y potencialidades ocultas durante tanto tiempo.

A continuación encontrarás una serie de ejercicios que te van a permitir identificar la sombra que hay en tu interior y que está haciendo que no alcances tu potencialidad.

Con estas herramientas que te muestro en este capítulo lograrás dominar tu sombra gracias a su identificación y observación.

Ejercicio 2: Integrando la sombra

Para integrar tu sombra, puedes realizar el siguiente ejercicio basado en *La práctica integral de vida* de Ken Wilber. Puedes hacerlo mentalmente en estado de relajación o por escrito (mi recomendación es mezclar ambos).

Elige con quién quieres trabajar: una persona con la que tienes un problema específico; alguien que te molesta, te repela o te atraiga, o bien una situación o algo que no te guste o que te dé miedo o cause rechazo. Incluso puede ser una sensación física que te altera.

1. Obsérvalo en 3ª persona.
    Observa con detenimiento y minuciosamente el problema y describe con todo detalle a la persona, lo que te pasa con ella o con la situación, qué es lo que te molesta, qué sientes y piensas, qué te duele. Descríbelo usando pronombres en tercera persona como «él», «ella», «de él», «de ella», «su», etc. Aprovecha para describirla procelosamente.

(Continuación)

Ejercicio 2: Integrando la sombra

2. Háblale en 2ª persona

   Visualiza a la persona con la que tienes el conflicto o aquella sensación, situación o imagen que represente el problema. Obsérvalo como si estuviera en frente de ti. Puedes utilizar una silla vacía como si lo que quieres visualizar estuviese sentado frente a ti. Dialoga directamente con ella, dile todo lo que te pasa respecto a ella, lo que sientes sin guardar nada. Háblale en segunda persona usando pronombres como «tú», «tuyo», en voz alta, mentalmente o por escrito.

   Puedes hacerle preguntas para ayudarte como: ¿Quién o qué eres? ¿Por qué vienes? ¿Qué quieres de mí? ¿Qué tienes que decirme? ¿Para qué te he elegido a ti? ¿Qué aprendizaje me ofreces? Ábrete a que te responda o imagina que te estoy respondiendo. Seguro que una respuesta nace de tu interior, no la rechaces, acéptala.

3. Siéntelo en 1ª persona

   Ahora habla o escribe utilizando pronombres en primera persona como «yo», «mi» o «mío». En tu pantalla mental siéntate en la silla donde estaba sentada la persona, imagen o molestia. Conviértete o transfórmate en ella. Observa ahora el mundo. Obsérvate a ti mismo desde su perspectiva. Percibe, siente y piensa como ella. Contempla las semejanzas que tienes con ella y que, de hecho tú y ella sois la misma cosa. Si puedes, siente el sentimiento o impulso que has estado negando y acéptalo como tuyo. Haz una afirmación del tipo «Yo soy», que te ayude a comenzar con la aceptación.

   Probablemente tu ego te hará sentir incómodo o rechazará esta última parte del ejercicio, pues se ha esforzado durante mucho tiempo en enterrarlo en el saco de la sombra.

Si perseveras y repites este ejercicio, lograrás integrar tu sombra y te convertirás en una persona más completa, abierta y liberada.

> «Prefiero ser un hombre completo a un hombre bueno».
> Carl Gustav Jung

A continuación te propongo hacer un ejercicio de visualización para identificar tu sombra a través de tus canales de percepción: para que la observes, la toques, la sientas… Para aceptarte con tus luces y tus sombras.

Ejercicio 3: Meditación para integrar tu sombra

Primeramente, realizamos el protocolo de meditación. Lo encontrarás en el final del capítulo del estrés.

Vamos a imaginar alguna situación en la que te veas vulnerable. Por ejemplo, en una situación en la que sientas frustración o que sientas que no das la talla, quizá una situación en la que te cabrees en exceso, que pierdas los papeles… Cuando sientes esta inseguridad o incluso rabia, vamos a tratar de ver con la imaginación su forma, si tiene cara o es algo que no podemos distinguir, una nube, un fantasma, «un coco»… No importa lo fea que sea, en lugar de ocultarlo, lo vamos a aceptar. Deja que tu subconsciente lo elija, independientemente de que sea de tu pasado, presente o futuro. Imagina este instante respirando con tranquilidad, puede que te vengan a la cabeza imágenes, instantes, colores… elige una.

¿Qué objetos observas? ¿Qué personas y cómo son? ¿Qué emoción te provoca? Cuando sientas la intensidad de esta emoción, tal vez desasosiego, malestar… coloca frente a ti estos sentimientos y emociones y trata de ponerles forma con cuerpo. Incluso su expresión facial, eso es, imagina este ser o forma justo delante de ti, esta identidad es tu sombra. Es posible que te provoque estremecimiento, que te inquiete… seguramente no te guste, tranquilo. La sombra es aquello que ocultas de los demás, lo que escondes, lo que no te gusta, lo que no deseas que se sepa. Lo que más miedo nos da ser. Míralo con tranquilidad, estás en un escenario ante tu sombra, cógela de las manos con ternura y dale un abrazo fusionándote con ella. Es mejor ser completo que ser bueno; acéptate por lo que eres y por lo que no eres. Siente que sois uno; experimenta la sensación de aceptación y recuerda que todo lo que tú odias de ti puede ser tu futuro talento que está latente en tu interior, y que, cuando lo aceptes, se convertirá en una potencialidad. La unión entre tu sombra y tú te hará más poderoso. Cuanto más te aceptes más fuerte serás. A partir de ahora tú y tu sombra estaréis unidos y siempre que la necesites estará ahí para darte fuerza y valor, puesto que eres más completo y tienes muchos más recursos.

Acabas de aceptar tu ser y tu visión de las cosas puede ser distinta, más completa.

Cuando lo desees, abre tus ojos y realiza el protocolo de salida.

Es posible que al principio no sientas fuerza, pero, con el tiempo, sentirás más energía, paz y felicidad. Al aceptar tu sombra, ya no tienes nada que ocultar, principalmente a ti.

Ejercicio 4: Descubriendo tu ego y tu sombra

El *coaching* de control mental es un entrenamiento de la mente para tener mayor control sobre ella y dominar al ego para dejar de ser víctimas y de vivir en el péndulo. Con el siguiente ejercicio tomaremos conciencia de los mecanismos que utiliza nuestro ego para mantenernos en una montaña rusa emocional llena de sufrimiento.

Normalmente no es fácil ver en nosotros mismos los mecanismos que desarrollamos para compensar nuestras heridas. Son como las ramas de un árbol que están tapadas por sus hojas y no nos dejan ver de dónde vienen. Para poder cambiar las creencias negativas, es necesario descubrir el tronco. Las creencias más profundas se encuentran en el cerebro reptiliano, muy ancestral y para transmutar estas creencias vamos a crear un cortocircuito en la mente consciente.

Puesto que no las identificamos en nosotros mismos, para realizar el siguiente ejercicio vamos a trabajar con nuestro mejor espejo, los demás. Escoge varias personas (entre cinco y siete) además de ti mismo. Será imprescindible elegir a tu padre y madre, o personas que hayan ejercido ese rol, hermanos, tíos o familia. Incluye a tu pareja o amigo más íntimos. Escribe de dos a cinco cosas que te molesten de estas personas.

¿QUÉ ES LO QUE MÁS TE MOLESTA DE CADA UNA DE ESTAS PERSONAS?					
	Padre	Madre	Pareja/ Amigo	Hermano	Yo	
1.						
2.						
3.						
4.						
5.						

(Continuación)

Ejercicio 4: Descubriendo tu ego y tu sombra

Una vez que hayas terminado tu lista, pregúntate en cada una de las cosas que te molestan qué es lo que esa persona tiene que pensar, sentir o creer para que sea de esa y actúe de esa manera. Por ejemplo, si has destacado de tu padre que es egoísta, puedes preguntarte: ¿Qué es loque tiene que pensar, sentir y creer mi padre, para ser egoísta? La respuesta podría ser que lo hace porque crees que él es el más importante.

Entonces, vuelve a preguntarte: ¿Qué es lo que tiene que pensar, sentir y creer mi padre, para sentir que él es el más importante?, quizás sea porque piense que los demás no lo quieren. Así que, de nuevo, cuestiónate: ¿Qué es lo que tiene que pensar, sentir y creer mi padre, para sentir que los demás no lo quieren? Y de esta forma llegarás a la respuesta final y es que, quizás el sienta que no vale.

Hazte esta pregunta las veces que consideres necesarias hasta llegar a una conclusión que exprese una carencia negativa.

¿QUÉ CARENCIAS PUEDEN TENER?					
	Padre	Madre	Pareja/ Amigo	Hermano	Yo
1.					
2.					
3.					
4.					
5.					

En este ejemplo, hemos llegado a la conclusión de que nuestro padre puede sentir que no es válido. Puesto que nuestro ego proyecta sus carencias en los demás, vamos a poner el foco en nosotros, transformando la frase en primera persona, en este caso, usando la expresión «Yo no valgo» o quizá «No me siento querido». Escribe todas aquellas carencias que has encontrado en los demás y hazlas propias.

(Continuación)

Ejercicio 4: Descubriendo tu ego y tu sombra

TRANSFORMANDO SUS CARENCIAS					
	Padre	Madre	Pareja/ Amigo	Hermano	Yo
1.					
2.					
3.					
4.					
5.					

Ahora cambia la creencia negativa en una afirmación positiva. Por ejemplo: «Yo no valgo» lo pasamos a «Yo soy muy valioso».

Escribe esta afirmación positiva veinte veces en un papel. Cada vez que lo escribas, pregúntate: «¿Qué siento?» y escribe la emoción que esto provoca en ti.

PENSAMIENTO SOBRE LA AFIRMACIÓN	¿QUÉ EMOCIÓN PROVOCA EN MÍ? (Las sensaciones físicas son la clave)
1. *Yo creo en mí*	1. *No me lo creo mucho. No lo siento.*
2.	2.
3.	3.
4.	4.

Trabaja con estas afirmaciones a diario para limpiar tus pautas mentales. Puedes escribirlas en *post-it* y colocarlas en lugares visibles o repetirlas mientras te miras al espejo. Si te cuesta mucho decirte esta afirmación, si no la sientes o no te la crees, puedes hacer una afirmación puente. Por ejemplo, si te resulta muy difícil mirarte a los ojos y decirte: «Yo soy muy valioso», puedes cambiarla por: «cada día que pasa yo creo más en mi». En caso contrario, si la sientes, continúa con ella «Yo soy muy valioso» hasta que la integres y obtengas mejores resultados en tu vida y más consciencia.

Los valores

Otra forma de integrar nuestro ego y nuestra sombra es ser coherentes con nuestros valores, esto es, que lo que pensamos, sentimos y hacemos esté alineado con nuestros valores.

Un valor es algo importante para ti, que es vital y que esté presente en tu vida, en tu trabajo, en tus relaciones. Lo que para ti es bueno, lo que es malo, lo que es justo o injusto.

Son las sensaciones que deseas sentir, son las actividades que te atraen.

Tu vida debe estar alineada con tus valores; lo que piensas, lo que sientes, lo que hablas, lo que haces… no vivir en armonía con estos, será sinónimo de infelicidad.

Tus valores ya están en ti, en tu interior. Están expresados en tu forma de vivir. Si son valores importantes los estás expresando ya en tu vida y sentirás plenitud. Si no vives en armonía con ellos, sentirás tristeza, falta de energía e insatisfacción.

Tus valores son tu esencia. Cuando realizas proyectos que tienen que ver con tus valores no tienes que forzar nada, te sientes de maravilla, estimulado y fluyes; todo es muy sencillo. Todo lo que tenemos en nuestro interior, se manifiesta en nuestra vida exterior. Cuanto más precisos y más claros sean, más efectivos seremos en nuestra vida, pues también son una brújula a la hora de tomar decisiones.

Cuando tienes que elegir entre dos tipos de conducta, actuarás de forma coherente con lo que es más importante para ti en ese instante, aunque habrá unos valores que prevalecerán sobre otros. En el siguiente capítulo revisaremos si nuestros objetivos están en armonía y coherencia con ellos.

Ejercicio 5: Descubre tus valores

Para conocer tus valores, debes preguntarte qué es lo que realmente te importa en la vida. Puedes recordar momentos en los que te encontrabas especialmente bien.

Cierra los ojos, visualiza ese momento y ve respondiendo a las siguientes preguntas. Recrea cada momento lo mejor posible.

Por ejemplo, ¿qué es lo qué veías? ¿Qué es lo que sentías o escuchabas? Procura vivir inmerso en ese momento para identificar los valores que te guiaban en esa situación. Ahora que ya tienes en mente este momento de felicidad, responde:

1. ¿Qué recuerdas de ese momento?
   _____
   _____
   _____

2. ¿Qué sentías en ese instante?
   _____
   _____
   _____

3. ¿Qué valores crees que te guiaban?
   _____
   _____
   _____

4. ¿Qué percibías como importante?
   _____
   _____
   _____

5. ¿Qué beneficios te aportaba ese momento?
   _____
   _____
   _____

(Continuación)

Ejercicio 5: Descubre tus valores

A continuación te propongo una lista de valores. Cuando leas cada palabra, no la pienses solo con la cabeza, siéntela con el cuerpo. Lee y observa cómo te sientes, sin analizar mentalmente; solo observa cómo te sientes. Al leerlo, podrás sentir cosquillas, frío, deseos de sonreír, tener sensaciones de rechazo, o, simplemente, no sentir nada. Elige los que más resuenen contigo, de una forma espontánea y, si no están todos tus valores, añade a esta lista los que tú consideres importantes para ti.

ACTUALIZACIÓN	BENEVOLENCIA
ADAPTABILIDAD	BUEN HUMOR
AFECTO	BUENA DISPOSICIÓN
AGRADECIMIENTO	CALIDAD
ALEGRÍA	CALIDED
ALERTA	CALMA
ALIENTO	CAMBIO (VARIEDAD)
ALIMENTACIÓN SALUDABLE	CARRERA
AMABILIDAD	COMODIDAD
AMBICIÓN	COMPETENCIA
AMENIDAD	COMPROMISO
AMISTAD	CONCIENCIA
AMOR	CONFIANZA
AMPLITUD DE MIRAS	CONOCIMIENTO
APRENDIZAJE	CONTRIBUCIÓN
CONTINUO	CONTROL (DE UNO MISMO)
APTITUD FÍSICA	COOPERACIÓN
ASERTIVIDAD	CORAJE
ATREVIMIENTO	CORTESÍA
AUTENTICIDAD	CREATIVIDAD
AUTOESTIMA	CRECIMIENTO
AVENTURA	CUIDADO
AYUDAR A LA SOCIEDAD	DEDICACIÓN A LOS DEMÁS
AYUDAR A LOS DEMÁS	DEMOCRACIA
BELLEZA (FÍSICA)	DESARROLLO
BENEFICIO	DESARROLLO
BONDAD	DESAPEGO

(Continuación)

Ejercicio 5: Descubre tus valores

DESPREOCUPACIÓN	FORTALEZA
DETERMINACIÓN	GENEROSIDAD
DIÁLOGO	GENTILEZA
DILIGENCIA	GOZO
DINAMISMO	HABILIDAD
DINERO	HONESTIDAD
DISCIPLINA	HONOR
DISTINCIÓN	HUMILDAD
DULZURA	IMAGINACIÓN
ECOLÓGICA	IMPARCIALIDAD
ECONÓMICA	INDEPENDENCIA
EDUCACIÓN	INFLUIR EN LOS DEMÁS
EFICACIA	INGENIO
EMPRESA	INICIATIVA
ENERGIA	INNOVACIÓN
ENTREGA	INCANSABLE
ENTUSIASMO	INTROSPECCIÓN
EQUILIBRIO	INTEGRIDAD
ESCRUPULOSIDAD	INVOLUCRACIÓN
ESPECIALIZACIÓN	JOVIALIDAD
ESPERANZA	JUVENTUD
ESTABILIDAD	LEALTAD
ESTATUS	LIBERTAD
ESTATUS INTELECTUAL	LIBIANDAD
ESTILO	LIDERAZGO
ÉTICA FAMA	LOGRO
EXACTITUD	LIMPIEZA
EXCELENCIA	MADUREZ
ÉXITO	MÉRITO
FAMILIA	MISERICORDIA
FE	MODESTIA
FELICIDAD	MOTIVACIÓN
FIABILIDAD	NATURALEZA
FLEXIBILIDAD	OPTIMISMO
FOCO	ORDEN ESTABILIDAD
FORMALIDAD	ORGANIZACION

(Continuación)

Ejercicio 5: Descubre tus valores

ORIGINALIDAD	SATISFACIÓN
OBEDIENCIA	SEGURIDAD
PACIENCIA	SENCILLEZ
PASIÓN	SENSIBILIDAD
PAZ	SENTIDO PRÁCTICO
PENSAMIENTO CLARO	SER COMPETENTE
PERDÓN	SER EFICIENTE
PERSEVERANCIA	SER ÚTIL
PLACER	SERENIDAD
PODER	SERVICIO A LOS DEMÁS
AUTORIDAD	SIGNIFICADO
POSESIVIDAD	SINCERIDAD
POSICIÓN	SINGULARIDAD
PRECAUCIÓN	SIN TEMOR
PRECISIÓN	SOCIABILIDAD
PRESIÓN	SOFISTICACIÓN
PRESTIGIO	ENSEÑAR
PROFESIONALIDAD	TACTO
PROPÓSITO VITAL	TALENTO
PROSPERIDAD	TENACIDAD
PUNTUALIDAD	TOLERANCIA
RAPIDEZ	TRABAJAR BAJO PRESIÓN
RECONOCIMIENTO	TRABAJAR EN EQUIPO
RELACIONES	TRABAJAR SOLO
RELACIONES DE	TRABAJO DURO
RELIGIÓN	TRABAJO FÁCIL
REPUTACIÓN	TRANQUILIDAD
RESPETO	VALOR
RESOLUCIÓN	VERACIDAD
RESPETO	VERSATILIDAD
REALEZA	VICTORIA
RESPONSABILIDAD	VIGOR
RIGOR	VINCULACIÓN
RIQUEZA	VOCACIÓN
SABIDURÍA	VOLUNTAD
SALUD	

(Continuación)

Ejercicio 5: Descubre tus valores

1. A continuación, destaca once de estos valores que sean tuyos propios, no aquello que está estimado o universalmente aceptado que debería ser. Recuerda, un valor tiene el valor que tú le das. Tómate tu tiempo, hazlo con honestidad. Aquello que realmente sientas. Algunos los identificarás fácilmente, otros necesitarás más concentración para hacerlo. Hay valores que están ocultos, presta atención a tu diálogo interior. «Esto es demasiado para mí», «Esto es superficial», «Esto es verdad, pero me gustaría tener otro valor», «Esto no es esencial para mí, pero me encanta». Tal vez no te sientas cómodo cuando leas alguno. Esto te ayuda a encontrar algo que solo tú sabes.

   Los valores suelen ser gratificantes; por ejemplo, la familia: «Me siento maravillosamente cuando estoy con mi familia», «Me encantaría pasar más tiempo con mi familia».

2. De los once valores que has seleccionado anteriormente, elige seis. Para ello puedes preguntarte cuál es el que más me llama la atención, cuál es más importante para mí en este momento, cuál prefiero… Ahora, estos seis valores que has elegido serán tus valores fundamentales. A continuación en esta tabla anotas los seis valores elegidos y expón una pequeña explicación sobre la importancia de este valor para ti.

VALOR FUNDAMENTAL	¿POR QUÉ ES IMPORTANTE PARA MÍ?
1.	
2.	
3.	
4.	
5.	
6.	

(Continuación)

Ejercicio 5: Descubre tus valores

3. De estos seis valores, ahora escoge solamente tres, que pasarán a ser tus valores absolutos. Ahora, en esta tabla, una vez señalados los tres valores absolutos, responde también por qué estos valores han pasado a ser absolutos y no otros.

VALOR ABSOLUTO	¿PARA QUÉ ES IMPORTANTE PARA MÍ?
1.	
2.	
3.	

Ahora responde a estas cuestiones para tomar consciencia definitiva.

1. ¿Por qué este valor es tan importante como para ser un valor absoluto?

   1. _____

   2. _____

   3. _____

2. ¿Qué suelo hacer para alcanzar este valor en mi vida?

   1. _____

   2. _____

   3. _____

3. ¿Qué cambios puedo hacer en mi vida en los próximos meses que me permitan vivir este valor?

   1. _____

   2. _____

   3. _____

(Continuación)

Ejercicio 5: Descubre tus valores

4. ¿Quién soy yo cuando alcanzo este valor?

1. _____

2. _____

3. _____

5. ¿Cómo me siento con ello?

1. _____

2. _____

3. _____

6. ¿Cómo puedo empezar a realizar estos cambios desde ya mismo?

1. _____

2. _____

3. _____

7. ¿En qué forma no alcanzo este valor en mi vida? ¿Qué me impide alcanzar este valor?

1. _____

2. _____

3. _____

Si detectas que no estás respetando alguno de tus valores, piensa que tu vida solamente la vas a vivir tú, y que si no estás teniendo en cuenta lo que realmente te importa nunca te sentirás pleno. Es el momento de desarrollar tu valentía para hacer los cambios necesarios para vivir con más coherencia.

Solo serás feliz cuando vivas en armonía con tus valores.

EL NIÑO INTERIOR

«Todos los mayores han sido primero niños
(pero pocos los recuerdan)».
Antoine de Saint-Exupèry

Por norma general, en nuestra infancia no hemos recibido educación emocional. No hemos aprendido a escuchar las emociones dolorosas, a diferenciar los pensamientos de las emociones y a darles el espacio adecuado. Cuando éramos pequeños y llorábamos o sentíamos tristeza, los adultos rápidamente se encargaban de cortar ese proceso con frases como «Ea, ea, no pasa nada, no llores» y con toda su buena intención hacían lo posible para distraernos y hacernos sonreír. Inconscientemente, aprendimos a no permitirnos sentir las emociones que etiquetamos como malas o negativas y a temprana edad desconectamos nuestra cabeza de nuestro corazón.

Si las necesidades de desarrollo de la niñez y las emociones de supervivencia son reprimidas e insatisfechas (el miedo, la tristeza, la rabia o también el asco), y crecemos y nos hacemos adultos, pero en nuestro interior llevamos a un niño rabioso y herido, entonces podemos decir que el niño interior herido son todas esas emociones de la infancia que han sido reprimidas.

Aunque la mayor parte del tiempo nos comportemos desde nuestro «yo» adulto, si no curamos estas heridas y no establecemos una comunicación con nuestro niño interior, él saboteará espontáneamente nuestra vida adulta. Por ejemplo, cuando nos estresamos, se puede activar nuestro niño herido y sorprendernos con comportamientos y reacciones en nuestro entorno actual. Nuestro niño interior saca nuestra peor parte en forma de pataleta, demandando a nuestras relaciones sociales actuales lo que la familia o el entorno no dio en la niñez. Cuando el niño herido toma las riendas y actúa es como si estuviera intentando reparar una situación del pasado, volcándolo en otra situación del presente que, por regla general, no es la adecuada o no la expresa de la manera correcta.

El amor sana la herida de nuestro niño interior. Tiene que sentir que lo amamos y que lo tenemos en cuenta en cada decisión que tomamos. Nuestro adulto debe aprender a escuchar las emociones, a sentirlas sin juzgarlas, ya que siempre tienen un objetivo clave para nosotros, hacernos saber que hay algo que no nos funciona y que hemos de cambiarlo, que nos estamos equivocando o haciendo algo mal. Tengamos la edad que tengamos, dentro de cada uno de nosotros reside cada edad que hemos vivido.

Ejercicio 6: Conectando con tu niño interior

En este ejercicio vamos a volver a conectar con esas emociones reprimidas para expresarlas y experimentarlas. Luego abrazaremos al niño que fuimos alguna vez, para reparar nuestro pasado.

Esta meditación te va a servir para reconectarte con tu niño interior.

Antes de realizar este ejercicio, debes practicar el protocolo de meditación que encontrarás tras el apartado del estrés en el segundo capítulo.

Vamos a viajar en el tiempo. Respira pausada y profundamente. Estás sentado con los ojos cerrados. Visualiza tu vida cómo va pasando hacia atrás, como si estuvieras rebobinando una película hasta que llegues a la edad de cinco años, o tal vez a otra edad que sientas que necesitas viajar allí.

Llega un momento en el que sientes que estás en tu casa, en tu habitación. Estás recordando el olor de tu habitación de aquel entonces; observas todo tu cuarto, cada detalle, sintiéndolo con la emoción como cuando tenías esa edad. Frente a ti este niño o niña pequeñito te está mirando; tal vez está triste o llorando, o quizá solamente esté sonriendo.

Cógelo de sus manitas suavemente, con cariño y ternura. Estás sintiendo el tacto de sus palmas, que son las tuyas. Míralo a sus preciosos ojos abiertos mirándote con la inocencia de su edad. Explícale que has venido del futuro para ayudarlo, pues ya has crecido y te has convertido en un adulto y puedes cuidar de él a la vez que jugar muchas veces juntos.

Sin quitarle la vista de los ojos, pregúntale: ¿Sientes miedo?, ¿te sientes herido?, ¿dónde está tu herida?

Tal vez te venga una escena en el colegio, un objeto o una situación familiar o con los amiguitos. Escúchalo con mucho cariño, asintiendo para que vea y sienta que le prestas atención. Tal vez te cuente algún miedo que tiene, o tal vez no. Si te cuenta algo y siente miedo, dile a tu pequeño niño que lo ha hecho de la mejor manera que ha podido, que lo perdones y que te perdones, y dile todos aquellos talentos, habilidades y valores que el niño le ha dado al adulto, y que todos esos miedos y problemas que ha tenido de pequeño le han ayudado a ser la gran persona que es hoy.

Cógelo en tus brazos, y abrázalo con mucho cariño. Siente mucho amor por tu niño o niña y dile al oído que lo quieres, que lo amas y que siempre estarás a su lado. Siempre estaréis juntos.

EL ORIGEN DE LA CULPABILIDAD

A lo largo de nuestra vida vivimos numerosas sensaciones que nos producen malestar o angustia y son determinadas como negativas. El sentimiento de culpabilidad es uno de estos síntomas considerado por cientos de psicólogos y psiquiatras como el problema fundamental en las enfermedades mentales en adultos, y puede llegar a ser completamente autodestructivo para nosotros.

El origen de este sentimiento suele tener un profundo arraigo en nuestro ser, pues puede haberse desencadenado desde nuestra infancia sin ser conscientes de ello. Muchos de estos sentimientos están originados por el intento de los adultos de nuestro alrededor por controlar nuestras actuaciones. En la edad infantil aceptamos como válidas todas aquellas cosas que nuestras figuras de referente nos dicen, pues para el niño son importantes y representan valía. Por ejemplo, si dicen que un niño es torpe o tonto y por eso no puede realizar una tarea, ten por seguro que el niño no lo podrá hacer, e incluso probablemente se sienta avergonzado por intentarlo.

Todos estos sentimientos acabarán guardándose en el subconsciente y marcarán nuestro crecimiento y haciéndonos pensar que realmente somos de tal forma, o de esta otra, pues hemos crecido con ello.

Las carencias emocionales

Todos tenemos la necesidad y queremos ser amados de forma incondicional, pues en nuestra naturaleza está implícito el sentimiento de amar y recibir amor y atención. Para desarrollar una personalidad sana de adultos, es necesario que en nuestra infancia nos hayamos sentido amados por nuestras figuras de referente. Para que esto suceda debemos tener en cuenta que:

- La manera de mostrar amor a un niño es dedicándole tiempo, pues son seres puramente emocionales y para ellos lo importante consiste en dedicarles atención.
  Solo se van a considerar importantes cuando tú los cuides y les dediques tiempo necesario, pues pueden llegar a la conclusión de que en ellos hay algo malo y es por eso por lo que no le dedicas toda tu atención.
- Es necesario tener en cuenta sus necesidades. Escúchalos atentamente, habla con ellos.

- Establecer rutinas diarias para ellos les hará crecer con estabilidad y sentimiento de seguridad.
- Debe sentirse amado y protegido por su entorno. Crear un entorno afectivo y seguro. Las peleas familiares o discusiones pueden ocasionar que el niño piense que sus padres se están peleando por su culpa.

Los niños que han crecido con la crítica destructiva y con carencia de amor acaban por no gustarse a sí mismos y siendo incapaces de tener buenas relaciones.

Recuerdo de niño que nunca sabía si esa noche dormiría en casa o no. Había días en que podía entrar a casa e irme a dormir tranquilamente, otros días estaba mi padre enfadado o borracho y tenía que salir huyendo. Siempre estaba preparado para salir corriendo, pues cuando se cabreaba podía tirarme cualquier cosa que tuviera a mano: un candelabro, una radio... lo que hubiera por allí.

Cuando llegó la era de los vídeos, mi padre me mandó a un videoclub para preguntar cuánto costaba hacerse socio. Recuerdo que eran diez mil de las antiguas pesetas y pagabas la primera película y después podías alquilar las siguientes. Poco después abrieron otro videoclub donde tan solo costaba cinco mil pesetas, así que mi padre me obligó a ir al primer local para que me devolvieran las diez mil pesetas y apuntarme al que costaba cinco mil. Tenía tanto miedo a mi padre y a no regresar a casa con el dinero, que agarré por la pechera al dueño del videoclub diciéndole «O me devuelves el dinero o te quemo el chiringuito» (aunque realmente no pensaba hacerlo). Aquel hombre me vio con tanta seguridad que me lo devolvió en el momento.

El sentimiento de culpabilidad nacido en nuestra infancia puede provenir de varios factores, uno de ellos puede ser por haber sido educados por la negatividad de nuestros progenitores. Una de la forma que usan nuestros padres es mediante el castigo, ya que es un buen modo de lograr que el niño haga lo que nosotros queremos.

Otro de los motivos por el que podemos sentir este malestar proviene de haber sufrido experiencias negativas. Por ejemplo, muchas organizaciones sociales y religiosas utilizan la culpabilidad como herramienta de control emocional y para manipular el comportamiento, así lograr de la gente su poder, su dinero, su tiempo, su dedicación, incluso sus recursos, con campañas publicitarias de chantaje emocional.

La culpabilidad crea otras emociones negativas como ira, odio, envidia, resentimiento, frustración, duda o miedo, etc.

La forma de deshacernos de este sentimiento arraigado de culpabilidad en la raíz de nuestro subconsciente es a través del **perdón**.

Cómo se manifiesta la culpabilidad

La culpabilidad se puede manifestar mediante sentimientos de inferioridad, de inadecuación y de falta de merecimiento. No crees merecer que te ocurran cosas buenas. Si has crecido con críticas destructivas, probablemente tendrás tendencia a sentir que no eres merecedor de los logros que tanto esfuerzo te han costado. Este sentimiento se llama «el miedo al éxito». Cuando tenemos miedo al éxito, nos autosaboteamos, obstaculizando nuestros proyectos. Nos hace olvidar o no recordar lo que queríamos hacer, provoca un comportamiento incompatible con lo que deseamos hacer. Por ejemplo, tenemos que terminar un trabajo y nos entra sueño, no lo hacemos y nos vamos a dormir.

Según la Real Academia de la Lengua Española, el autosabotaje consiste en la oposición u obstrucción disimulada contra proyectos órdenes, decisiones, ideas, etc. Algunos ejemplos de autosabotaje:

- Te apuntas al gimnasio y no vas.
- Deseas cambiar el trabajo, pero no envías tu CV.
- Quieres escribir un libro, pero no empiezas nunca.
- Quieres adelgazar, pero rompes la dieta.
- Tienes un trabajo importante que hacer, pero en vez de empezar lo postergas por limpiar, ordenar (procrastinación).
- Llegas tarde sabiendo que la impuntualidad te perjudica.
- Continuar con una actitud en la relación de pareja, aun sabiendo que la perjudica.
- Tienes una enfermedad y no tomas la medicación.
- Deseas pedir un aumento de sueldo, pero nunca encuentras el momento.

Nuestro saboteador interior destaca por ser astuto e inteligente. Es crítico y lucha por querer permanecer en nosotros. Racionaliza para restar importancia a nuestra meta. Nos convence de que alcanzarla es imposible, nos hace ver que la meta no merece la pena. Debido al esfuerzo que conlleva, nos hace sentir incapaces para que no intentemos conseguirla. El saboteador genera una emoción desagradable asociada a la tarea que debemos hacer para conseguir nuestra meta. Busca satisfacción inmediata a corto plazo. En definitiva, el objetivo del autosaboteador es poner en práctica los mandatos autodestructivos que hemos recibido en la niñez.

Ejercicio 7: Identifica tu saboteador interior

Crea tu propia imagen mental de tu saboteador. Puedes imaginar a un personaje de un dibujo animado, dale tu propia versión de la apariencia que tiene, puede ser un personaje inteligente, un personaje avispado y tramposo.

Puedes incluso dibujarlo y darle un nombre. Disfruta del proceso.

El objetivo es que reconozcas cuándo tu saboteador actúa, con sus actividades subversivas, y puedas cortocircuitar la influencia que tiene sobre tu conducta, tu salud y tus emociones. El hecho de ridiculizarlo y burlarte de él transformará su energía destructiva para traer felicidad a tu vida.

Tu meta no será eliminar al saboteador, sino educarlo y aprovechar su energía y creatividad para que deje de ser un enemigo y se transforme en un aliado. Puedes aceptarlo y aprender a vivir con tu saboteador.

No somos lo que piensa nuestro saboteador, somos mucho más que eso. Más grandes, más fuertes, más inteligentes. Es vital entrenar nuestra mente para combatir nuestros monstruos internos que nos hacen fallar y que nos hacen vernos más pequeños de lo que somos. Restaura tu mente, tu autoconcepto.

El saboteador aparecerá en los momentos más bajos, en épocas de tensión o bien de gratificación, cuando los cambios positivos empiecen a llegar. Cuando sientas que el saboteador toma las riendas, redirige tus pensamientos y repítete:

- A pesar de que tengo miedo, lo voy a lograr.
- A pesar de mi falta de seguridad en mí, lo voy a lograr.
- A pesar de que no es mi mejor momento, lo voy a lograr.
- A pesar de los problemas, lo voy a lograr.

Un ejemplo que me ha marcado mucho en la vida es mi historia con el cinturón negro de judo.

Comencé a practicar judo a los catorce años. Un día, sin decirme nada, mi padre me llevó a entrenar al gimnasio Escuela.

Durante años lo practiqué y se me dio muy bien, hasta que conseguí el cinturón marrón con dieciséis años. Por alguna razón que en ese momento desconocía, cuando me tenía que examinar del cinturón negro, no sacaba los puntos o suspendía. Yo mismo me autosaboteaba. Tardé ocho años en sacarme el cinturón negro. Eso sí, nunca dejé de entrenar.

Estos fracasos en realidad forjaban mi carácter, pues perseveraba y perseveraba. Cuando ya lo logré y viajé a Japón, entendí que si no hubiera trascurrido todo ese tiempo, no hubiera conseguido ser el sexto dan más joven de la historia en mi estilo, Koshiki kárate. En la actualidad tengo treinta y ocho danes de diferentes artes marciales como judo, kickboxing, Koshiki karate, y defensa personal, entre otras.

Cuando escuché el cuento del bambú japonés me sentí identificado y empecé a comprender todo lo que me había estado sucediendo en la vida cuyo fruto no sale a la superficie durante los primeros siete años y un cultivador inexperto pensaría que la semilla es infértil, pero, sorprendentemente después de pasar esos siete años, el bambú crece más de treinta metros, en solamente seis semanas. ¿Cuánto podríamos decir que tardó realmente en crecer el bambú? ¿Seis semanas? ¿O siete años y seis semanas? Sería más correcto decir que tardó siete años y seis semanas. ¿Por qué? Porque durante los primeros siete años el bambú se dedica a desarrollar y fortalecer sus raíces, las cuales van a ser las que luego de esos siete años puedan crecer tanto en solamente seis semanas. Si en algún punto en esos primeros siete años dejamos de regarlo o cuidarlo, el bambú muere.

Las personas que tienen síntomas o sentimientos de culpabilidad son personas con un alto poder de ser manipulables. Existen dos tipos de personas: la víctima y el verdugo, y ambos se atraen entre sí. El verdugo es el que se identifica con el progenitor que arrojaba culpabilidad, y la víctima se identifica con el progenitor que la recogía, pero los dos tipos se juntan, se equilibran, crían una nueva generación de arrojadores y atrapadores de culpabilidad, es decir, nuevas víctimas y nuevos verdugos. Este tipo de personas son muy fáciles de manipular, pues la culpabilidad los hace más vulnerables. Por ejemplo, si tienes un mal jefe, que sabe que no puedes decir «No», o quizá que necesitas el empleo, puede llegar a manipular a este tipo de personas para su beneficio propio.

Este tipo de personas tienden a culpabilizar también a su exterior. Al igual que a nosotros nos han hecho daño, ellos lo repiten de manera inconsciente sobre el resto, y vuelcan sus sentimientos de culpabilidad en su entorno. Es la tendencia natural. Muchas veces tienden a utilizar una actitud y el lenguaje de víctima. Como explica la Ley de Concentración, todo aquello en lo que nos centramos, crece. Utilizar un lenguaje victimista como «No puedo», «No soy capaz» o «No valgo» tiene el efecto de que se transmita a nuestra mente subconsciente un mensaje de desvalía, de falta de control y sobre todo de culpabilidad.

Aquellos que reciben el mal, devuelven el mal, por esto los niños pequeños a veces empiezan a autocastigarse físicamente o a pegarse si se les está criticando sucesivamente. Sienten que no son lo bastante buenos y se castigan. Quizá, también nos sentimos reflejados cuando utilizamos expresiones como «Me gustaría». Este tipo de expresiones constituyen un deseo o una meta sin energía que la impulse, viene a significar que queremos lograr algo, pero que nunca lo conseguiremos.

Cuando usas la expresión «Me gustaría», tu subconsciente lo rechazará como meta y no te suministra ninguna energía ni motivación, ningún impulso o deseo de lograrlo. Sucede lo mismo con expresiones como «Puedo», «Ojalá que..».

Para eliminar los sentimientos de culpabilidad, primero debes borrar de tu mente aquellos pensamientos autocríticos que hay en ti. El subconsciente acepta lo que le ordenes y le digas como si fuera un mandato. No digas nada que no desees sinceramente que sea verdad. No digas: «Estoy gordo», «Estoy cansado». No digas nada. Habla en términos positivos.

No te permitas ser manipulado por los sentimientos de culpabilidad. Si dejas que te manipulen mediante la culpabilidad, la estarás reforzando. La culpabilidad solo funciona si no te das cuenta de que te la están aplicando; por eso, si en algún momento piensas que está sucediendo, puedes preguntar a la otra persona si lo está haciendo de forma intencionada.

Y por último, perdona. Es muy importante perdonar. La clave para liberarse a uno mismo de las emociones negativas está en negarse a guardar cualquier sentimiento negativo o de rencor hacia otra persona. Perdonar te liberará a ti y a la otra persona, y garantiza que tú avanzarás rápidamente hacia la realización de tu potencialidad. Perdona a los demás, perdónalos a todos, a todo aquel que te haya causado algún daño. El perdón es independiente de los demás, el beneficio es para ti, te producirá una gran serenidad. Cuando tienes sentimientos de odio hacia alguien, la persona que está sintiendo el odio eres tú mismo. No perdonas solamente por el bien de la otra persona, sino que también lo haces por tu bienestar y paz espiritual.

Sentimientos como el resentimiento, el odio, la ira son elementos que corromperán tu alma. Te encadenarán. Debes liberar tus propias batallas interiores, liberarlas con justicia y buenos sentimientos. No importa que no lo olvides, pero debes perdonar. Estudios científicos de Harvard afirman que un minuto concentrado en tu odio deja tu sistema inmunológico bajo mínimos durante seis horas. Realmente la persona odiada puede estar disfrutando de la vida, y no sentir ese odio. Tú eres quien más sufre. Por tanto, para sentirte tú libre y en paz, tienes que perdonar cualquier cosa que te hayan hecho.

A continuación expongo varias situaciones que ejemplifican el poder el perdón como liberador de culpa interior, resentimiento, ira y odio.

Un día, una clienta me preguntó: «¿Cómo voy a volver con mi marido si era un maltratador?» A lo que yo le respondí: «No tienes que regresar con tu marido, solo tienes que perdonarlo de corazón, y seguir viviendo tu vida». Mientras estás odiando tienes el pensamiento en la mente consciente, y esto hace que esta información vaya al subconsciente y siga un círculo vicioso perjudicial para ti, pues lo que introduces en una mente subconsciente, crea hábito y volverás a pensar en ello. Simplemente elimínalo de tu cabeza, céntrate en tu vida; en lo que tienes. Olvídate del reproche y del resentimiento, es una tendencia infantil.

Perdona a tus padres, por todo lo que hayan hecho que te pueda haber hecho daño. Muchos de nuestros problemas de adultos están basados en la incapacidad de perdonar a nuestros padres.

Perdónate a ti mismo: por todas las cosas malas, insensatas, absurdas, estúpidas, ridículas, que hayas hecho. Perdónate al cien por cien.

Si has dañado a alguien, simplemente pídele perdón.

Mi padre tuvo un accidente de coche y yo estaba viviendo en Madrid por ese entonces (2009-2010). Descubrieron que tenía un problema en la cabeza llamado cuerpo de Levi, es decir, se le había atrofiado una parte del cerebro y un principio de parkinsonismo. Cada día iba perdiendo su capacidad de maniobrar y de valerse por sí mismo. Mis hermanas y mi madre, debido al trato que habían recibido por su parte, decidieron no hacerse cargo. Algo que no juzgo, pues lo entiendo. Así que me encargué de todas las tareas necesarias para atender a una persona anciana (asistenta que lo cuidase y le hiciera la comida, lo limpiase, que hiciera la limpieza del hogar…), a pesar de que yo vivía en Madrid, donde trabajaba en la empresa de energías renovables.

Para estar cerca de mi padre y para poder atenderlo mejor y solucionar los constantes problemas, decidí dejar mi empleo y volver a Burgos donde me dedicaba al *coaching* y a impartir cursos de Control Mental.

Por aquel entonces, mi padre todavía podía valerse por sí mismo. Llegamos a tener hasta cuatro asistentas, pues mi padre no era demasiado cortés y educado, lógicamente, ellas se marchaban. La última de ellas, a pesar de los ataques de mi padre, tenía mucho carácter y consiguió dominarlo. La jefa de las asistentas sociales me dijo que no había conocido nunca un hombre tan

Con mi padre de paseo.

duro y tan difícil como él. Mi padre, para llamar la atención, escondía las pastillas del azúcar, pues era diabético y así se ponía enfermo y conseguía atraer la atención de todo el mundo. Era como un niño pequeño, pero travieso; siempre estaba liándola. Lo visitaba todas las semanas para solucionar todos los problemas en los que se metía.

En el 2011 decidí dedicarme en exclusiva a impartir seminarios de crecimiento personal. Ser una persona coherente, que practica lo que predica, me hacía ser muy exitoso.

En febrero le busqué una de las mejores residencias de Burgos, pero se escapaba y no pagaba la residencia. Finalmente, solo aguantó dos meses. Mi tío fue a vivir con él a su casa durante dos meses pero no pudo soportarlo y se acabó marchando también.

Paralelamente noté que la relación con mi mujer no marchaba bien. Y finalmente decidimos separarnos, porque habíamos entrado en un punto muerto. Después de los primeros siete meses del año 2012, los más duros de mi vida, empezaron a cambiar las cosas en el mes de agosto. Empezaron a mejorar los cursos. Cada vez alcanzaba más éxito, pues mi forma entusiasta de expresarme me daba muy buen resultado. Al mismo tiempo, también estuve cuidando a mis hijos, pues tenía la custodia compartida. Aunque no estaba preparado, finalmente saqué todo adelante, incluso mi trabajo de instructor del Método Silva de Control Mental. Tenía la sensación de que estaba protegido por el universo y tenía sensaciones hermosas, incluso en la máxima adversidad.

Otra de las cosas que pude hacer fue perdonar a mi pareja, sin rencor y perdoné con mucha facilidad. A principios de 2012 mi padre se caía constantemente, perdía el equilibrio y se hacía heridas en la cabeza, por lo que finalmente me lo traje para casa. Mi padre estaba en el pueblo viviendo conmigo; pero cuando me iba a impartir los cursos era cuidado por mi exsuegra, que para mí es como una madre, pues siempre me ha ayudado y me ha apoyado. Para mí fue una gran experiencia cuidar a la persona que tanto sufrimiento me hizo pasar en la niñez.

En el año 2014, y tras haber pasado seis años de enfermedad, siendo sus dos últimos años en mi casa, fallece mi padre. La vida con él en mi casa me sirvió para aprender a perdonar y como cura de humildad, pues estuve durante ese tiempo teniendo que cuidar de él, cambiándole los pañales, aguantando sus excentricidades, mal humor… dándole de comer…, etc.

Te propongo el ejercicio «Las tres cartas del perdón», para aprender a perdonar y liberarte del sentimiento de culpabilidad y de tu saboteador.

Ejercicio 8: Las tres cartas del perdón

Para completar este ejercicio vas a necesitar aproximadamente cinco días. El propósito de estas cartas es sanar tu relación con aquellas personas que no hayan sido capaces de perdonar aún. No importa que haya fallecido o que no tengas contacto con ella, el proceso será el mismo.

La primera carta que debes escribir será la carta del resentimiento. Coge un folio en blanco y plasma todo aquello que no soportas, que no te gusta o te causa rechazo de la persona a la que aún no lograste perdonar. En definitiva, escribe todo lo que piensas en esta carta, que no quede nada por decir dentro de ti. Una vez que hayas escrito absolutamente todo, quema la carta. Puedes hacerlo en un recipiente, o bien, en el exterior. Observa detenidamente cómo se quema la carta y se convierte en cenizas mientras imaginas que todo el odio y rencor que tenías hacia esta persona se está limpiando, pues el fuego es un elemento purificador y transmutador.

Después de dos o tres días de haber quemado la carta, vas a coger otro folio en blanco, y en él escribirás todas las cualidades que tiene la persona que deseas perdonar y todo lo que te ha aportado en la vida. Escribe incluso qué puedes agradecerle. Esta será la carta del agradecimiento. Una vez hayas terminado con la carta, puedes leerla y guardarla.

Pasados otros dos o tres días, escribe otra carta agradeciendo y comprendiendo que todas las personas están aquí para enseñarnos algo, que simplemente son un espejo en el cual nos vemos reflejados, que todas aquellas cosas que nos suceden en la vida son necesarias para que evolucionemos. Nadie te hace daño, solo es tu percepción.

Cambiar la forma de percibir a la otra persona y agradecer todas las lecciones que aprendiste a través de ella te ayudará a encontrar tu tranquilidad interior.

La procrastinación

La palabra *procrastinación*, etimológicamente proviene del latín: *pro*, significa adelante, y *crastinus*, hace referencia al futuro. De esta forma la procrastinación consiste en la acción o el hábito de posponer tareas o situaciones que deben atenderse, realizando en su lugar otras actividades menos relevantes. ¿Cuántas veces debíamos sentarnos a realizar alguna tarea, y hemos acabado organizando el escritorio?

Normalmente nos autojustificamos creyendo que mañana será un día más adecuado para poner en práctica lo que hay que hacer. Pero es probable que lo pospuesto, sea estresante para nosotros, complejo, inquietante, peligroso o aburrido, y, en consecuencia, supeditamos lo importante a lo irrelevante. La procrastinación, más que a un carácter remolón responde a un exceso de perfeccionismo, pues nosotros queremos llevar a cabo las tareas de la mejor manera posible, y, finalmente acabamos demorando aquellas a las que más importancia le hemos otorgado.

El círculo de la procrastinación / © Paula Portilla.

Ejercicio 9. Abandonar la procrastinación

1. *Toma decisiones.* Si estamos aplazando las tareas inconscientemente, debemos analizar el porqué de la situación. Es decir, qué es lo que está haciendo que no seamos capaces de afrontar nuestra tarea. Tener claridad en lo que queremos hacer y en nuestros objetivos nos ayudará a tomar la decisión más fácilmente.
2. *Dosifica tus acciones en pequeños pasos.* Cómete el queso en porciones, no te lo comas de un bocado. Si nos está resultando complicado realizar una tarea, deberemos empezar poco a poco. Una buena técnica consiste en sentarnos cinco minutos y dedicárselo por completo a nuestra tarea. Iremos aumentando minutos de forma progresiva, hasta que ya no resulte tan complicado mantener toda nuestra atención en esta actividad. Dividir el trabajo en pequeñas tareas concretas nos ayudará a realizarlo de una forma más sencilla.
3. *Acostúmbrate a las rutinas.* Es importante crear un método o forma que convierta estas tareas en una rutina simple de hacer para que el subconsciente las ejecute sin coste energético. Sistematizar nuestras tareas.
4. *Date un regalo.* Cada vez que logres un objetivo, por muy pequeño que sea, puedes hacerte un pequeño obsequio.
5. *Convierte las tareas aburridas en algo divertido.* Una forma de hacerlo más entretenido es mediante estrategias, juegos o recompensas.
6. *Analiza regularmente tus tareas y objetivos.* Tener siempre esa meta presente te ayudará a tener la motivación necesaria.
7. *Evita distracciones.* Cuantas más cosas tengas a la vista, más difícil te resultará concentrarte. Por ejemplo, deberás silenciar el móvil, poner el móvil en modo avión, etc.
8. *Aprende a decir «no».* Muchas veces, hacemos tareas por compromiso que no nos apetece, por lo cual, es muy importante aprender a decir No para no cargarnos de actividades innecesarias.

EL ESTRÉS

Para el maestro Hisataka un pilar fundamental para alcanzar el éxito es la serenidad, pues si careces de esta, no puedes disfrutar de las cosas. Una de las frases que recuerdo que más citaba mi maestro era de Confucio, que decía que un hombre no trata de verse en el agua que corre, sino en el agua tranquila, porque solamente lo que en sí es tranquilo puede dar tranquilidad a otros.

El término *estrés* lo acuñó el doctor Hans Selye, viene del inglés (*stress*) y significa «tensión», «fatiga». Es la respuesta automática y natural de nuestro organismo ante situaciones amenazadoras o desafiantes que nos encontramos en nuestra vida diaria. Actúa como mecanismo de supervivencia, gracias al cual hemos logrado subsistir a través de los siglos. Nos previene de lo que puede ser dañino, nos alerta para la acción y nos impulsa para la adaptación.

El cerebro está programado para pensar mal por supervivencia, nos conduce a un estado de vigilancia y ansiedad. De la misma forma que en el pasado este mecanismo se activaba para huir de animales depredadores, hoy se sigue disparando por otros agentes estresantes. Aunque nuestras circunstancias han cambiado, nuestro cerebro reptiliano sigue siendo el mismo; por tanto, ante situaciones potencialmente peligrosas —como perder las llaves o encontrarnos en un atasco en carretera— sigue disparando los mismos mecanismos de defensa y segregando las mismas hormonas (principalmente adrenalina y cortisol) que nos preparan para el ataque o la huída.

En la actualidad el estrés se da en exceso, convirtiéndose en un enemigo potencial y en algo perjudicial para nuestra salud. Aunque el estrés no se puede eliminar, ya que responde a un mecanismo de supervivencia, podemos aprender a gestionarlo de una única forma natural.

Por medio de los sentidos conectamos con el exterior, al igual que un submarino conecta mediante el periscopio, el radar, el sonar, etc. Nosotros disponemos de la vista, el oído, el olfato, el gusto y el tacto, y esta es la forma que tiene nuestro cerebro de percibir el exterior. Por ejemplo, como ya hemos aludido con anterioridad, hace ya un millón de años, cuando el hombre de Atapuerca percibía a un oso de las cavernas, quien era su enemigo natural y un depredador muy poderoso, sucedía que, si lo contemplaba, la información era llevada hasta el córtex cerebral y este advertía que era un peligro para su supervivencia. Por medio de la mente consciente se lo comunica al cerebro límbico, el cerebro emocional, y a través del miedo se lo comunica al cerebro reptiliano, que pone en marcha el mecanismo de supervivencia de lucha y huída, también llamado *estrés*. Otra opción es quedarse bloqueado, y entonces ya sabemos quién se come a quien.

A continuación hablaremos sobre los diferentes tipos de estrés que podemos generar, identificarlo y cómo transformarlo en estrés positivo o eustrés.

El distrés

Dependiendo de cómo sea nuestra actitud mental frente a los cambios y estímulos, nuestra respuesta al estrés será adecuada (eustrés) o inadecuada (distrés). El estrés excesivo puede afectarte tanto a nivel emocional como físico. ¿Cómo puedes saber si estás experimentando un nivel de estrés demasiado elevado?

Los efectos del estrés a veces parecen síntomas de otras enfermedades, debido a que el estrés disminuye tus defensas y te hace más vulnerable.

Asimismo, hay personas con estrés crónico y tienen la impresión de que ese es su estado normal, lo que hace más complejo darse cuenta de los síntomas.

A continuación desarrollaremos una serie de síntomas altamente relacionados con el estrés, para poder identificarlo mejor:

- *Dolor de cabeza.* Si estás sintiendo dolores de cabeza con frecuencia, de tipo tensional, puede ser debido al estrés.
- *Problemas digestivos.* Digestiones lentas, pesadas, ganas de vomitar.
- *Contracturas musculares.* Puedes tener rigidez y dolor muscular en el cuello, los hombros, la espalda. Se alivian momentáneamente, al hacer ejercicio o tomar analgésicos para después, volver a aparecer al poco tiempo.
- *Problemas de insomnio.* El estrés afecta al sueño, puedes tener un sueño poco reparador, y que te levantes cansado. Te cuesta quedarte dormido, te despiertas varias veces durante la noche.
- *Ansiedad,* ya que se te exige (o te exiges) más de lo que puedes dar, y con frecuencia te sientes de mal humor, irritable, frustrado…
- *Disminución de la concentración*, piensas de manera más lenta y eres menos eficaz para solucionar problemas.
- *Impulsividad,* actúas de forma impulsiva, como luchar o huir, pierdes la serenidad.
- *El deseo sexual disminuye*, te sientes demasiado cansado.
- Tienes *reacciones exageradas* ante cosas que no son importantes; cualquier pequeñez te hace estallar, ya sea en forma de agresividad o llanto, siempre desmesurado para la situación.

Más allá de lo bueno o malo que sea el estímulo al que tengamos que hacer frente, lo que determinará si estamos ante eustrés o distrés será nuestra percepción de ese estímulo, de cómo reaccionamos ante lo que acontece. No olvidemos que según diferentes estudios de la Universidad de Harvard, el estrés afecta al sistema inmunitario de tal forma que si llevas mucho tiempo con un alto nivel de estrés, puedes enfermar con más frecuencia.

El estrés es diferente para cada persona, por lo que algo estresante para alguien puede no serlo para ti. Cada uno percibe de un modo distinto las cosas que le suceden y reacciona ante ellas de un modo diferente también.

Una persona puede planificar su vida de manera que el estrés no le supere ni sature. Para ello, deberá establecer prioridades, resolver los problemas más simples y luego pasar a los más complejos. Si no estableces prioridades ni te organizas, todas las tareas que tengas te parecerán igual de importantes, tendrás la sensación de que tienes que resolverlas todas al mismo tiempo y te sentirás completamente abrumado e incapaz. En cambio, si te organizas y decides en qué tarea te vas a centrar en cada momento, todo te resultará más fácil.

La ausencia de síntomas no significa que no tengas estrés. Una persona puede tener síntomas y no ser consciente, también puede ser posible que los esté camuflando con medicamentos que hacen desaparecer los síntomas momentáneamente, pero no van a la raíz del problema. Ignorar los síntomas u ocultarlos con medicamentos te va a privar de las señales que tu cuerpo emite y que necesitas conocer para poder gestionar el estrés. Estos síntomas son las señales de advertencia que te indican que tu vida se te está yendo de las manos y que necesitas manejar el estrés de un modo más efectivo.

El estrés es perjudicial cuando es excesivo, pero es necesario que haya algo de estrés en nuestras vidas, pues, de lo contrario, serían vacías, monótonas y aburridas. Un nivel correcto de estrés nos mantiene activos, nos motiva a hacer cosas y nos hace sentir.

Lo importante no es cuánto estrés hay en nuestras vidas,
sino cómo lo gestionamos.

El hipoestrés

Cuando nuestro nivel de estrés es bajo, nos sentimos aburridos, con falta de motivación, creatividad e inspiración.

Las personas que padecen hipoestrés sienten que tienen poco o nada de qué ocuparse, no tienen ningún reto que superar, no tienen nada que hacer o no saben qué hacer con su tiempo. Tienen falta de entusiasmo y sus vidas les resultan monótonas, rutinarias e insípidas. Por ejemplo, una afición o deporte puede resultar aburrido o rutinario si no supone ningún reto. Estas personas acaban experimentando un estado de ansiedad existencial, porque empiezan a ver sus vidas carentes de sentido.

Eustrés

Se trata de un estrés positivo que nos hace sentirnos vivos y ver la vida como algo excitante.

Por ejemplo, cuando juegas a tu deporte favorito, cuando ves una película que te gusta, cuando te quedas hasta tarde trabajando en un proyecto que deseas realizar, estás experimentando este tipo de estrés.

El estrés sucede cuando tenemos retos a los que nos enfrentamos con entusiasmo, cuando nos enfocamos en alcanzar una meta, cuando tenemos una razón para levantarnos por la mañana. Sin todo eso, la vida empieza a parecer vacía y sin sentido.

Para sentirnos vivos necesitamos ese eustrés.

Cómo transformar el estrés en eustrés

Lo que va a hacer que para ti una situación te suponga estrés negativo o por lo contrario uno positivo, será la perspectiva con que lo visualices. Aunque no podemos controlar los acontecimientos estresantes de nuestro entorno, ni la respuesta automática de nuestro organismo, sí podemos aprender a relajarnos y a tener una actitud mental más positiva.

Es importante ver las cosas como retos y no como amenazas. Si una situación la ves como un reto, sentirás que vas a salir de la rutina habitual, que puede ser una oportunidad, y que encontrarás el modo de resolverlo, ya que confías en tu capacidad para solucionar problemas…

Solo de ti depende ver las cosas de un modo u otro. Cuando te encuentres con una situación que te resulta estresante, puedes convertirla en una situación de eustrés. Para ello, piensa cosas como: «Esto es un interesante reto que puedo superar y sentir luego el orgullo de haberlo superado. Además, me servirá para aprender algo nuevo, para evolucionar y «mejorar mis habilidades». «Sé que puedo hacerlo si me lo tomo con calma yendo paso a paso». Este modo de pensar te ayudará a sentir una mayor motivación y entusiasmo por ponerte en marcha para superar ese reto y crecer como persona, además de la sensación de orgullo que te aportará el hecho de afrontar y superar algo que, en un principio, te asustó.

Factor estresante	Algunas respuestas del estrés	Con la relajación...
Noticias	Dilatación pupilas	Disminución del ritmo cardiaco
Pensamientos	Sequedad boca	
Miedos	Aceleración respiración	Disminución de la presión arterial
Palabras	Tensión muscular	
Actitud	Adrenalina y cortisol	Respuestas más sosegadas
Preocupación	Corazón bombea más deprisa	Dilatación de los vasos sanguíneos
Competición		
Prisas	Aumento presión sanguínea	Mejor distribución de la sangre
Fallecimientos		
Divorcios	Hígado libera glucosa	Descienden los lactatos de la sangre
Pérdida de trabajo	Los esfínteres se cierran	
Accidentes	Sudor	Desciende el consumo de oxígeno
		Aumenta la eficacia del sistema inmunológico

Protocolo de relajación

A continuación vamos a realizar el primer ejercicio de relajación. Puedes leerlo primero y luego ponerlo en práctica tú mismo. En mi página web www.luisperezsantiago.com encontrarás este protocolo de relajación en audio, narrado por mí, para que te sea más fácil la práctica de la relajación.

Ejercicio 10. Protocolo de relajación

Busca un lugar tranquilo, preferentemente donde nadie pueda interrumpirte. Con la práctica podrás relajarte incluso de pie y con ruido (como, por ejemplo, en un transporte público o en una sala de espera). Mantén la espalda recta y la cabeza derecha. Puede ser sentado, tumbado, en la posición del loto o incluso de pie, pero para los inicios es mejor sentado o tumbado. Mantén el cuerpo recto y la espalda recta. Siéntate, con los glúteos lo más atrás posible y los pies en el suelo, las manos sobre los muslos. Deja tu mirada perdida en el horizonte o mirando ligeramente hacia arriba para conectar con tu área visual interna. En el caso de que te relajes muy profundamente, es preferible que la cabeza se incline hacia adelante antes que hacia atrás. Si durante el ejercicio te picara una parte del cuerpo, simplemente acéptalo. Muchas veces tu ego te impide hacer algo bueno para ti y te sabotea con molestias o picores, simplemente acéptalo y haz los movimientos que sean necesarios para que tu postura sea cómoda. También pueden venirte pensamientos sin relación alguna con este momento presente, pueden ser de pasado o de futuro y cuando esto ocurra, dile a tu pensamiento: «¡Hola! Este no es tu lugar, ¿qué haces aquí? ¡Adiós!», con mucho cariño, sin estresarte ni agobiarte pensando que lo estás haciendo mal. Siente que lo estás haciendo muy bien.

A continuación pasarás al primer nivel: el nivel D de «Despierto», en el que pasarás de un estado de vigilia a un estado de relajación.

A través de tu respiración entrarás en un estado de relajación. Una vez acomodado comienza a respirar por la nariz, de forma abdominal inflando el abdomen como si fuera un globo y espirando por la nariz o por la boca, es indiferente. Concentrándote en el mero hecho de respirar, fija tu atención en tus fosas nasales, en cómo está entrando el aire, recuerda que la respiración abdominal te conecta con tu mente[1].

Simplemente, concéntrate en el acto de respirar, y siente cómo va entrando el aire por tu nariz, llenando el estómago; retenlo durante un poco de tiempo, el que te resulte cómodo,

[1] La respiración pectoral te conecta con tus emociones, pero en este caso el objetivo es concentrarnos en la mente, pero, por supuesto la respiración pectoral es muy positiva si el objetivo es conectar con tus emociones.

También está la respiración completa que sería primero la respiración abdominal, después empujaría con el diafragma al pecho, y finalmente, echaríamos los hombros hacia atrás para tener una mayor capacidad torácica. Esta respiración completa es conveniente realizarla de vez en cuando, tanto en la meditación como en la vida diaria, pues el sencillo gesto de respirar tranquiliza tu mente y equilibra tus hemisferios cerebrales.

En nuestra respiración normal, la que realizamos diariamente, apenas renuevas un 20% del aire pulmonar. Por ese motivo una gran parte de tus trastornos orgánicos son el producto de una defectuosa respiración.

(Continuación)

Ejercicio 10. Protocolo de relajación

Cuando lo desees, podrás cerrar tus ojos, y continuar concentrándote durante unos minutos en tu respiración.

Y ahora pasarás al nivel C de «cuerpo». En este nivel tu cuerpo se relajará completamente. Vas a ir contando del 20 al 0. Según cuentes lentamente de forma descendente del 20 al 0, tu mente y tus músculos se relajarán gradualmente.

Al contar descendentemente, se intensificará la sensación de relajación y serenidad y al llegar a 0 estarás en un estado profundo de relajación. Según respires, te parecerá que se vacían las tensiones y te sentirás relajado, te estarás liberando de presiones, igual que un globo cuando va soltando el aire… Visualizarás y repetirás mentalmente varias veces «cuerpo relajado», «cuerpo relajado», «cuerpo relajado».

Esta cuenta regresiva te llevará al siguiente estado, el nivel B, de bienestar mental. Repetirás varias veces la expresión «bienestar mental», «bienestar mental», «bienestar mental».

En este nivel puedes proyectarte a tu paraíso mental. Observa lo que ves, escucha lo que oyes y siente lo que sientes. Aquí te puedes proyectar a una pradera observando las tonalidades de los colores; el verde intenso de la pradera, el azul claro del cielo… O tal vez a un río, puedes observar el trascurrir del agua cristalina, los diferentes árboles. Tal vez puede haber animales o tal vez no, una montaña, la playa, puedes imaginar el calor de la arena en tus pies, puedes sentir el sol en tu cuerpo. Una brisa cálida acariciando tu rostro mientras paseas por la orilla, el agua chocando con tus pies… Elige tu propio paraíso, que puede ser uno de estos o el que tú desees. Cualquier lugar que te reconforte.

A mí, por ejemplo, me gusta mucho ir en moto y me visualizo en una carretera sinuosa conduciendo muy tranquilamente con mi moto, me levanto el casco y siento el viento en mi cara y percibo una sensación inmensa de libertad.

O quizá sientas esa sensación con el windsurf y te sientes de maravilla deslizándote sobre el mar, o en otras ocasiones, subido en la ola perfecta, o tal vez te guste esquiar y sientas esa sensación de libertad deslizándote por la nieve.

El siguiente nivel de relajación será tu nivel alfa.

Repite y visualiza: «Estado alfa de excelencia», «Estado alfa de excelencia», «Estado alfa de excelencia». En este nivel puedes realizar ejercicios de visualización, programación, reprogramación, cuadro mental y demás ejercicios que te propondremos a lo largo del libro.

En este estado puedes utilizar algunas de las afirmaciones que te propongo a continuación o crear las que sean más adecuadas para ti:

- Mi mente cada vez es más potente.
- Domino mis sentidos en todos los niveles mentales.

(Continuación)

Ejercicio 10. Protocolo de relajación

- Merezco lo mejor.
- Merezco una vida buena.
- Merezco buena salud.
- Soy rico y abundante en todos los aspectos de mi vida.
- Cada día me siento mejor, mejor y mejor (Frase célebre de Émile Coué.)

A continuación puedes anotar tus propias afirmaciones:

_____

_____

_____

_____

_____

Si en este punto de la relajación deseas dormir, simplemente duérmete. Si estás realizando la relajación durante el día, continúa con la salida del nivel Estado Alfa de Excelencia.

Ahora, poco a poco, irás regresando del estado A. Alfa al estado D. Despierto. Contarás lentamente del 0 al 10. Según cuentes, volverás lentamente a un estado más alerta.

Puedes realizar este ejercicio de múltiples formas. Puedes grabarlo y reproducirlo, o bien alguien puede grabártelo o leértelo. Recuerda hacerlo con tranquilidad, pues deseas relajarte; sin presiones ni agobios. También puedes descargar estas relajaciones de mi página web http://www.luisperezsantiago.com

1. Nivel D. Despierto

Mantén el cuerpo recto y la espalda recta. Siéntate, con los glúteos lo más atrás posible y los pies en el suelo, las manos sobre los muslos. La cabeza recta, dejando tu mirada perdida en el horizonte o mirando ligeramente hacia arriba para conectar con tu modo visual.

Entrarás en un estado de relajación. Concentrándote en el mero hecho de respirar, fija tu atención en tus fosas nasales, en cómo está entrando el aire.

Simplemente, concéntrate en el acto de respirar, y siente cómo va entrando el aire por tu nariz, inflando el estómago, retenlo durante unos segundos, el tiempo que te resulte cómodo.

Cuando lo desees, cierra tus ojos, y continúa concentrándote durante unos minutos en tu respiración. Una vez que hayas hecho esto, vamos a profundizar.

2. Nivel C. Relajación del cuerpo

Vas a ir contando del 20 al 0. Verás que, según cuentas lentamente de forma descendente del 20 al 0, tu mente y tus músculos se relajarán gradualmente.

Al contar en orden descendente, se intensificará la sensación de relajación y serenidad y al llegar a 0 estarás en un estado profundo de relajación. Según respiras, te parecerá que se vacían las tensiones y te sentirás relajado, te estarás vaciando de tensiones, igual que un globo cuando va soltando el aire…

Visualiza y repite mentalmente varias veces «cuerpo relajado», «cuerpo relajado», «cuerpo relajado».

Ahora vas a contra regresivamente y con cada número te vas a relajar más y más.

20. Visualiza, imagina y siente como si un rayo de luz procedente del centro del Universo, penetrara en tu cuero cabelludo, revitalizando todo tu cabello. Siente como la luz va entrando en tu cráneo, en tu cerebro, energizando todas las células a medida que va bajando. Visualiza tu cerebro, tus neuronas y las conexiones neuronales iluminadas y ágiles. *19.* El rayo de luz sigue descendiendo por tu frente, disipando cualquier tensión y alisando tu piel a su paso. La luz está en tus ojos y en la cuenca de tus ojos. Los ilumina y mejora tu visión. *18.* Relaja tus párpados completamente y permite que esta sensación se extienda por tu rostro. Concéntrate en tus oídos, siente cómo la luz penetra por tus oídos y va mejorando tu audición. Relájalos. *17.* Concéntrate en tu nariz, siente cómo ahora percibes más matices, más aromas. Tu olfato está mejorando con tu relajación. *16.* Relaja tu boca, relaja la base de tu lengua. Siente cómo el rayo de luz inunda toda tu boca, tu lengua, cada vez saboreas más la vida y tu gusto mejora. Ahora siente tu garganta completamente relajada. *15.* A continuación relaja tu cuello, siente cómo la luz va penetrando en tu cuello y va deshaciendo cualquier tensión a su paso. Sigue bajando por tus hombros. Siente una placentera sensación de relajación. *14*. Permite que esta sensación se extienda lentamente por tus brazos, llenándolos de luz. *13*. Siente cómo la luz atraviesa tu pecho relajando los músculos y los órganos internos; tus pulmones, tu corazón… Relaja tu corazón, visualízalo lleno de luz y siente cómo late armoniosamente, siéntelo latir. *12*. Nota cómo la luz está penetrando por tu abdomen, llenando todo tu estómago de luz. Va iluminando el hígado, el bazo, los riñones el páncreas, la vesícula biliar… *11*. Sigue descendiendo y siente cómo tu cadera se relaja, tus genitales, tus muslos, tus rodillas, tus pantorrillas y tus pies. *10*. Concéntrate en la punta de los dedos de tus pies. Siente cómo la luz regresa de nuevo hacia arriba, haciendo un escáner de tu cuerpo. *9*. Las plantas de tus pies se relajan, puedes sentir la sensación de que están flotando y se despegan del suelo. Una maravillosa sensación de relajación se ha extendido por todo tu cuerpo. *8*. Siente tus piernas relajadas y cómo la luz va penetrando por cada uno de tus músculos. *7*. Una placentera sensación de relajación se extiende lentamente por tus piernas. *6*. Siente cómo la luz sube por tu columna vertebral, desde el coxis hacia la base de tu cerebro. Visualiza cómo este rayo de luz ilumina todas y cada una de tus vértebras y toda la tensión te va abandonando. Una sensación relajante se extiende por todo tu cuerpo. *5*. El rayo de luz baja de nuevo por tu columna vertebral, siguiendo exactamente el mismo camino que ha recorrido antes y vuelve a ascender hasta la base de tu cerebro, inundándolo de luz. *4*. Siente una sensación maravillosa de paz. Ahora todo tu cuerpo está profundamente relajado. *3*. Es una sensación suave, relajada, se hace cada vez más profunda… Late en armonía con tu respiración. *2*. Estás en un estado profundo de relajación. *1*. Has alcanzado el estado alfa de excelencia. *0*. Estás en un estado de relajación profundo, es una sensación muy placentera. Ya estás en tu estado alfa de excelencia.

3. Nivel B. Bienestar mental

Repite varias veces la expresión «bienestar mental», «bienestar mental», «bienestar mental».

En este nivel puedes proyectarte a tu paraíso mental: observa lo que ves, escucha lo que oyes y siente lo que sientes. Aquí te puedes proyectar a una pradera observando su naturaleza y las tonalidades de los colores; el intenso de la pradera, el azul claro del cielo… o tal vez a un río, puedes observar el trascurrir del agua cristalina, los diferentes árboles, tal vez puede haber animales o no, una montaña, la playa, puedes imaginar el calor de la arena en tus pies, puedes sentir el sol en tu cuerpo. Una brisa cálida acariciando tu rostros mientras paseas por la orilla cuando el agua choca con tus pies… Cualquier lugar que te reconforte. Elige tu propio paraíso, que puede ser uno de estos o el que tú desees.

4. Nivel A. Estado alfa de excelencia

Repite y visualiza «estado alfa de excelencia», «estado alfa de excelencia», «estado alfa de excelencia». En este nivel puedes realizar ejercicios de visualización, programación, reprogramación, cuadro mental y demás ejercicios que te hemos propuesto y te propondremos a lo largo de libro-curso.

Afirmaciones potenciadoras y positivas

En este estado puedes utilizar algunas de las afirmaciones que te propongo a continuación, o crear las que sean más adecuadas para tu éxito:

- Mi mente cada vez es más potente.
- Domino mis sentidos en todos los niveles mentales.
- Merezco lo mejor.
- Merezco una vida buena.
- Merezco buena salud.
- Soy rico y abundante en todos los aspectos de mi vida.
- Cada día me siento mejor, mejor y mejor. (Frase célebre de Émile Coué.)

5. Salir del ejercicio o dormir

Cuenta lentamente del 0 al 10. Según cuentes, volverás lentamente a un estado más despierto. Cuando cuentes 10 estarás bien despierto, totalmente descansado. Te sentirás estupendamente, tanto física como mentalmente. 1, 2, saliendo lentamente, 3, 4, cuando regreses a tu estado despierto, vas a mantener una actitud muy positiva y relajada 5, 6 estás volviendo lentamente al estado alerta, bien despierto, sintiéndote de maravilla 7, 8 al llegar a 10, abrirás los ojos, estarás sonriente, feliz y te sentirás estupendamente. 9, 10 Estás lleno de energía y te sientes de maravilla.

ESQUEMA DEL PROTOCOLO DE RELAJACIÓN

| I. D. DESPIERTO |

⬇

RESPIRACIÓN

⬇

| 2. NIVEL C. RELAJACIÓN CUERPO |

⬇

Cuenta del 20 al 0: «Cuerpo relajado»

⬇

| 3. NIVEL B. BIENESTAR MENTAL |

⬇

Paraíso mental: «Bienestar mental»

⬇

| 4. NIVEL A. ESTADO ALFA DE EXCELENCIA |

⬇

Programación. «Estado alfa de excelencia»

⬇

| AFIRMACIONES POTENCIADORAS Y POSITIVAS |

⬇

| 5. SALIR DE LA RELAJACIÓN | ⬅ ➡ | DORMIR |

© Laia Solé.

Ejercicio 11. Midiendo tu nivel de estrés

Con este test podrás determinar tu nivel de estrés.

Intenta ser lo más sincero posible contigo mismo. Elige la opción que más se acerque a tu realidad, siendo:

S (Siempre), F (Frecuentemente), O (Ocasionalmente) y, R (Raramente). Posteriormente, realizaremos la suma de la puntuación obtenida y observaremos los resultados.

	S	F	O	R
1. Me siento triste y deprimido	5	4	2	1
2. Me gusta mucho lo que hago	1	2	3	5
3. A menudo tengo ganas de llorar	4	3	2	1
4. Duermo bien	1	2	3	5
5. Me siento útil a la sociedad	1	2	3	4
6. Mantengo una dieta saludable	1	2	3	4
7. Tomo decisiones con facilidad	1	2	3	4
8. Siento que no soy querido	7	5	3	1
9. Creo que el futuro es prometedor	1	2	3	4
10. Tengo miedo al futuro	4	3	2	1
11. La soledad me gusta	4	3	2	1
12. Estoy cansado sin motivo	5	4	2	1
13. Pienso clara y objetivamente	1	2	3	4
14. La mañana es lo mejor del día	1	2	3	4
15. No me siento bien	5	4	2	1
16. He engordado o adelgazado	5	4	2	1
17. Estoy pleno con mi vida sexual	1	2	3	4
18. Me es fácil completar las tareas	1	2	3	4
19. Adoro los desafíos	1	2	3	4
20. No me gusta madrugar	6	5	2	1

Total:

Una vez obtenida la suma total del test, comprobamos nuestro nivel de estrés siendo que:

> **Resultados:**
> *Hasta 45 puntos:* Estás bien
> *De 46 a 55:* Presta atención a los detalles
> *De 56 a 65:* Tu nivel de estrés es preocupante
> *Más de 65 puntos:* Busca ayuda

Si has obtenido un resultado de 56 o más puntos, puedes realizar el siguiente test para tomar consciencia de cuán grave es tu nivel de estrés.

Gestión del estrés y la tensión nerviosa

Ante situaciones estresantes, en las que el organismo precisa bastante energía, los procesos del estrés movilizan la glucosa a los músculos, aumentan el ritmo cardíaco y la presión sanguínea para llevar a los músculos el oxígeno que necesitan. Las habilidades sensoriales se agudizan para poder manejar nuestras posibilidades.

También se detienen otros procesos fisiológicos, no necesarios en ese momento, para no interferir en la respuesta: se paraliza la digestión, se inhiben el sistema inmunitario y se modifica la percepción del dolor, hasta hacerla ínfima, para que nada moleste.

Mantener este estado de hiperactividad y de «alerta máxima» de forma casi crónica hace que tengamos la presión sanguínea elevada, el ritmo cardíaco acelerado, el sistema inmune deprimido, el aparato digestivo sin riego sanguíneo…, que dificulta la reflexión y el aprendizaje.

Factores estresantes subjetivos

Existen una serie de elementos básicos que nos están produciendo estrés y nos predisponen a las emociones negativas. Las emociones negativas son la expresión externa de una condición interna:

1. *Vivir secuestrados por el ego* supone un gran factor estresante.
2. *La ira.* Nos enfadamos cuando, a través del pensamiento, percibimos que somos víctimas de una agresión. Esta información pasa del córtex al cerebro límbico, este lo percibe como una amenaza sintiendo miedo y le envía la información al cerebro reptiliano. Este pone en marcha el mecanismo de la lucha o de huída. Sin embargo, la convivencia en sociedad no sería posible si reaccionáramos golpeando a todo aquel que percibiéramos como amenaza. Pero la ira segrega hormonas y sustancias en nuestro cuerpo —como la adrenalina y el cortisol— y si no les damos salida, nos envenena. Según el doctor Hans Selye, cualquier tipo de contacto elimina estos efectos indeseados producidos por la ira: golpear a un saco de boxeo o a una almohada, gritar y morder.

3. *La falta de significado y de objetivo en la vida:* Las metas dan significado y la ausencia de ellas nos lleva a una falta de dirección en la vida. Decía Víctor Frankl que las personas que tienen significado, un motivo, viven muchos más años que las que no lo tienen. Quien tiene un para qué encuentra el cómo.

> «La felicidad es la realización progresiva
> de un objetivo digno, o ideal».
> Earl Nightingale
>
> «Una vida sin sentido es como una muerte prematura».
> Johann W. von Goethe

4. *La acción incompleta.* En la psique humana hay un impulso hacia la terminación de las cosas, que nos hace sentirnos incómodos si dejamos algo sin terminar. El aplazamiento no solo roba tiempo y vida, sino que también constituye una fuente de estrés y frustración. Cada vez que completamos una acción, nuestro amor propio aumenta y nos sentimos satisfechos.

5. *La negación de la realidad.* Y es que nos negamos a hacer frente a las verdades desagradables. Tenemos tendencia a autoengañarnos, y lo hacemos por medio de la negación a la realidad, por miedo a la realidad.

El no hacer frente a la realidad es lo que causa el estrés. ¿A qué no estoy haciendo frente en mi vida ahora mismo? Tal vez un trabajo al que no quiero ir y que no se me da bien; o un matrimonio que ya no tiene sentido.

- *Expresa tus sentimientos.* Los sentimientos de ira, de rabia, frustración, que no se expresan de un modo adecuado y asertivo pueden producir impotencia, hostilidad y depresión. Si estás enfadado con alguien, piensa en el modo más adecuado de decírselo, sin ofender, y sin perder la calma. Expresa tus sentimientos sin descontrolarte. Simplemente, expón tu punto de vista. Puedes escribir una carta donde expreses tu rabia, aunque no la envíes nunca.

  También es importante saber escuchar de forma activa, con empatía, y responder de una forma adecuada.

- *Buscar siempre el lado positivo de las cosas.* Un estado pesimista te lleva a la falta de motivación, ilusión, y en muchas ocasiones, nos lleva a tener sentimientos de impotencia. Ante un determinado acontecimiento, hay muchos resultados posibles, tanto positivos como negativos. No niegues los problemas, pero céntrate en lo positivo, pues eso es lo que tú deseas. Ante la perspectiva de un acontecimiento del que temes un resultado negativo, identifica lo peor que puede pasar: ejemplo, que te despidan de tu trabajo, acéptalo, o si tienes problemas de pareja, que pierdas a tu pareja. Evalúa la posibilidad de cada uno de estos resultados e imagina un resultado favorable, por ejemplo, encontrando un trabajo o una pareja mejor.
Desarrolla planes específicos para lograr los resultados positivos que has imaginado.
- *El sentido del humor* es un mecanismo maravilloso para afrontar los acontecimientos estresantes; la risa alivia la tensión y ayuda a ver las cosas desde otra perspectiva, a tomar distancia y a nivel fisiológico reduce el estrés.
- *Llevar un estilo de vida sano.* Una dieta equilibrada es necesaria para que el cuerpo disponga de los nutrientes necesarios para afrontar el estrés. El ejercicio físico activa el organismo, el corazón, el sistema circulatorio, se fortalecen los músculos. Caminar a paso ligero es un maravilloso ejercicio y puede aliviar el estrés, así como el yoga, las artes marciales, junto con ejercicios de respiración, relajación, meditación…

Ejercicio 12: Gestionando el estrés

Podemos reducir el estrés a través de estas técnicas cognitivo-conductuales. El primer paso es dejar de sentirnos víctimas de los factores estresantes y asumir nuestra responsabilidad. Para ello, es necesario identificar las fuentes de estrés o agentes estresantes, ya sean objetivos o subjetivos. Puedes utilizar una libreta para anotar las actividades del día y los acontecimientos significativos que tienes, para que luego puedas identificarlos como agentes estresantes.

Pasos para hacer las anotaciones:

1. A continuación haz una lista de todas las actividades que requieren mucha energía, que te producen ansiedad o que asocias a una respuesta física destructiva, como podría ser dolor de cabeza, de estómago, de cuello, etc.

1. _____
2. _____
3. _____
4. _____
5. _____
6. _____
7. _____
8. _____
9. _____
10. _____
11. _____
12. _____
13. _____
14. _____
15. _____
16. _____

(Continuación)

Ejercicio 12: Gestionando el estrés

17. _____

18. _____

19. _____

20. _____

2. Anota experiencias positivas, reconfortantes, que te hacen sentir bien, tanto física como mentalmente. Estos son algunos ejemplos:

- Dar un paseo en bici.
- Reservarte un tiempo para desayunar tranquilamente.
- Escuchar música.
- Tomar un baño relajante.
- Pasar más tiempo con amigos.
- Sentarte junto a un río.
- Hacer un curso de algo que estimule tu creatividad.
- Disfrutar de una tarde en casa viendo una película.
- Llamar a tu hermano/a simplemente por el placer de saludarle.
- Beber agua.
- Llevar una dieta saludable.
- Ver una puesta de sol.
- Darte un masaje
- Observar las estrellas.
- Visitar un museo, ir al teatro o al cine.
- Descansar un tiempo al llegar a casa.

Ahora te toca a ti realizar tu listado de aquello que te hace sentir bien, que te hace disfrutar (no incluyas obligaciones ni deberías, tipo «tengo que ir al gimnasio»). Tampoco importa si no son cosas «útiles». Pueden ser pequeños gestos, hábitos sencillos que para ti son placenteros.

1. _____

2. _____

(Continuación)

Ejercicio 12: Gestionando el estrés

3. _____

4. _____

5. _____

6. _____

7. _____

8. _____

9. _____

10. _____

11. _____

12. _____

13. _____

14. _____

15. _____

16. _____

17. _____

18. _____

19. _____

20. _____

3. De los agentes estresantes que has identificado en el punto 1, pregúntate:

1. ¿Cuáles de ellos están bajo mi control y cuáles no?

_____

_____

_____

(Continuación)

Ejercicio 12: Gestionando el estrés

2. ¿Satisfacen mis objetivos?

_____

_____

_____

3. ¿Son actividades/situaciones que puedo realizar de una forma moderada o son excesivas?

_____

_____

_____

4. No podemos eliminar todos los factores estresantes de nuestra vida, pues no siempre están bajo nuestro control. Sin embargo, seguro que muchos de ellos sí lo están y los podemos erradicar.

Vamos a tomar medidas para excluir estos elementos que socavan nuestra energía y nos generan estrés.

Para ello, anota en la siguiente tabla aquellos elementos del listado creado en el punto 1 que te restan energía. Luego establece las medidas que vas realizar para eliminarlos (o reducir su impacto negativo) e intenta llevar a cabo de una a tres medidas cada semana, hasta que logres eliminarlo. Cuando hayas conseguido deshacerte de dicho elemento, marca la casilla de «¿He cumplido el objetivo?» e indica la fecha.

Por ejemplo, si el agente estresante está en tu propia casa y no lo puedes eliminar, puedes contrarrestar su efecto pasando más tiempo fuera, aunque solo sea una o dos horas a la semana. Si se trata de tareas innecesarias o desagradables, sustitúyelas por otras más agradables. Busca tiempo para incluir en tu rutina diaria las actividades que has anotado en el punto 2.

(Continuación)

Ejercicio 12: Gestionando el estrés

Elementos que me restan energía	Medidas para lograrlo	¿He cumplido el objetivo?	Fecha
1.			
2.			
3.			
4			
5.			
6.			
7.			
8.			
9.			
10.			

Intenta reducir el estrés en tu puesto de trabajo, pues reduciendo el estrés en el trabajo se aumenta la productividad. Procura tener amistades en el trabajo. Si tienes subordinados procura delegar en personas de confianza, no hagas tú todo el trabajo, y trata de no controlarlo todo. Es importante en los resultados positivos.

La mejor forma para gestionar el estrés consiste en la ejecución de relajaciones diarias que te permitirán controlar tu mente y tu cuerpo y de esta forma vencer al estrés que está dañando tu vida.

A pesar de que en las últimas décadas las técnicas de relación se vienen utilizando con excelentes resultados en ambientes muy exclusivos como en el de los altos ejecutivos o deportistas de élite, todavía no ha llegado a la mayoría de la población, a pesar de los esfuerzos realizados.

La relajación te permitirá mejorar de una manera patente tu calidad de vida. Vivimos con un alto grado de ansiedad que acumulamos diariamente y con una tensión nerviosa, tan grande que incluso el descanso no logra eliminarlo. Cuando esta ansiedad sobrepasa determinados límites, recurrimos a algunos remedios que no son inocuos y que, por otra parte, tampoco son la solución definitiva. No es fácil mantener el equilibrio para el correcto funcionamiento físico y mental. El trabajo, los problemas familiares y sociales, los diferentes papeles que tenemos que desempeñar en la vida cotidiana nos producen un desgaste físico y psíquico de tal magnitud que huimos de formas dispersas, indiscriminadas como por ejemplo, ver la televisión, huyendo de unas realidades que no nos gustan.

Debemos hacernos una pregunta: ¿hasta cuándo es posible continuar de esta manera sin caer enfermos? Con frecuencia no nos cuidamos adecuadamente y descuidamos nuestro cuerpo y nuestra mente. La relajación es indispensable para un buen funcionamiento vital, para sentir la vida como algo agradable y satisfactorio. Para que sea realmente efectiva la relajación, tenemos que tener constancia en la práctica para poder llegar a obtener beneficios, y a su vez confianza en el ejercicio para continuar con su práctica. No se debe interrumpir nunca la práctica, sino adaptarla a nuestra vida como algo necesario e insustituible. Si conseguimos incorporar a nuestra vida la práctica de la relajación, estaremos alcanzando un bienestar que no es fácil alcanzar por otros medios. Pasos para la relajación:

1. Adoptar una postura correcta
2. Aprender a respirar correctamente
3. Aprender a distender y a aflojar todos los músculos de nuestro cuerpo
4. Aprender a eliminar los pensamientos de nuestra mente y llegar a la concentración
5. Y, por último, aprender a descansar nuestro cuerpo y nuestra mente.

A continuación propongo un breve cuestionario para ver qué tipo de resistencia o facilidad posees a desarrollar y afrontar el estrés.

Ejercicio 13: Personalidad ante la gestión del estrés

Reflexiona antes de contestar a las siguientes preguntas. Es importante que la respuesta sea lo más sincera posible. Algunas de las cuestiones planteadas, como el modo de andar, pueden no ser perceptibles para ti, pero seguro que lo son para quienes lo conocen bien.

1. ¿Crees que el día no tiene bastantes horas para todas las cosas que tienes que hacer?

2. ¿Te mueves, caminas o comes con rapidez de forma frecuente?

3. ¿Te sientes impaciente por el ritmo con el que se desarrollan los acontecimientos?

4. ¿Sueles usar expresiones como «Ah, «Ajá» o «Sí, sí, sí», «Bien, bien», cuando hablas a una persona para apresurar la respuesta? ¿Tienes la tendencia a terminar las frases de otras personas en su lugar?

5. ¿Te sientes exageradamente irritado incluso rabioso cuando algo te parece lento? ¿Consideras angustioso tener que hacer cola?

6. ¿Encuentras intolerable que otras personas realicen tareas que sabes que puedes hacer más deprisa?

7. ¿Te impacientas contigo mismo si te ves obligado a realizar tareas repetitivas?

8. ¿Eres de ese tipo de personas que leen a toda prisa?

9. ¿Te esfuerzas por pensar o hacer dos o más cosas simultáneamente?

10. ¿Cuando estás descansando, continúas pensando en tus problemas laborales o personales?

11. ¿Tienes hábito de acentuar excesivamente varias palabras que consideras clave en tu conversación?

12. ¿Sueles llevar cualquier conversación hacia los temas que te interesan, y cuando no lo consigues, escuchas, pero en realidad sigues ocupado en tus propios pensamientos?

13. ¿Te sientes culpable cuando descansas y no haces nada durante varias horas o varios días?

14. ¿Intentas siempre programar más y más cosas en menos tiempo y, al hacerlo, así dejas cada vez menos margen a los imprevistos?

15. Cuando mantienes una conversación, ¿das con frecuencia puñetazos o palmadas en la mesa para dar énfasis a un punto particular?

(Continuación)

Ejercicio 13: Personalidad ante la gestión del estrés

16. ¿Te sometes a ciertos plazos en tu trabajo que con frecuencia son difíciles o complicados de cumplir?

17. ¿Aprietas con frecuencia las mandíbulas, hasta el punto de que te rechinan los dientes?

18. ¿Llevas con frecuencia trabajo o material de estudio (relacionado con tu empleo, el colegio o la universidad) a tu casa por la noche o fines de semana? ¿Trabajas mientras viajas en avión?

19. ¿Acostumbras a evaluar en términos numéricos no solo tu propio trabajo, sino también las actividades de los demás?

20. ¿Te sientes insatisfecho con tu trabajo actual? ¿Crees que puedes rendir más de ti de lo que los demás te creen capaz de hacer?

TOTAL

Breve explicación Patrón A de conducta:
Suma un punto por cada respuesta «SÍ» y 0 puntos por cada respuesta «NO».

Puntuación final

PUNTOS	
4	14 o más
3	9 – 13
2	4 – 8
1	3 o menos

Si tu puntuación es de 4, tienes riesgo de padecer enfermedades coronarias, problemas psicosomáticos y estados de ansiedad. Cuanta menor sea la puntuación obtenida, eres menos vulnerable a estos problemas.

EL MIEDO

El maestro me explicaba que cuando sentimos miedo cortamos la respiración y bloqueamos el cuerpo para no notar el dolor. Tanto en el combate como en la vida, hay personas que enfrentan el miedo bloqueándose y otras personas lo hacen contrafóbicamente, arrojándose hacia él. Aunque no lo parezca, en ambos casos están haciendo lo mismo: evitar entrar en contacto con el miedo. Si lo evitamos, nunca podremos convertirlo en nuestro aliado, pues debemos sentirlo, aprender a bailar con él. En cambio, si le damos espacio al miedo, vamos a ser capaces de sacar la energía necesaria para que actúe como motor y nos permita ganar el combate o superar los miedos que nos limitan en la vida.

Creemos que el miedo nos avisa de un peligro, pero siempre es una película que creamos en nuestra mente y que nos limita, nos bloquea y nos esclaviza. Lo solemos relacionar con algo externo a nosotros, fuera de nuestro control. Pero debemos comprender que la limitación sólo está en nuestra mente y en ninguna otra parte. Como veremos más adelante, según la ley de la correspondencia, nuestros problemas no están afuera sino adentro. El exterior es el reflejo de lo que hay en nuestro interior. Al final, estamos proyectando situaciones en nuestra mente que nos inducen al miedo.

¿Y si después de hablar con mi jefe me despide? Pensamientos de este tipo inundan nuestra mente y, aunque hasta que no hablemos con él no podremos saber qué quiere comunicarnos, nos bloqueamos e intentamos evitar a nuestro jefe. El miedo nos hace tener una conducta evasiva. Vivimos los miedos como si fuesen una realidad, aunque la verdadera realidad es que muy pocas veces ocurren.

Una buena forma para dejar de vivir controlados por el miedo y de tomar decisiones reaccionando a él, es hacer cada día un poquito de aquello que tú tememos. Por ejemplo, si tienes miedo a estar solo, consigue quedarte solo un ratito cada día; si te da miedo hablar con las personas, intenta propiciar encuentros donde puedas sentirte a gusto y poco a poco entablar conversaciones con otros. Aprovecha los momentos para hacer aquello que temes y así podrás gestionar tus miedos.

El amor hacia ti mismo es lo que te lleva a hacer esto, a buscar una solución para tener las riendas de tu vida. Puedes repetir «Me amo», «Me quiero mucho», «Puedo con esto», pero si tu comportamiento no es coherente, con acciones que manifiesten ese amor hacia ti mismo, solo será una idea.

«Me quiero mucho» ¿Cómo se traduce esta frase? Si haces el esfuerzo día a día para superarte, te sentirás más realizado, más feliz y eso es amarte. Lo mejor no es lo más cómodo.

Tienes dos tigres en tu interior, uno es bondadoso y el otro es el malo, el que destruye. ¿Cuál gana? Siempre aquel al que alimentas. Todos tenemos estas dos voces en nuestro interior: una el miedo y la esclavitud, y la otra aquella que te dice que seas valiente, que puedes hacerlo, que seas feliz y ames la vida. Para alimentar al bondadoso se requiere valor y energía vital.

Utilizando la meditación y con ayuda del ejercicio físico podremos conseguirlo.

Si el miedo te absorbe y te sientas a meditar, la voz que va a predominar en ti será la del tigre malo, creando angustia a niveles profundos. Si sucede esto, muévete, haz ejercicio, suda, jadea y luego siéntate a meditar de nuevo. Descubre qué combinación te ayuda a combatir estos pensamientos. Puedes ayudarte de música clásica, de meditación, paseos, la naturaleza…

Los miedos nacen cuando nos conectamos demasiado con las situaciones de nuestro exterior, de las cosas de fuera, entre ellas el cuerpo. Pueden maltratarte, pegarte, pero no te podrán hacer daño a ti si tú no quieres. Para poder lograr esto, es necesario mucha meditación, estudiar, reflexionar, tomar consciencia que existe una realidad distinta al cuerpo, donde hay paz, amor, felicidad, sabiduría y poder espiritual. La meditación no sirve solo para estar tranquilo. El poder espiritual te permite soltar, atreverte a vivir más suelto, a arriesgarte a hacer el ridículo.

Hay muchas experiencias desagradables, pero con la perspectiva del tiempo, se convierten en lo mejor que haya podido pasarnos. Solo hay que esperar, pues cuando esperamos, damos espacio a encontrar la mejor respuesta.

Miedos básicos

No nos detiene algo de afuera, sino algo de dentro, la limitación que sentimos es interna. Tenemos miedo a lo difuso. Tenemos miedo a que nuestras relaciones sentimentales no sean lo que necesitamos, o de que sí lo sean y de estropearlo. Tenemos miedo de no gustar a los demás o de gustarles. Del éxito, pero también del fracaso. De morirnos jóvenes y también de envejecer.

Tenemos más miedo de la vida que de la propia muerte.

Cada uno de los miedos básicos se deriva del miedo universal a la muerte y al dolor. Para compensar y defendernos de nuestros miedos más básicos, de nuevo nuestro ego reacciona llevándonos de un extremo a otro extremo.

Por ejemplo, si tengo miedo de no merecer amor, me iré al otro extremo y construiré una personalidad complaciente: «Ayudo a todo el mundo para que me quieran». Esta personalidad no soy yo, es la máscara que construyo para defenderme de mi miedo de «ser indigno de amor», pero estoy totalmente identificado con ella. Si mi miedo es «no ser suficiente bueno» nunca me sentiré bien y crearé un ideal de cómo tengo que ser.

A continuación, con ayuda de las herramientas del péndulo y del eneagrama, vamos a conocer nuestros extremos y la forma en que nuestro ego actúa frente a nuestros miedos, creencias y carencias.

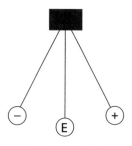

| - | EQUILIBRIO | + |
| YO NO VALGO | ESENCIA O EQUILIBRIO | SOY UN CRACK |

El péndulo / © *Laia Solé.*

Si mi miedo básico es...	Mi ego desarrollará la máscara de...
«No valer»	«Tengo éxito, soy un crack»
«Ser imperfecto»	«Soy perfecto y tengo razón»
«No merecer amor»	«Ayudo a todo el mundo para que me quieran»
«Ser mediocre, no destacar»	«Soy especial y diferente»
«Sufrir»	«Soy feliz y alegre»
«No tener apoyo ni orientación»	«Soy fiel y hago lo que se espera de mí»
«Ser ignorante»	«Soy inteligente»
«Ser atacado»	«Soy fuerte»

> «Todo fluye y refluye; todo tiene sus períodos de avance y retroceso, todo asciende y desciende; todo se mueve como un péndulo; la medida de su movimiento hacia la derecha es la misma que la de su movimiento hacia la izquierda; el ritmo es la compensación».
> El Kybalión

Tipos de personalidad. El eneagrama

El ego desarrollará nuestro tipo de personalidad entorno a nuestro miedo básico. El *eneagrama*, desarrollado por Gurdjieff, Óscar Ichazo y Claudio Naranjo, es un mapa que nos aporta mucha claridad en el descubrimiento de los múltiples personajes que habitan en nuestro interior y nos ayuda a entender la estructura de nuestra personalidad. Según esta herramienta, todos los tipos de personalidad se agrupan en nueve eneatipos que vamos explicar brevemente a continuación:

- Eneatipo 1: *El perfeccionista*. Su miedo básico es ser imperfecto, malo. Crea un ideal de perfección y siente que nada se ajusta a su ideal. Tiene un carácter inquisitivo y siempre quiere tener la razón. Su pecado capital es la ira, que no puede ser expresada porque no es «perfecto» enfadarse. Esta se convierte en rabia interior, resentimiento y frustración. Cuando empieza a aceptarse y a aceptar la realidad, se conecta con la serenidad, que es su esencia. Entonces emergen sus cualidades esenciales como la flexibilidad, integridad o la disciplina. Se vuelve espontáneo y compasivo.
- Eneatipo 2. *El ayudador*. Su miedo básico es no ser querido por los demás, por ello es complaciente y ofrece su ayuda de forma condicionada «Te ayudo para que me quieras». Tiene un carácter agradador y adulador. Su pecado capital es el orgullo. No reconoce sus necesidades y siempre cree saber lo que los demás necesitan. Cuando empieza a quererse a sí mismo, se conecta con la humildad, que es su esencia. En ese momento emergen sus cualidades esenciales como el amor incondicional, se vuelve un ser independiente, cariñoso y altruista.

- Eneatipo 3. *El triunfador.* Su miedo básico es la falta de valía por sí mismo. Su miedo a ser considerado inútil o fracasado, le lleva a mostrar una imagen de persona exitosa. Se cree el personaje que se ha creado, «Tengo éxito laboral». Su pecado capital es la vanidad. Es adicto al trabajo, eficaz y se desconecta de sus emociones. Cuando empieza a valorarse a sí mismo por lo que es y no por lo que hace, se conecta con la autenticidad, que es su esencia. Al centrarse en su esencia, se convierte en una persona motivadora, inspiradora, honesta y competente.

- Eneatipo 4. *El romántico.* Su miedo básico es ser común, no ser especial. Esto le lleva a necesitar atención, a hablar de su propio mundo interior. «Nadie me entiende, soy único, diferente y especial». Su pecado capital es la envidia. Pone el foco en lo que le falta, se compara y anhela un pasado mejor. Cuando empieza a aceptarse, se conecta con la ecuanimidad, que es su esencia. Cuando recupera el equilibrio emocional, se convierte en alguien profundo, creativo y con sensibilidad.

- Eneatipo 5: *El hermitaño.* Su miedo básico es ser ignorante e incapaz. Esto le lleva a refugiarse en el conocimiento y en la soledad. Su pecado capital es la avaricia no solo material, sino que también de conocimientos, sentimientos y de palabras: piensan mucho, dicen poco y no hacen nada. Cuando empieza a compartirse emocionalmente, se conecta con el desapego, que es su esencia y entonces se transforma en alguien cercano, innovador y comprometido.

- Eneatipo 6: *El dubitativo.* Su miedo básico es carecer de orientación. Esto hace que sea fiel y leal a causas o personas que representan la autoridad que ellos sienten que necesitan. Se preocupan y dudan a la hora de tomar decisiones por miedo a las consecuencias futuras. Su pecado capital es el miedo, el cual los lleva a buscar la seguridad en el exterior. Cuando empiezan a confiar en sí mismos y en la vida, se conectan con la valentía, que es su esencia. Entonces se vuelven tranquilos, fieles a sí mismos y sólidos.

- Eneatipo 7: *El hedonista.* Su miedo básico es conectar con el dolor y el vacío. Esto lleva a buscar placeres en el exterior en forma de planes, ocio o diversión. Su pecado capital es la gula, no solo con la comida, sino que quieren mucho de todo, saltando de una cosa a otra, pues nada externo puede satisfacer el vacío interior. Cuando empiezan a ser felices independientemente del exterior, conectan con la sobriedad, que es su esencia. Se vuelven agradecidos, calmados, viven en el aquí y el ahora y tienen una actitud madura.

- Eneatipo 8: *El jefe*. Su miedo básico es ser dañado o controlado. Ello le hace actuar de una manera dominante, reactiva y controladora. Muestran una imagen fuerte y dura. Su pecado capital es la lujuria, no solamente en el plano sexual sino en su necesidad de intensidad. Necesitan la confrontación e imponer su propia ley. Cuando empiezan a dejar de culpar y a perdonarse, conectan con la inocencia, que es su esencia. Entonces se vuelven seres justos, tiernos, líderes e intuitivos.

- Eneatipo 9: *El indolente*. Su miedo básico es entrar en conflicto. Por ello son personas que se sobreadaptan a los demás y a las circunstancias y suelen pasar desapercibidas. Pueden pasarse de buenos. Su pecado capital es la pereza y la procrastinación. Cuando empiezan a sentirse en paz conectan con la acción, que es su esencia. En ese momento se transforman en personas armoniosas, proactivas, amables y resistentes.

Conocerse a uno mismo es doloroso, pero te puede liberar del sufrimiento. El silencio, la meditación, es vital, para adentrarnos en ese silencio que tanto miedo nos da. Tenemos miedo al cambio, pues al ego no le interesa que cambies, te engaña. «No estoy mal, no estoy bien, tengo miedos por aquí, dolores, sufrimiento… ¡Pero cambiar no!».

El miedo y sus fantasmas

El miedo es la causa principal de los fracasos y es el principal enemigo de los logros. Por tanto, es imprescindible que seamos capaces de identificarlo, conozcamos su origen y desarrollemos estrategias para desterrarlo.

¿Te has sorprendido alguna vez a ti mismo diciéndose algo así como «No sé cómo abordar este problema», «No puedo convencer», «No soy capaz», «Soy incapaz de relacionarme bien», «No alcanzaré los objetivos», «No puedo»?

Paralelamente sentías alguno de los siguientes síntomas como sequedad en la boca, un nudo en la garganta, aceleración de los latidos del corazón, dificultad para respirar, necesidad urgente de ir al lavabo. Todas estas son manifestaciones del miedo, pues inhiben tu capacidad para afrontar la situación o reto al que se enfrenta.

Por otro lado, es importante tener en cuenta que los errores y las equivocaciones constituyen un paso más para el éxito; siempre y cuando sirvan de base para reflexionar y mejorar la próxima vez. El que nunca se equivoca es aquel que nunca hace nada.

El primer paso para dejar de sufrir y poder evolucionar es la honestidad con uno mismo. Es imprescindible que reconozcas tus miedos e inseguridades. Haz un inventario de ti mismo para saber cuáles son los tres enemigos que debes eliminar son la indecisión, la duda y el miedo. La intuición no funcionará mientras estos enemigos estén en tu mente.

Antes de que puedas aplicar todas estas teorías, será necesario que conozcas todas tus debilidades y miedos, pues solo de esta forma estarás preparado para enfrentarte a aquello que no te deja avanzar en tu camino.

El objetivo es centrarse en las causas y la erradicación de los principales miedos. Como en *El arte de la guerra*, de Sun Tzu, antes de poder dominar a tu enemigo, debes saber quién es, cuáles son sus hábitos, dónde vive, cuáles son sus debilidades y sus fortalezas.

No te dejes engañar por los miedos, a veces permanecen escondidos en el subconsciente. El temor paraliza la facultad de razonamiento, se pierde el auto control, te elimina la fuerza de voluntad y destruye tu ambición. Pocas personas saben que están influidas por algún tipo de miedo. El temor que sentimos está tan impregnado en nuestro subconsciente que muchos de nosotros nos pasamos toda la vida con el a nuestro lado, sin ser capaces de reconocerlo.

Los principales miedos son:

- Miedo a la mala salud, a la enfermedad.
- Miedo al cambio.
- Miedo a ser malo, imperfecto.
- Miedo a ser mediocre, a no destacar.
- Miedo al sufrimiento.

Como hemos dicho con anterioridad, el miedo no es más que un estado mental, y en todos está vinculado al control y a la dirección.

Según Napoleón Hill, el ser humano no puede crear nada que primero no conciba en forma de impulso de pensamiento, y los pensamientos que nos dominan acaban convirtiéndote en tu equivalente físico, sea de forma voluntaria o involuntariamente.

Los pensamientos que se captan de la mente universal pueden ser pensamientos que han emitido otras mentes, y pueden influenciar tu propio destino. Tú tienes la capacidad de controlar tus pensamientos.

Las carreteras que llevan a la riqueza o a la pobreza tienen direcciones contrarias. Si aceptas la pobreza, recibirás pobreza, y el responsable de tu decisión eres tú.

Miedo a la mala salud, a la enfermedad

Su origen está relacionado con el miedo a la muerte. El 75 % de las personas que acuden al médico son hipocondríacos. El miedo a caer enfermos nos provoca síntomas de enfermedad y muchas de las veces la enfermedad empieza con un pensamiento negativo. El miedo, el desánimo y la decepción en los asuntos hacen que esta semilla germine y crezca.

Miedo al cambio

Tenemos tanto miedo al cambio, que muchos de nosotros nos aferramos a una serie de mecanismos de defensa para no cuestionar las creencias con las que hemos crecido y creado nuestra identidad.

> «Formamos parte de una sociedad tan enferma que a los que quieren sanar se les llama raros y a los que están sanos se les tacha de locos».
> Jiddu Krishnamurti

No nos gusta cambiar, porque en el pasado lo hemos hecho cuando no nos ha quedado más remedio y tenemos ese sentimiento asociado con la angustia, la vergüenza y frustración, pero, sobre todo, está relacionado con el fracaso. «Yo soy así y no voy cambiar».

Existe una serie de mecanismos que utilizamos para rechazar el cambio.

Y el primero de ellos sería el miedo en sí mismo. Cuanto más miedo sentimos, más dependientes e inseguros nos volvemos, lo que hace que desarrollamos sentimientos de apego y de protección. Vivir con miedo nos hace sentirnos amenazados.

El mayor enemigo del miedo es el cambio. Como respuesta a esto, aparecen conductas como el autoengaño. Nos mentimos con el fin de no sentir temor al cambio. Y salir de nuestra zona de confort. Por esta razón el autoengaño suele dar lugar a la narcotizaciónes, decir, nos hace huir permanentemente de nosotros mismos, lo que provoca un sentimiento de frustración y un profundo fracaso. Nos desanimamos, pues no somos capaces de enfrentarnos a nuestro miedo. Es entonces cuando asumimos el rol de víctimas frente a nuestros miedos y problemas. Ya que este tipo de conductas nacen de un concepto erróneo y provienen de creencias limitantes, lo mismo sucede cuando nos sentimos atacados por otros individuos pues en nosotros nacen sentimientos de arrogancia y nos ponemos a la defensiva. Nos mostramos prepotentes, porque luchamos por mantener a nuestro «yo» y rechazar el cambio.

Miedo a ser malo, imperfecto

¿Cuántas veces nos hemos dicho o escuchado la frase de «Nadie es perfecto? Y, la verdad es esa y es que nadie lo es, pero existen personas cuyo miedo consiste en alejarse de esa denominada «perfección». Este miedo se llama *atelofobia*.

La excelencia y desear ofrecer lo mejor de nosotros mismos no es algo negativo, el problema surge cuando no tenemos un límite para ello, y se convierte en una conducta obsesiva. Este tipo de miedo nace en personas con un cociente intelectual (CI) muy elevado; personas inteligentes. Se vuelven muy rígidas consigo mismas, autoexigentes, críticas, todo esto acaba derivando en un estrés diario que en muchas ocasiones se transforma en estrés crónico.

El miedo a ser imperfecto nos puede afectar en cualquiera de los aspectos de nuestra vida. Puede que tú seas muy exigente en un ámbito laboral o personal, pero las personas que padecen atelofobia llegan a buscar la perfección en todos los ámbitos de su vida; las relaciones personales, el trabajo, los estudios… La conducta habitual de este tipo de personas con miedo a no ser perfectos consiste en ocultar sus miedos, disimulando que se encuentran perfectamente, y todo esto acaba ocasionándoles tensión, ansiedad y estrés debido a la exigencia y a la autocrítica a la que se someten de forma continua.

Si tú sientes o te ves reflejado en este perfil, es necesario que aceptes que no hay nadie perfecto, y ni siquiera es necesario serlo. Acéptate tal y como eres. Reforzar la autoestima será fundamental. Y solo aceptándote podrás vivir con tranquilidad y ser feliz.

A veces el miedo es tan fuerte que a quien lo posee le impide disfrutar de pequeñas cosas que han conseguido. Tu peor rival está en tu mente. Tu peor rival eres tú mismo. La vida no consiste en ser perfecto, no consiste en eso. Consiste en superarse cada día, en intentar ser la mejor versión de ti mismo. Lograr tus metas, e ir avanzando poco a poco en tu camino. No debe haber lugar a la comparación ni a la crítica.

Miedo a la mediocridad, a no destacar

Uno de los miedos más habituales es el miedo a no destacar, a ser mediocres. En general, ser mediocre es una acepción que para todos es concebido como algo de poca calidad, sin valor.

Muchos de estos miedos provienen de la división que nosotros mismos hacemos entre lo que son y lo que hacen los demás y nosotros. Creemos que nosotros y los demás estamos catalogados por etiquetas, estratos o grupos, ideologías. Pero en realidad las personas y sus comportamientos no entienden de categorías. Muchos de nuestros miedos provienen de la búsqueda de nuestra propia aceptación en el reconocimiento externo.

Muchas personas con este miedo piensan que necesitan destacar en algo para no ser igual a los demás, pues eso les degrada. Tienen que ser los mejores para sentir su valía. En muchas ocasiones tienen un pensamiento dicotómico por el hecho de que, o son perfectos, y destacan, o prefieren no intentar nada, pues solo desean destacar. Están aterrados por su miedo a «ser normales» y ser como el resto, pero, sin embargo, si no logran iniciar la tarea, seguirán siendo y sintiéndose especiales.

Este miedo puede estar relacionado con el miedo a no ser valioso para nadie y por eso indigno de amor. Como ya dijimos en capítulos anteriores, muchos de estos miedos provienen de nuestra infancia, pues, cuando somos niños, necesitamos ser queridos, sentirnos únicos y especiales, sobre todo para nuestros padres. A medida que crecemos, debemos entender que este amor necesita ser compartido, pues ellos no siempre pueden ofrecernos todo el amor que nosotros desearíamos. A partir de entonces comenzamos a lidiar con la frustración. Este sentimiento de frustración puede ser superado o quedarnos atrapados y no ser capaces de avanzar.

Si reflexionamos, nos daremos cuenta de que todos somos seres auténticos y especiales y esto no depende de nada más salvo de nosotros por el hecho de existir. ¿Por qué no miras dentro de ti? Eres alguien maravilloso, escúchate, no te compares, aleja las valoraciones externas que te dictan a cómo debes de ser. Deja salir a tu yo interior. Eres original, irrepetible, una mezcla auténtica y compleja de millonésimos matices.

Miedo al sufrimiento

En esta sociedad en la que vivimos tendemos a evitar el dolor emocional por miedo a sufrir, pues en nuestra infancia no nos han enseñado a manejar este sufrimiento y frustración A veces sentimos que estamos anulando nuestros sentimientos y esto nos hace pensar que no los tenemos, que realmente no existen. Pero al final somos conscientes de que solo lo hemos opacado, y que existen consecuencias por haber negado nuestro dolor y pueden ser expresadas en forma de dolencias emocionales y psicomotrices, así como físicas.

La sobreprotección, la negación u ocultación de nuestros sentimientos es una manera de afrontar la situación de forma errónea. Muchos de estos casos se manifiestan, por ejemplo, cuando se produce la muerte de un ser querido, o la no aceptación de alguna enfermedad o experiencia traumática. Sentir dolor por la pérdida de alguien es necesario y negarte a expresarlo en vez de permitir llorar cerrará la posibilidad de expresar la tristeza de una manera natural.

Debes aprender a escuchar tus emociones. Escucha los mensajes que tu cuerpo te envía y dejarás marchar estas emociones negativas. Una vez sentida y superada esta emoción, estarás listo para agradecer su aprendizaje.

Es importante diferenciar entre dolor y sufrimiento. Ambos son parte del proceso, pero con frecuencia acabamos sufriendo más de lo necesario.

CREENCIAS LIMITANTES

El mapa no es el territorio como herramienta de PNL

No vemos las cosas como son, sino como somos. No existen dos experiencias iguales, porque no hay dos personas iguales. No experimentamos la realidad directamente, sino por medio de los cinco sentidos y la filtramos a través de nuestras creencias y valores, junto con nuestra historia personal y la herencia genética, construimos nuestro mapa mental de la realidad.

Pero el mapa no es el territorio, esto es, la realidad es más completa que la representación que hacemos de ella.

Por ejemplo, si visito Madrid por primera vez y me guío con un mapa de la ciudad muy anticuado, este no incluirá los detalles, ni las nuevas obras y construcciones, ni los socavones que encuentre en la acera. Entonces me pelearé con la realidad, porque no corresponde con la representación que tengo en papel. Cada uno de nosotros tiene su propio mapa mental y es muy importante ampliarlo, completarlo, pues cuanto más rico sea nuestro mapa, más completa será la experiencia que tengamos de la realidad.

Para explicar más fácilmente, vamos a poner un ejemplo. Imagínate que tú y yo viajamos a Madrid, pero con dos mapas diferentes; el mío será del metro, mientras que el tuyo será un mapa de carreteras. Con el mapa del metro, yo podré moverme de forma rápida y ágil por Madrid. Tu experiencia, en cambio, estará condicionada por los atascos o por la dificultad para encontrar aparcamiento; sin embargo, por las afueras de la ciudad podrás moverte sin problemas; por ejemplo, ir por la M-40 desde Alcobendas hasta Las Rozas sin tener que atravesar el centro de Madrid, algo, que con mi mapa del metro, sería incapaz de hacer. Como veis, con dos mapas distintos nuestra experiencia de Madrid será completamente diferente, aunque en ninguna de los dos casos será completa. Por esto, ampliar nuestro mapa mental es tan importante, completarlo, pues cuanto más completo sea nuestro mapa, más completa será la experiencia que tengamos de la realidad. Y, recordad: el mapa no es el territorio.

¿Qué son las creencias?

Las creencias son juicios y evaluaciones —por tanto, no son verdaderas ni falsas— que tenemos sobre nosotros mismos, sobre nuestras capacidades, sobre nuestra identidad, sobre los demás y sobre la realidad.

Muchas de nuestras creencias, como ya hemos comentado, nos llegaron en nuestra infancia a través de nuestros padres, maestros, religión, televisión, cultura y amigos. Nuestros padres, convencidos de su validez, nos las transmitieron como verdades inalterables: «No se puede tener todo», «No te puedes fiar de nadie» y nosotros simplemente las aceptamos (sin analizarlas) como verdaderas, las admitimos, compartimos y traemos a nuestra vida diaria, no solo en nosotros mismos, sino en nuestro entorno.

Muchas otras las hemos construido en base a nuestra experiencia y, a la vez, nuestras creencias influyen sobre nuestras experiencias.

Son normas que acaban guiando nuestro comportamiento, el cual deriva en un resultado. Son hábitos de pensamiento y hacen que algunas cosas sean posibles para nosotros y otras no.

> «Tanto si crees que puedes hacerlo como si no,
> tienes razón».
> Henry Ford

Si piensas que no puedes ganar un trofeo debido a su dificultad y que para ello has de hacer un esfuerzo enorme, puede tener como resultado que, ni lo intentes o abandones, o que decidas intentarlo en otro momento.

Se puede saber lo que cree una persona observando los resultados que ha obtenido, no por lo que dice. Todos desarrollamos nuestro propio autoconcepto que está sustentado por nuestras creencias. Las creencias que más afectan en nuestro día a día son aquellas que hablan sobre nosotros mismos, las que afectan a nuestra identidad, imagen y a nuestro autoconcepto. Por ejemplo, si te pidiesen que te describieras, ¿cómo serías?, ¿cómo te describirías a ti mismo?, ¿qué crees de ti mismo?

Las creencias tienen el poder de crear o destruir. Puedes usarlas para conseguir tus metas o puedes usarlas para destruirlas. Vuélvete a preguntar ¿Quién soy?

Las creencias son buenas o malas en función de si su naturaleza es potenciadora o limitante.

Antes de definir estos dos tipos de creencias, recordemos algunos rasgos del *coaching* y cómo nos pueden ayudar para actuar:

- *Si quieres comprender, actúa.* El aprendizaje está en la acción. La acción consiste en avanzar hacia tus metas, vivir en coherencia con tus valores, poner a prueba tus creencias respecto a ti y a los demás.
- *No hay fracaso, solo hay aprendizaje.* El fracaso es un juicio sobre los resultados obtenidos a corto plazo. Que no hayas logrado alcanzar tu objetivo, significa que no lo has alcanzado todavía, pero no significa que no vayas a lograrlo. No puedes decir que has fracasado, a menos que abandones, y esa es solo tu elección.
- *Todos tenemos los recursos que necesitamos* y si no los tenemos, los creamos.
- *Todo comportamiento tiene un propósito.* Siempre estamos moviéndonos hacia algún objetivo, aun sin que lo sepamos.
- *Tener opciones es mejor que no tenerlas.*
- *Tú haces las cosas lo mejor que sabes.* Pero siempre podrás hacerlo mejor.
- *Creamos nuestra realidad.* Nuestras creencias, valores, objetivos crean nuestro mapa mental que da forma al mundo que nosotros percibimos, pues actuamos como si estos mapas mentales fuesen reales.
- Tú tienes todas las respuestas en tu interior.

1. *Potenciadoras* son aquellas que nos animan y sacan lo mejor de nosotros mismos. Por ejemplo, Si tenemos la creencia de que somos buenos en algo, esta nos impulsará a hacerlo bien y nos centraremos en todo lo positivo de la experiencia de realizarlo, lo cual acabará reafirmando nuestra creencia (y puede llegar a convertirse en un hecho). La creencia tiene un efecto autocumplidor. Cuando tú crees en algo, lo haces posible, pero, sin embargo, si crees que no eres capaz, ningún esfuerzo te convencerá de lo contrario.
2. *Limitantes.* Por otro lado, nos encontramos las creencias limitantes, aquellas que nos impiden seguir avanzando en nuestro camino y que conseguirán derribar todas nuestras metas.

Tenemos mucha necesidad de tener razón y esto sucede por haber invertido mucho en nuestras creencias. Luchamos por tener razón para validar que nuestras creencias son verdaderas, pues tener razón sobre estas creencias nos aporta seguridad y sensación de control sobre nuestra vida. Las personas necesitamos tener razón y vamos a hacer lo que sea para que nuestras creencias sean las más acertadas; por esta razón debemos controlar que nuestras creencias sean siempre potenciadoras, es decir, que nos ayuden, ya que siempre encontraremos motivos para justificarlas y para construir sobre ellas una verdad ficticia.

Nuestras creencias son muy importantes, porque están muy relacionadas con nuestra actitud. Es la interpretación que tenemos de la vida, y lo que esperamos de ella, e influye en nuestras acciones y consecuencias. Pensemos un ejemplo: si voy al gimnasio a entrenar, y no hablo con nadie, ni sonrío a nadie, ya que pienso que no les gusto y que me van a rechazar, con toda seguridad esta actitud va a influir en la manera en la que ellos se van a relacionar conmigo y que finalmente me rechacen tal como yo pensaba. Por el contrario, si no me anticipo y no me cierro a los demás, es seguro que las posibilidades de que me acepten serán mucho mayores, y su reacción será mucho más positiva. Lo que encuentres dependerá de lo que estés buscando.

Las creencias, sean limitantes o potenciadoras, están relacionadas con nuestras expectativas (deseo de que se produzca un resultado o acontecimiento). Según Robert Dilts, la expectativa de eficacia propia* es directamente proporcional al grado de confianza que uno mismo tiene de su propia capacidad para adquirir conocimientos. Cuando cambiamos nuestras expectativas negativas por otras positivas, cuando comenzamos a creer que lo que deseamos es posible, todo nuestro potencial comienza la labor de cumplir esta posibilidad y nuestra mente espera conseguir este resultado.

> «La mente puede conseguir todo lo que sea capaz
> de concebir y creer»
> Napoleón Hill.

---

* Véase Robert Dilts, *El poder de la palabra*, Urano, Barcelona, 2003.

O controlas tus creencias o tus creencias acabarán controlándote a ti. Una persona puede tener entre cincuenta y noventa mil pensamientos al día; la mayoría de los mensajes sobre uno mismo son negativos en un 80%.

Las creencias limitantes más comunes son:

- La vida es sufrimiento
- Lo hago perfecto o no lo hago
- No valgo
- No estoy a la altura, no soy lo bastante bueno
- Tendría que haber hecho esto de otra forma
- No debería de haber dicho esto a fulanito
- No les gusto
- No encajo
- No me va a salir este proyecto
- El contrincante me va a destrozar
- Siempre llego tarde
- El dinero corrompe
- El dinero es la raíz de todos los males
- Mejor no esperar nada para no decepcionarme
- Tengo que merecerme lo que consigo
- Las soluciones tiene que ser complejas
- Todo lo que sube baja
- Es que dependo de…

> «La mente es tu propio lugar y puede por sí misma hacer un paraíso del infierno, y un infierno del paraíso».
> John Milton

Yo también estuve dominado por mis creencias limitantes en el pasado. Una de ellas era mi incapacidad para escribir. Pero le di la vuelta al proceso.

Llevo muchos años con el deseo de escribir mi libro. En 2011 decidí comenzarlo, y en estos seis años que llevo, lo he empezado unas cinco veces, pero, por alguna razón, siempre me he autosaboteado, posiblemente por la disgrafía que tengo, a los errores ortotipográficos y confusión entre algunas letras. Esto lo he mejorado últimamente, gracias a los ejercicios de memoria de Bruno Furst, que se utilizan en control mental.

Esta creencia limitante me ha costado mucho tiempo cambiarla, pues la tenía profundamente arraigada, por lo que me veía incapacitado para escribir. Finalmente, tras seis años, mi libro está acabado y se editará.

El primer paso para cambiar tus creencias limitantes consiste en tener consciencia de ellas, observando los resultados que has cosechado hasta hoy en tu vida. Conviértete en un observador de tus pensamientos, comportamientos y del modo en el que hablas. Pon en palabras las creencias limitantes que hayas detectado. Siendo conscientes de ellas, nos podemos centrar en quiénes somos hoy, no en quiénes fuimos ayer.

Puedes observar cómo es tu creencia una vez que eres consciente de ella y así comprender que solamente es una información errónea en la que creíste en el pasado, pues cuando eras niño no tenías la capacidad de discernir. Al tomar consciencia, observas que este condicionamiento no es tuyo, sino que es de alguien del pasado del que aprendiste por mimetismo. Puedes observar que, en efecto, no eres la película, sino la cámara.

Cada pensamiento que tengas, cada palabra que emitas, será una inversión o un coste.

O te conducirá a la felicidad o te alejará de ella. Ninguna cosa tiene un significado excepto el que tú le des.

Al liberarte de esas creencias que limitan tu vida y sustituirlas por otras que la potencien, podrás decidir y elegir otras actitudes que contribuyan a tu felicidad y bienestar.

Si quieres cambiarlas, tendrás que ponerte en marcha, tomando responsabilidad de tus pensamientos y comportamientos.

Las personas que toman la responsabilidad de su forma de pensar crean su vida, mientras que las personas con actitudes victimistas piensan que la vida es algo que sucede, que no pueden manejar su barca. Pero la verdad es otra, tú estás al timón de tu vida.

Tú eres la persona responsable de crear tu felicidad y tu bienestar.

Buscamos ser responsables de lo que nos está sucediendo y dejar de ser víctimas de nuestras creencias limitantes y de nuestros pensamientos egoicos. Por ejemplo, si tienes dificultades económicas y tu deseo es tener prosperidad económica, tu meta deberá ser «tener prosperidad» y no solamente tener suficiente para pagar las facturas. La información que enviamos al subconsciente tiene que ser muy clara, pues solo la mente consciente tiene la capacidad de discernir. Además, tu meta tiene que ser importante para ti, pues si piensas que algo no es importante, simplemente no tendrás ese algo en tu vida. Siguiendo con el ejemplo de la meta «tener prosperidad», si tu creencia acerca del dinero es que «no es importante», el mensaje que le enviarás a tu subconsciente será contradictorio y no podrá comprender qué es lo que realmente quieres. El resultado que obtendrás será coherente con tu creencia de «el dinero no es importante» y no con lo que dices que quieres. Es importante la claridad en los mensajes que le das a tu subconsciente. Tú consigues lo que genuinamente pretendes conseguir.

Ejercicio 14: Identificando tus creencias limitantes

Como hemos visto, aunque no solemos ser conscientes de nuestras creencias limitantes, estas se expresan en los obstáculos que se crean en el mundo exterior. El primer paso para localizarlas será convertirlas en lenguaje, expresarlas. Para ello, piensa en un objetivo que no hayas sido capaz de alcanzar o que te cueste lograr. Anótalo a continuación:

_____

1. ¿Me merezco conseguir lo que deseo?

_____

_____

_____

2. ¿Tengo las habilidades y capacidades necesarias?

_____

_____

_____

(Continuación)

Ejercicio 14: Identificando tus creencias limitantes

3. ¿Es posible para mí alcanzar lo que deseo?

_____

_____

_____

4. ¿Tengo claro lo que quiero?

_____

_____

_____

5. ¿Deseo conseguir mi objetivo?

_____

_____

_____

6. ¿Hago daño a alguien si consigo mi objetivo?

_____

_____

_____

7. ¿Mi objetivo merece el esfuerzo que tengo que hacer?

_____

_____

_____

La creencia limitante que he identificado es:

_____

(Continuación)

Ejercicio 14: Identificando tus creencias limitantes

Evalúa tus respuestas a cada una de las afirmaciones puntuándolas del 1 al 10. Siendo el 1 que no crees esta creencia y el 10 que la crees por completo.
Resultados:

Una puntuación menor a 7 indicará la presencia de una creencia limitadora, o que no has pensado suficientemente en el objetivo. Sé honesto y coherente contigo mismo en cada una de las afirmaciones. Las áreas en las que se centran nuestras limitaciones suelen ser:

- La desesperanza, pues crees que el objetivo que deseas no es alcanzable, tengas la capacidad que tengas.
- Impotencia, crees que tu objetivo es alcanzable pero no eres capaz de lograrlo.
- No te lo mereces. No eres merecedor del objetivo que deseas.

Para tener éxito, hemos de cambiar la creencia limitadora por una potenciadora.

- Posibilidad y esperanza para el futuro.
- Responsabilidad y sensación de capacidad.
- Sentido de valía y merecimiento.

Creencias sobre el dinero y la abundancia en nuestra vida

Si tienes la creencia de que no te mereces tener abundancia o dinero, harás que en tu vida nunca haya suficiente. Sin embargo, si crees que eres abundante, validarás esta creencia y crearás riqueza en tu vida exterior. Porque la abundancia estará en tu subconsciente y, como eres dentro, eres fuera.

Las personas más apuradas económicamente viven constantemente en un mundo de limitaciones y piensan que nunca habrá suficiente, que no se puede tener todo y que la riqueza se acaba. En cambio, las personas abundantes piensan que la riqueza es ilimitada y que hay para todos. Mucha gente cree que no se puede ser rico y ser feliz a la vez, o que no se puede ser rico trabajando en lo que realmente a uno le gusta. ¿Pero es posible tener felicidad y riqueza, abundancia y un trabajo con el que disfrutes y te sientas apasionado? Esto depende de ti, de tus creencias.

Otra falsa creencia consiste en creer que el dinero es malo, que no es puro, que se obtiene de manera ilícita y que corrompe a las personas y las vuelve codiciosas.

Las personas prósperas confían en tener éxito, tienen confianza en sus capacidades y, aun en el caso de que las circunstancias fueran desfavorables, encontrarán otro medio para alcanzarlo, ya que si las cosas no salen bien en un principio, crearán otro medio para recuperar lo perdido.

Para llegar a ser próspero, lo primero que debes hacer es desarrollarte interiormente, convirtiéndote en una persona rica por dentro, en una persona próspera, feliz, realizada. Deberás desarrollar tu mente, tu carácter, tu fuerza interior, tu magnetismo personal… de esta forma crearás riqueza en tu vida exterior.

Yo tenía la costumbre de gastar más dinero del que poseía. Este comportamiento no era el resultado de mis emociones instantáneas, sino era coherente con una creencia limitante adquirida en mi infancia. Un día, con apenas cuatro años, mis abuelos me regalaron una hucha con forma de osito verde. Me explicaron que para poder comprarme cosas más grandes, era necesario privarme de otras más pequeñas. De esta forma comencé a guardar todo el dinerito que me daban. Cuando los familiares y amigos de mi padre me daban la propina, todo este dinero iba a la hucha, hasta que un día, la hucha se llenó. Estaba muy ilusionado por comprarme un coche todoterreno de juguete de los «Geyperman», así que fui a por el dinero, pero la hucha no estaba en su sitio. Le pregunté a mi mamá y nadie sabía dónde estaba, había desaparecido. Unos meses después, encontré mi hucha de osito verde rota y vacía en el jardín, tras un seto. En mi mente se generó la siguiente creencia: ¿para qué ahorrar si luego te acaban quitando el dinero? Así que decidí gastarme todo el dinero que tenía para que nadie más me lo quitara. De esta forma desaprendí a ahorrar y aprendí que gastar el dinero era más seguro.

Esta creencia limitante se fortaleció en varias ocasiones, una de ellas sucedió el día de la primera comunión.

Fuimos a donde todos los amigos de mi padre y familiares, los cuales me daban la propina que posteriormente tenía que ir entregando a mi padre. Llegamos a casa de mi abuela y allí le dije que no me diese el dinero, que ya me lo daría otro día, ya que yo se lo tendría que entregar a mi padre y no podría disfrutar de él.

Ejercicio 15: Transformando creencias limitantes

En el ejercicio anterior hemos puesto nuestras creencias limitantes por escrito.

Ahora continuaremos con la creencia limitante que hayas identificado en el ejercicio 14 y cambiaremos el significado que le das. Esto te llevará a cambiar tu forma de sentir y, por tanto, tu forma de actuar a la hora de conseguir los resultados que deseas: el significado que le das a tus creencias, cambiará tu forma de sentir, y en consecuencia tu forma de actuar y aprovecharás de esta manera mejor tu potencialidad. Esto te llevará a conseguir resultados más satisfactorios:

1. ¿Qué hechos demuestran esta creencia de la que quieres desligarte?
   _____
   _____
   _____

2. ¿Qué hechos demuestran lo contrario de esta creencia?
   _____
   _____
   _____

3. ¿Qué te está costando o qué estás pagando por tenerla?
   _____
   _____
   _____

4. ¿Qué intención positiva tiene esa creencia?
   _____
   _____
   _____

(Continuación)

Ejercicio 15: Transformando creencias limitantes

5. ¿Qué te hace sentir esa creencia, estrés o paz cuando la mantienes?

    _____

    _____

    _____

6. ¿Para qué te sirve esa creencia?

    _____

    _____

    _____

7. ¿En qué ámbito es válida esta creencia?

    _____

    _____

    _____

8. ¿Con qué estándares comparas esta creencia?

    _____

    _____

    _____

9. ¿Qué posibilidades abre o cierra esta creencia?

    _____

    _____

    _____

10. ¿Quieres continuar manteniéndola?

    _____

    _____

    _____

Hay personas que consideran sus creencias permanentes e inmutables, y no serán capaces de aceptar otras; por tanto, estarán cerradas al cambio y al aprendizaje. Al principio, no solemos ser conscientes de nuestras creencias, no reconocemos su naturaleza de limitadoras o no.

Ejercicio 16: Cambio a creencias potenciadoras

En los ejercicios anteriores has tomado consciencia de una creencia que te limita en la actualidad. Ahora vamos a sustituirla por una creencia potenciadora.

1. Escríbela de nuevo y anota otras afirmaciones que te limiten en el presente.

    1. *Nunca voy a conseguir tener una pareja estable*

    2. _____

    3. _____

    4. _____

    5. _____

2. Anota cómo crees que estas afirmaciones han afectado a tu vida tanto en el pasado como en el presente.

    1. *Por tener esta creencia las relaciones me duran muy poco y las saboteo*

    2. _____

    3. _____

    4. _____

    5. _____

3. ¿Con cuál de estos pensamientos decides quedarte y cuáles prefieres eliminar?

Pensamiento, creencia, acción o afirmación que decido eliminar	Pensamiento, creencia, acción o afirmación que decido mantener
1. *Pensar que no soy capaz de tener una pareja*	1. *Deseo eliminar esta creencia*
2.	2.
3.	3.
4.	4.
5.	5.

(Continuación)

Ejercicio 16: Cambio de creencias

4. En este momento del ejercicio escribe las nuevas afirmaciones potenciadoras de tus nuevas creencias y de tu nueva verdad.
   1. *Yo puedo tener una pareja estable*
   2. _____
   3. _____
   4. _____
   5. _____

5. El último paso consiste en tomar las acciones necesarias para fortalezcan tus nuevas creencias:

Afirmación potenciadora	Medidas para lograr conseguirlo
1. *Yo puedo tener una pareja*	1. *Saldré a los lugares donde pueda encontrar el tipo de personas que me interesa y estaré abierto a conocerlas*
2.	2.
3.	3.
4.	4.
5.	5.

6. *Sistema para afianzar tu nueva creencia.*
   1. Una forma para afianzarla será realizando los ejercicios de relajación para repetirte estas creencias a nivel alfa.
   2. Utilización de un espejo físico repitiendo en voz alta tu nueva creencia, mientras nos observamos. Será necesario poner todo nuestro corazón, presencia e intención en este ejercicio para lograr que este pensamiento entre en nuestra mente subconsciente
   3. Utilizar la Ley de la sustitución. Cuando te sorprendas a ti mismo pensando que no puedes tener pareja, en ese mismo instante te repetirás la palabra *stop* (creando un estado de confusión en tu mente y cortando el patrón del pensamiento negativo) y lo sustituirás inmediatamente por tu creencia positiva, «Ya puedo tener pareja y voy a tener pareja» o, mejor aún «Ya tengo pareja». Has de observarte a ti como si fueras el guardián de tu pensamiento.

Detrás de cualquier objetivo que se te esté resistiendo o cualquier resultado que te esté causando sufrimiento en tu vida, tienes una creencia negativa que te está limitando. Aunque esta esté muy arraigada en el subconsciente, una vez identificada, puedes transformarla con ayuda de las afirmaciones. Al hacer una afirmación estás verbalizando una creencia potenciadora, que con la repetición y la acción coherente, acabará sustituyendo la antigua creencia limitante.

LA RESILIENCIA

La *resiliencia* es la capacidad que tenemos para resistir y recuperarnos ante las experiencias traumáticas, como la muerte de un familiar o una ruptura de pareja, entre otras muchas posibles situaciones.

Tras la ruptura de mi matrimonio, la enfermedad de mi padre y mi ruina económica, creé una pequeña guía que te puede servir para desarrollar tu capacidad de resiliencia. Me basé en la obra de autores como Elisabeth Kübler-Ross, Viktor Frankl o Rosa Argentina Rivas Lacayo.

> «El hombre que se levanta es aún más fuerte
> que el que no ha caído».
> Viktor Frankl

1. *Aceptación de la realidad*
   Según afirma Elisabeth Kübler-Ross: «La realidad es la que es y hay que aceptarla». Lo contrario es la negación y si la negamos, nunca podremos aceptarla. Si la niegas y cierras los ojos para no verla, no harás nada, sentirás que eres incapaz de pensar y esto te llevará a no solucionar nada. Hay cosas que no se pueden cambiar en el presente, y por eso es necesario tener paciencia pues lo que no tiene arreglo hoy, pude tenerlo mañana. No siempre sucede lo que nosotros queremos, sino lo que necesitamos para evolucionar. Acepta las cosas como son, sintiéndote lo mejor posible con lo bueno que tienes en tu vida. Observa la emoción, acéptala; si es

necesario llora, pues esto te liberará (no trates de eliminar la emoción, solo acéptala) y, finalmente, con el tiempo se marchará.

2. *Gestión del estrés*

Como hemos visto anteriormente, gestionar el estrés es primordial para poder enfrentarnos a las situaciones más complejas. Una manera sencilla de gestionar el estrés se realiza mediante el desahogo y lo podemos encontrar en una persona de confianza o un profesional que no nos juzgue para poder contar la situación traumática que estamos viviendo. Y también es necesario aprender a respirar y realizar meditaciones.

Utilizar el pensamiento positivo y constructivo. Cultivar el círculo de amistades, ya que estas personas pueden apoyarte en los momentos difíciles.

3. *Actitud.*

Lo importante no es el hecho que ocurre, sino nuestra propia actitud. Es importante sentirnos proactivos y tener una correcta gestión de nuestras emociones. En el capítulo de la actitud hablaremos en profundidad sobre este tema. Desarrolla metas y objetivos que te vayan a ayudar a cambiar las cosas, haciendo pequeñas tareas que te lleven en la dirección hacia lo que deseas.

Actúa. Intenta hacer todo lo que puedas, aunque parezca que no conduce a nada. Si estás actuando, estás pensando en soluciones, aunque muchas de ellas no sean eficaces. Lo importante es que estás usando tu mente, y si no haces nada, los problemas no desaparecerán.

Confía en ti. A veces un problema resulta tan difícil de resolver que nos parece imposible. Esto nos va a conducir a un sentimiento de impotencia, pero no sabes realmente lo que puedes hacer hasta que no lo intentas. Confía en tu capacidad para afrontar lo que la vida te traiga.

Sé lo más optimista posible. Esto es esperar a que ocurran situaciones buenas, que la situación mejorará y la vida te puede traer cosas buenas que compensen los momentos amargos.

4. *Perspectiva*

Analizar el problema desde el punto de vista del observador, y lo trabajaremos en la solución de problemas con la herramienta del cuadro mental.

5. *Creatividad*

Buscaremos nuevas opciones y alternativas de forma distinta a las situaciones que han creado el problema. Como decía Albert Einstein, no pretendas obtener resultados diferentes haciendo siempre las mismas cosas.

6. *Sentido del humor*

   Si puedes reírte de tu problema, lo puedes solucionar. El sentido del humor relativiza el problema en cuestión. Aprovecha los malos momentos para ver películas y series de humor y hacer actividades que te hagan reír.

7. *Aprendizaje*

   Procurar observar qué es lo que podemos aprender tras la situación compleja que estamos sobrellevando. Es importante ver las situaciones traumáticas como un aprendizaje, puesto que de esta forma ya obtendremos un porqué. O ¿qué puedo aprender de esta situación? Aprende a crecer con tus problemas, pues estos son retos que te encuentras en la vida y te ayudarán a sacar lo mejor de ti, a ser más fuerte. Te ayudan a ampliar tu mapa mental, a ser más flexible, a madurar y te hace ver el mundo y a las demás personas de una forma más realista. Puedes conseguir que los golpes que te da la vida te hagan mejor persona o te hagan una persona resentida y amargada por lo injusto de la vida. Por el contrario, estos impactos pueden hacerte más tolerante con la debilidad humana, pues pueden ayudarte a comprender actitudes que no entendías y ayudar a mejorar tu fuerza interior. En estos momentos verás las personas que merecen la pena en tu vida, aquellas con las que puedes contar. Por supuesto, no deseamos que ocurran tragedias, pero, si pasan, podemos aprovecharlas para sacar algo positivo.

8. *Sentido*

   Como decía el famoso Viktor Frankl, podemos encontrar el sentido a través del sufrimiento y esta situación compleja nos ayudará a conocernos a nosotros mismos. Está demostrado que las personas que poseen una meta, una misión en la vida, son capaces de atravesar cualquier dificultad. Frankl observó en los campos de concentración nazi, cómo personas que tenían un sentido en su vida sobrevivían más fácilmente que los que no. Tener conocimiento y vivir en armonía con tus propios valores también te ayudará a encontrar y tener sentido en la vida.

9. *Ayudar a otros*

   Una forma de no estar obsesionado con tu problema consiste en ayudar a otras personas. Sentirte útil mejorará tus emociones.

10. *Pedir ayuda*

Aun con todo lo dicho anteriormente, si tú solo no puedes enfrentarte a las situaciones muy complejas es importante pedir ayuda profesional a un psicólogo, *coach*, terapeuta…, etc.

PROTECCIÓN PSÍQUICA

Existen energías psíquicas muy poderosas, a veces pueden ser positivas y otras veces negativas. Estas energías se producen mediante vibraciones invisibles.

Cuando entramos en un determinado nivel de profundidad mental, podemos dejar la puerta del subconsciente abierta, siendo más permeables, por lo que es fundamental protegernos y para ello podemos hacer uso de las afirmaciones positivas y las visualizaciones, como por ejemplo:

«Imagínate una luz blanco-azulada que sale desde el centro del universo, penetra por tu coronilla, va inundando todo tu cuerpo, baja por tu columna vertebral llenando todo tu cuerpo de luz bajando por tus piernas y esta luz llega hasta el centro de la tierra creando un eje entre el centro del universo y el centro de la tierra a través de ti, eres un nexo entre el cielo y la tierra. De regreso, esta luz crea una burbuja en tu cuerpo, una burbuja de luz. Ahora te repites mentalmente: desde los pies a la cabeza envuelvo mi cuerpo con un escudo protector de luz y vibración, que me protege contra cualquier peligro físico, mental, emocional y espiritual y que emana del centro del universo hasta el centro de la tierra a través de mí».

Este ejercicio de visualización es muy útil y la frase de protección será necesaria repetirla especialmente cuando nos sintamos abatidos o cansados mentalmente.

CONCLUSIÓN

Hasta ahora hemos tomado conciencia de las barreras que nos están impidiendo el éxito y el bienestar. Sabemos que podemos contrarrestar su efecto con las herramientas adecuadas, como la meditación y las afirmaciones potenciadoras.

En este nuevo bloque vamos a trabajar las actitudes y las habilidades que nos permitirán transitar del miedo y la procrastinación al éxito, la serenidad y, por tanto, la felicidad.

3

ACTITUDES PARA ALCANZAR EL ÉXITO

LAS DIFERENTES INTELIGENCIAS

Basándonos en las teorías desarrolladas tanto por Daniel Goleman y Howard Gardner, vamos a explicar los diferentes tipos de inteligencias. Gardner investigó durante años el cerebro humano y una de las conclusiones a las que llegó, y que más fuerza ha adquirido con el paso del tiempo, es en la división de la inteligencia en siete diferentes tipos.

Gardner habla sobre estos siete tipos de inteligencia que representan distintas habilidades a las que el ser humano recurre para resolver las numerosas situaciones que le plantea la vida.

Hace años los test de inteligencia y la educación tradicional se basaban solo en valorar dos áreas del conocimiento, o dos tipos de inteligencias, la inteligencia verbal y la lógico-matemática, y esto ha supuesto una visión más parcial y limitada del potencial de la persona.

En la actualidad la inteligencia no se ve como un valor fijo, sino como un conjunto de habilidades que pueden desarrollarse (si nos esforzamos en ello).

Gracias a las diferentes inteligencias, podrás conocer aquellos temas, talentos o los trabajos y situaciones en los que tú eres excelente. Es decir: qué tipo de problemas eres capaz de resolver con mayor soltura. Vamos a descubrir cuáles de tus talentos son más valorados por tu entorno para poder potenciarlos.

Tu habilidad en estas áreas puede ser congénita, o bien puede ser adquirida, es decir, haberla desarrollado con trabajo y esfuerzo. Cierto es que las habilidades intelectuales pueden ser desarrolladas, lo que vendría a significar que la inteligencia no está prefijada.

A continuación vamos a plantear los diferentes tipos de inteligencias otorgándoles una serie de actividades o características. Aquí podrás descubrir cuáles son aquellas en las que te desenvuelves mejor. Puedes añadir alguna actividad en la que consideres que eres bueno si no está en la lista. Cuantas más actividades señales en una misma categoría, más desarrollado tendrás ese tipo de inteligencia.

Inteligencia verbal

- ☐ Disfrutas escribiendo y transmitiendo tus sentimientos a los demás.
- ☐ Te gustan actividades culturales como el cine, el teatro o la poesía.
- ☐ Te gusta conversar y escuchar nuevos puntos de vista ajenos a los tuyos.
- ☐ Tienes interés en lo que el resto pueda enseñarte. Te gusta aprender de los libros.
- ☐ Tienes un amplio vocabulario y te expresas con facilidad.
- ☐ Eres claro y conciso a la hora de explicar las cosas.
- ☐ Tomas nota de los lugares nuevos que visitas y las cosas que te causan interés.
- ☐ Disfrutas rellenando formularios, test, encuestas…
- ☐ Disfrutas de la literatura.
- ☐ Eres ágil a la hora de resolver juegos de palabras.
- ☐ Te gusta leer sobre el comportamiento humano, psicología, sociología, etc.

Inteligencia matemática

- ☐ Eres organizado y planificas las actividades que vas a realizar.
- ☐ Te gusta tener el control de la situación y que no se salga nada de lo previsto.

☐ Disfrutas actividades como resolver problemas matemáticos o puzles.
☐ Te gustan las explicaciones con orden y lógicas.
☐ Tratas de buscar relaciones entre los temas.
☐ Estás cómodo trabajando con cifras, no te intimidan.
☐ Eres metódico y resuelves los problemas de forma ordenada.
☐ Disfrutas calculando probabilidades y apuestas.
☐ Te interesan los temas relacionados con las matemáticas, los números.
☐ Eres eficaz a la hora de realizar presupuestos, facturas, etc…
☐ Habitualmente estimas las cantidades de una manera muy aproximada.

Inteligencia visual

☐ Posees buen sentido de la orientación y no es fácil que te pierdas.
☐ Tienes don creativo.
☐ Puedes ver cosas que otros pasan por alto.
☐ Puedes ver claramente imágenes concretas; por ejemplo, describir lugares donde solo has estado un par de veces.
☐ Los esquemas te facilitan el estudio.
☐ Disfrutas de ver una película y de ir a museos de arte.
☐ Eres hábil para la lectura de mapas.
☐ Disfrutas conduciendo.
☐ Te gusta aprender cosas nuevas, el arte en general.
☐ Te gusta llevar el control, organizar y dirigir los trabajos.
☐ Disfrutas diseñando nuevos espacios.

Inteligencia musical

☐ Eres capaz de leer música sobre un papel con facilidad.
☐ Estás muy relacionado con la música y su entorno.
☐ Disfrutas especialmente escuchando música.
☐ Posees sentido del ritmo.
☐ Eres capaz de identificar una canción.
☐ Tarareas constantemente canciones.
☐ Eres capaz de retener y aprender una canción.
☐ Cuando escuchas música, no puedes evitar seguir el ritmo.

- ☐ Eres crítico con la música y te gusta seleccionar las canciones.
- ☐ Disfrutas tocando palmas al compás de la música.

Inteligencia interpersonal

- ☐ Te gusta dirigir y revisar el trabajo de los demás.
- ☐ Siempre buscas resolver conflictos entre los demás.
- ☐ Te interesa escuchar qué piensa el resto.
- ☐ Disfrutas enseñando, jugando y ayudando a los niños.
- ☐ Te involucras en las reuniones de trabajo o en tu día a día.
- ☐ Te sueles mostrar sensible hacia los cambios de actitud del resto.
- ☐ Colaboras con diferentes actividades sociales y disfrutas de ello.
- ☐ No tienes miedo a relacionarte ni a hablar en publico.
- ☐ Te gusta escuchar.

Inteligencia intrapersonal

- ☐ Eres creativo. Sueñas despierto.
- ☐ Te gusta crear fantasías e historias.
- ☐ Disfrutas del tiempo en soledad y ser independiente.
- ☐ Analizas lo que haces y obtienes conclusiones de tus actos.
- ☐ Te fijas metas.
- ☐ Comprendes y empatizas con los problemas de los demás.
- ☐ Necesitas tranquilidad para poder realizar con éxito tus tareas.
- ☐ Utilizas agendas o cuadernos para apuntar los temas pendientes.
- ☐ Reconoces los retos y las oportunidades.
- ☐ Planificas de forma correcta tu tiempo.
- ☐ Analizas y reflexionas sobre las acciones que llevas a cabo.

Inteligencia física

- ☐ Practicas actividades que requieren precisión y habilidades manuales.
- ☐ Utilizas expresiones aludiendo a las capacidades físicas. «Manos a la obra».

- ☐ Disfrutas estando en la naturaleza.
- ☐ Realizas ejercicio físico.
- ☐ Te gusta el bricolaje.
- ☐ Te gusta tocar o probar aquellas cosas nuevas que estás conociendo o aprendiendo.
- ☐ Recuerdas con más facilidad lo que haces que lo que ves o lo que oyes.
- ☐ Disfrutas de las actividades con niños como correr, saltar o hacer volteretas.
- ☐ Eres hábil con el baile.
- ☐ Te interesan los temas relacionados con el mantenimiento de los objetos.
- ☐ Eres hábil llevando a la práctica cosas concretas.

Probablemente te hayas sentido identificado con muchas de estas actividades. Ahora, comparando el número de tareas que hayas señalado, tendrás mucha más información sobre tus preferencias o inteligencias más desarrolladas. Si has anotado 6 o más actividades de un determinado tipo de inteligencia, este es actualmente un área de excelencia o dominio para ti.

Esta práctica tan solo te ayudará a conocer tus tipos de inteligencia predominantes, y a poder marcarte un punto de reflexión sobre ello. Tú mejor que nadie sabes en qué medida el resultado final se ajusta a la realidad.

En mi caso, en mi infancia nunca había logrado sacar un sobresaliente, pues la escuela no se me daba muy bien, pero cuando me examiné del cinturón amarillo en judo, obtuve un 9 sobre 10, y ante esta motivación, empecé a resaltar en esta actividad. Posteriormente, me dediqué al boxeo y kickboxing.

Inteligencia emocional

Según las investigaciones realizadas por Gardner, se ha llegado a la conclusión de que la capacidad de interactuar y llevarse bien con los demás, lo que denominamos *inteligencia social* o *interpersonal*, es el bien individual más valioso que tenemos. El 80% del éxito es debido a esta capacidad. ¿Cómo podemos mejorar la habilidad de relacionarnos con los demás?

A raíz de las investigaciones realizadas por el psicólogo Goleman, ex profesor de la Universidad de Harvard, se ha acuñado el término de *Inteligencia Emocional*, EQ.

Ser inteligente es algo más que obtener buenos resultados académicos: es resolver satisfactoriamente las situaciones y los problemas que surgen en la vida. El éxito del IQ o CI (Cociente de Inteligencia) es responsable del 20% mientras que el 80% restante depende de otros factores, entre los cuales destaca el EQ (Cociente emocional) junto con la capacidad de relacionarnos con las demás personas.

¿Por qué hay personas que pueden vivir siempre felices mientras que otras están permanentemente amargadas? ¿Por qué la persona más lista de la clase no tiene por qué ser la más próspera? ¿Por qué sentimos atracción por determinadas personas, y, en cambio, desconfiamos de otras?

En conclusión: ¿qué cualidades de la mente determinan el éxito o el fracaso?

Cualidades de la inteligencia emocional

- Gestionar los impulsos.
- Capacidad de motivarnos a nosotros mismos.
- Gestionar nuestros propios estados de ánimo.
- Empatizar y confiar en los demás.
- Perseverar en el empeño, a pesar de las frustraciones.
- Evitar que la angustia interfiera en nuestras facultades racionales.
- Aplazar las gratificaciones.

Y todo ello, en nuestras interacciones con los demás, se concreta en los siguientes rasgos:

- Tener la capacidad de aislar, reconocer y etiquetar nuestros propios sentimientos. Cuanto más nos conozcamos a nosotros mismos, con más facilidad reconoceremos los sentimientos propios y de los demás.
- Desarrollar la capacidad de expresar sentimientos y emociones.
- Analizar y evaluar la intensidad de los sentimientos que tenemos para posteriormente gestionarlos, no con la intención de reprimirlos, sino para manejarlos adecuadamente.
- Tener la empatía con los sentimientos de los demás. Según los estudios de Albert Merhabian de la universidad de UCLA, el 95% de nuestras interacciones es subconsciente, solamente somos conscientes del 5%.

Las personas que desarrollan la inteligencia emocional (EQ) son aquellas que gestionan adecuadamente sus sentimientos e interpretan de manera correcta los de los demás, de tal forma que obtienen mejores resultados en todos los aspectos de la vida, ya que:

- Suelen sentirse más satisfechas.
- Son más eficaces y más capaces de dominar los hábitos mentales que determinan la productividad.

La inteligencia emocional tiene su base en el sistema límbico, modulado por la intervención del neocórtex, y empieza a formarse en nuestra niñez, prácticamente desde el momento de nuestro nacimiento.

Su desarrollo está sujeto a la educación que nos proporcionan nuestros padres y a la sintonía emocional de estos con respecto a nosotros. Sigue modelándose a lo largo de toda nuestra vida, en función de relaciones próximas que mantenemos.

Por tanto, cualquier desequilibrio en ese sentido puede corregirse después, ya que es un proceso que perdura a lo largo de toda nuestra vida.

Un aspecto importante a tener en cuenta es que nosotros no podemos controlar la aparición de una determinada emoción, ya que nos asalta espontáneamente, pero sí podemos controlar la evolución y/o transformación de la misma, tanto a través de nuestro pensamiento consciente o de nuestras acciones. El proceso es bidireccional.

Pensamiento
- Emoción
- Acción

Las causas que suelen generar la ausencia o un bajo nivel de inteligencia emocional en las personas, se podrían concretar en:

- *Buscar la crítica.* Las personas tienden a destruir todo aquello que se hace o se propone. Siempre se centrarán más en la persona que en el hecho que ha realizado.
- *No es capaz de establecer relaciones sociales sanas.* No es bueno trabajando en equipo, pues no puede seguir una organización.
- *Poca flexibilidad.*

La asertividad

Mucha gente piensa de forma errónea que las habilidades sociales y que la asertividad es lo mismo, pero hay muchas diferencias, ya que la capacidad de ser asertivo forma parte de las habilidades sociales, pero no lo es todo.

> La asertividad es una estrategia para comunicarnos con las otras personas que nos permite expresar nuestra opinión e interés, defender nuestros derechos y manifestar nuestros sentimientos sin hacer daño a los demás, pero tampoco permitiendo que ellos nos lo hagan a nosotros.

Tener asertividad es tener la habilidad de expresar nuestros pensamientos asumiendo las consecuencias y respetando la opinión de los demás. No podemos olvidar que todo ser humano tiene derecho a decir «no», de expresar sus sentimientos libremente y de tener opiniones diferentes a las nuestras.

La asertividad al fin y al cabo no deja de ser una conducta que, como todas, puede ser educada. Se encuentra diferencia entre lo que podríamos denominar dos grandes opuestos. Por un lado, existen las *conductas agresivas* como, por ejemplo, «Devuélveme de una puñetera vez el dinero que te presté y que es mío». Este tipo de conducta es hostil y no está defendiendo bien tus derechos. Otro tipo de conductas serían todo lo contrario o denominadas *conductas pasivas*. Por ejemplo: «¿Te molestaría devolverme el dinero? Es que lo necesito para pagar mis cosas, pero si puedes, eh». Este tipo de comportamiento rechaza la discusión y tampoco defiende de manera correcta tus derechos; sin embargo, la asertividad es una mezcla de ambas. «Por favor, devuélveme el dinero que te presté».

Es esencial tener una actitud asertiva en todas las facetas de nuestra vida. Tener este tipo de comportamientos puede traerte beneficios como tener una buena autoimagen, y aumento de tu autoestima, pues ganas seguridad en ti mismo. A su vez tiene un componente social muy alto pues mejora la aceptación y el reconocimiento en el entorno.

Ejercicio 17: ¿Qué nivel tengo de asertividad?

Para realizar este ejercicio, deberás leer en voz alta las siguientes afirmaciones. A continuación, al margen, puntúalas del 1 al 3, siendo:

1 (Nunca) / **2** (A veces) / **3** (Siempre)

- [ ] Puedo halagar sin dificultad a un compañero, un amigo o un miembro de mi familia.
- [ ] Puedo expresar mis sentimientos abiertamente.
- [ ] Puedo admitir haber cometido un error.
- [ ] Puedo pedir una aclaración sin dificultad.
- [ ] Puedo decir «no» cuando alguien me pide algo injusto.
- [ ] Puedo decir a la gente que no me gusta su comportamiento.
- [ ] Puedo responder con asertividad a una humillación verbal.
- [ ] Puedo responder con firmeza cuando alguien valora mis ideas.
- [ ] Puedo decir a la gente cuánto me ha ofendido.
- [ ] Sé que decir cuando recibo un halago.
- [ ] Puedo elegir mi propio estilo de vida aunque los demás difieran.
- [ ] Puedo mantener contacto visual cuando expreso mis sentimientos, deseos y necesidades.
- [ ] Cuando me enfado puedo expresarme sin demostrar mi irritación, mi frustración o mi decepción.
- [ ] Puedo proceder ante los conflictos de forma constructiva.
- [ ] Puedo pedir ayuda a los demás.
- [ ] Puedo expresar mis discrepancias y opiniones sin dificultad.
- [ ] Puedo pedir una aclaración acerca de una expresión no verbal.
- [ ] Utilizo afirmaciones en primera persona en vez de en segunda.
- [ ] Puedo aceptar los halagos.
- [ ] Siento confianza en mis capacidades.

Resultados

Ahora, revisa las afirmaciones y suma cada uno de los puntos que has colocado al margen.

- *Si obtienes entre 55 y 60 puntos.*
  Actúas de manera asertiva constantemente. Defiendes tus derechos como aceptas los de los otros y actúas de manera correcta en las situaciones.

(Continuación)

Ejercicio 17: ¿Qué nivel tengo de asertividad?

- *Entre 35 a 55 puntos.*
  Tienes un comportamiento asertivo de forma usual. Tal vez necesitas mejorar tu asertividad en algunos momentos puntuales.
- *De 20 a 35 puntos.*
  Te resulta difícil tener un comportamiento asertivo en la mayoría de las situaciones. Debes poner en práctica la asertividad para poder reducir el estrés que te provocan las relaciones sociales.

Inteligencia emocional en el trabajo

Trabajar en alguna actividad en contacto con personas puede ser muy gratificante y entretenido cuando todo funciona bien, pero ello no puede evitar que conlleve un gran desgaste mental y psicológico, que puede ser mucho mayor cuando los clientes no aprecian el esfuerzo que se realiza para satisfacerles o cuando no cooperan. Hay clientes que pueden ser antipáticos, demasiado exigentes o incluso maleducados.

Tratar constantemente con personas distintas y cada una de ellas con sus problemas particulares puede afectar la motivación y el estado de ánimo. En ese momento los clientes empiezan a parecer todos iguales. Sin embargo, cada uno de ellos cree ser especial y diferente, esperando recibir un trato único. Se puede llegar a trabajar en «piloto automático», como un robot, atendiendo a los clientes pero sin poner el corazón en ello. El «servicio excelente» empieza a deteriorarse. Los clientes reaccionan negativamente ante eso y el trabajo se hace todavía más duro para satisfacer sus necesidades.

Esto puede llegar a convertirse en un círculo vicioso donde todo el mundo pierde: la persona que atiende a los clientes, la empresa y los clientes. Pero esto no tiene por qué ser así, si ponemos los medios para evitarlo y desarrollamos las técnicas necesarias.

Ejercicio 18: Cómo me ven los demás

El ejercicio consiste en preguntar a personas de tu entorno cuáles son tus tres mejores cualidades. Primeramente, deberás escribir sobre un papel tres adjetivos que tú consideres propios y que te definen y una explicación del por qué te ves de esa manera. Puedes ayudarte contestando a la pregunta: ¿Cuáles son mis tres cualidades? Después pregunta a entre diez o veinte personas, qué tres adjetivos destacarían de ti; pueden ser de tu entorno, amigos, familiares, etc., o personas que no conozcan tanto de ti. Por ejemplo, puedes elegir a diez de estas personas que te conozcan mucho, y las restantes pueden ser solamente conocidos, compañeros de trabajo, antiguas amistades, exparejas…

Debes elegir personas que tú pienses que quieran participar de forma activa y que se tomen su tiempo en contestar. Preferentemente puedes pedírselo por algún medio escrito, para que puedan pensarlo bien y escribir su respuesta con calma. Es importante que aporten tres adjetivos concretos unidos a una pequeña explicación de por qué piensan lo que piensan.

Para ayudarte, puedes enviarles un email, mensaje o carta similar a este que yo te propongo.

> *¡Hola!*
>
> *Estoy leyendo el libro* Todo es posible *de Luis Pérez. Una de las tareas que Luis me ha pedido es que envíe o pregunte a mis conocidos y amigos cuáles serían las tres mejores cualidades que destacarías sobre mí.*
>
> *Al principio, me daba muchísima vergüenza tener que hacer este ejercicio y preguntar qué es lo que pensaba mi entorno sobre mí, pero ahora creo que me ayudará mucho y, ¿por qué no?*
>
> *Me serviría de mucha ayuda que respondieras de la manera más sincera posible, que pensaras y meditaras tus respuestas. No escribas lo primero que se te viene a la cabeza, ¡por favor! No hace falta que sean tres si es que no se os ocurre ninguno más, y, por supuesto, si no te apetece hacerlo no pasa absolutamente nada, ¡con el libro de Luis estoy aprendiendo a ser más comprensivo y a aceptar!*
>
> *Muchas gracias por tu tiempo :)*

Por ejemplo, en mi caso, mis amigos suelen decir que soy una persona valiente, porque he vivido muchas experiencias en las que no disponía de seguridad y, aun así, me lancé a vivirlas. Otros dicen que soy auténtico, pues no escondo las cosas buenas ni las cosas malas. Y algunos otros dicen de mí que soy una persona en la que se puede confiar.

(Continuación)

Ejercicio 18: Cómo me ven los demás

Una vez que todas las personas ya hayan contestado, analiza las coincidencias entre estos tres adjetivos, y utiliza aquellos tres que más se repitan. Tal vez tú sepas ya cuáles son tus cualidades, pero, cuando otras personas te lo dicen, encontrarás una gran revelación en ello.

Finalmente, y una vez analizados los tres adjetivos más coincidentes que han dicho sobre ti, compáralos con los que tu ya habías escrito previamente. De esta forma te conocerás más a ti mismo y podrás averiguar qué es lo que proyectas en los demás, y así podrás cambiar o modelar diferentes comportamientos. Potencia aquello que te gusta y cambia lo que no desees. Tendrás que aceptar algunos de estos adjetivos, aunque no te gusten.

Este ejercicio también te ayudará a aceptarte y valorar más aquellas cualidades que destacan sobre ti. Potenciar lo positivo y no esconder lo negativo.

AYUDAS PARA EL ÉXITO

Mucho se ha escrito sobre el éxito y ciertamente existen tantas definiciones de éxito como personas. Atendiendo a su etimología, *exitus*, «salida»,

Los pilares del éxito / © Laia Solé.

podríamos determinar que se refiere al resultado final de un proceso. No obstante, para mí el éxito no solo reside en el resultado, sino que se encuentra en todas las fases del proceso, empezando por la toma de la decisión.

> El éxito es la realización progresiva de un sueño,
> acompañado y compartido.
> En definitiva, conseguir lo que tú deseas.

En este apartado vamos a sintetizar los factores esenciales que se tienen que dar para que una persona sea exitosa. Se basa en mi propia experiencia, en la de las personas que he entrenado física y mentalmente y en cientos de biografías de personas que han logrado el éxito. Mi conclusión es que muchas de las personas que han tenido éxito en la vida comparten una base común, mezcla de varios elementos:

- *Práctica de algún tipo de meditación*, o cualquier otra técnica que favorezca la conexión con uno mismo.
- *Actitud mental positiva*. Son personas que han sido capaces de interpretar los fracasos como oportunidades de superación.
- La *capacidad de visualización* como una herramienta creativa. Todo lo que ha sido creado antes ha sido visualizado por su creador.

Además de esta base, existen otras variables esenciales para construir un éxito duradero. Sin más preámbulos, las analizaremos a continuación: cualquier proceso de mejora o superación personal se inicia con un cambio en el concepto que tenemos de nosotros mismos, es decir, nuestro autoconcepto. Es ese conjunto de creencias negativas y positivas sobre nosotros mismos que actúan en nuestra mente subconsciente y determinan todo lo que nos sucede.

Ejercicio 19: Descubriendo tu autoconcepto

1. Anota tres aspectos de tu vida en los que tu actitud es principalmente negativa:

   1. _____

   2. _____

   3. _____

2. A continuación, anota tres aspectos en los que tu actitud es alegre o positiva:

   1. _____

   2. _____

   3. _____

3. ¿Cómo un cambio de actitud te ayudaría a obtener mejores resultados?

   _____

   _____

   _____

DEFINE TU AUTOCONCEPTO.

1. Puntuando del 1 al 10, ¿Cómo clasificarías tu autoconcepto en general?

Bajo _____
   Alto
      1   2   3   4   5   6   7   8   9   10

Piensa el porqué de esta calificación.

_____

_____

_____

(Continuación)

Ejercicio 19: Descubriendo tu autoconcepto

2. Define tu autoconcepto ideal: ¿Cuáles son las tres personas, vivas o muertas, que más admiras? ¿Cuáles son sus cualidades? Anótalo en el siguiente cuadro:

Nombre	Cualidades
1. _____	1. _____
	2. _____
	3. _____
2. _____	1. _____
	2. _____
	3. _____
3. _____	1. _____
	2. _____
	3. _____

Este ejercicio te proporcionará un buen indicio del concepto que tienes de ti mismo, pues lo que admiras en los demás es porque está en tu interior.

3. Imagina e identifica tres actividades en las que tu autoimagen es positiva, te sientes confiado y haces las tareas correctamente:

1. _____
2. _____
3. _____

Ahora imagina que sobresalieras en los tres aspectos anteriores. Describe cómo te verías en esas actividades:

1. _____
2. _____
3. _____

Ejercicio 19: Descubriendo tu autoconcepto

4. Amor propio. Cuánto te gustas a ti mismo. Identifica las actividades o aspectos en los que tienes el mejor concepto sobre ti mismo:

1. _____

2. _____

3. _____

¿Qué tienen en común estos aspectos que podrían transferirse a otros aspectos de tu vida?

1. _____

2. _____

3. _____

CÓMO TENER UNA ACTITUD MENTAL POSITIVA

La actitud es la forma en la cual reaccionamos como respuesta a un estímulo psicológico, verbal, emocional, o físico. Es la forma en que nos posicionamos ante una situación. La actitud depende de la manera en la que estoy valorando algo. Puedo tener actitud positiva o actitud negativa, o como decía Viktor Frankl, puedo tener una actitud reactiva o proactiva.

La actitud es una de las palabras más importantes que posee el diccionario. Según una investigación de Harvard el 85% de los éxitos que logramos en la vida están basados en una actitud mental positiva.

> El verdadero potencial del ser humano reside en el subconsciente.

La actitud está directamente relacionada con nuestro ego, y a su vez, con nuestra sombra.

Cuando cambiamos el tipo de relación que establecemos con la realidad, se cambia absolutamente la realidad que nos afecta. En las situaciones más adversas, es necesario recordar que una persona siempre tiene libertad para elegir de qué forma va a afrontar esa situación.

Una cadena de televisión norteamericana realizó una encuesta a cien personas longevas acerca de la actitud. Estas cien personas tenían cuatro características en común. La primera de ellas era el optimismo, tenían una visión positiva del mundo. Otra de ellas era el compromiso con las personas y con sus propias metas. La tercera característica era la actividad, pues eran personas muy activas que estaban siempre en movimiento tanto físico como mental. Y, finalmente, la resiliencia que es la capacidad de reponerse a la pérdida de habilidades y diferentes traumas. La resiliencia es el resultado de una actitud mental positiva.

Nosotros creamos la realidad, pero además, creamos diferentes realidades, dependiendo de la forma en que nos estamos relacionando con las circunstancias que nos están aconteciendo. Se puede desarrollar la actitud igual que se puede desarrollar cualquier otra cosa con la práctica. Tener una actitud mental positiva te hará centrarte en las soluciones, no en los problemas.

Cuando una circunstancia adversa se ve como un reto, movilizamos energías opuestas. Una persona va hacia el reto con ilusión y entusiasmo, porque es percibido como una posibilidad de algo muy valioso, y el problema lo que genera es estrés y cacofonía interior. La ilusión y el entusiasmo permiten que mejoren nuestra inteligencia, nuestra imaginación, nuestra voluntad y la memoria.

Las claves para tener una actitud mental positiva:

- *Observar siempre el lado positivo de las cosas.* Si algo negativo te ocurre, busca siempre el aprendizaje y lograrás encontrar el lado positivo de todo lo que te pase. Recuerda, en lugar de preguntarte «por qué me sucede esto», plantéate para qué.
- *Olvidarse de las excusas.* Nunca te excuses, acepta la responsabilidad de tus actos completamente.
- Procurar mantener una actitud de entusiasmo. No permitas que las personas pesimistas y negativas te contagien. Recuerda que el entusiasmo también se contagia.

Entrenando en el desierto del Sáhara con Mouradh.

Un ejercicio muy sencillo y que deberás poner en práctica en el día a día consiste solamente en cambiar el enfoque. La mayoría de las personas a la hora de enfrentarse a un reto por miedo e inseguridades tienden a focalizar lo negativo. Por ejemplo, cuando empiezas en un nuevo empleo, pueden llegar a tu mente pensamientos negativos, como que no serás capaz de encajar, o que no lograrás hacer bien tu trabajo… ¿Qué debes hacer cuando esto ocurra? Solamente cambiar el enfoque de tus pensamientos. Cuando te encuentres en este estado solamente concéntrate en las cosas positivas; en lo que vas a ganar. Visualízate alcanzando tus metas. Cuando logres esto, solo mantente en este pensamiento. Cambia el enfoque rápidamente y enfócate en lo que vas a lograr.

En mi caso he aprendido a mantener una actitud positiva ante la vida, gracias a las diferentes situaciones y adversidades a las que he tenido que sobreponerme. He tenido que saber adaptarme a diecinueve empleos y con requerimientos diferentes en todos ellos.

Te voy a mostrar alguno de estos ejemplos que me han sucedido a lo largo de la vida. En el año 1998 el gimnasio iba bien, así que decidí ampliar el negocio y reformar un local anexo. Llegué a un acuerdo con un socio para montar una cafetería al otro lado del gimnasio y así abrir por una calle principal. Por mi impetuosidad me lancé a la reforma, pues también estaban reformando gimnasios de la competencia, y estaban montando otro muy amplio cerca del mío. Además, el ayuntamiento planeaba construir unas piscinas cubiertas con sala de musculación y gimnasia a 300 metros de mi local. Entonces tomé la determinación unilateralmente de ampliar y abrir por esa otra calle con una cafetería. La licencia de obra de esta se retrasaba, pero yo, sin embargo, llevé a cabo la reforma completa del gimnasio y además de gastarme el dinero ahorrado pedí un crédito millonario para ello.

Lo que ocurrió es que tenía el gimnasio orientado para entrar por esta calle principal, y la cafetería tardó un año y medio en abrirse, con lo cual, durante ese año y medio, los clientes tenían que pasar por medio de la sala de pesas para apuntarse al gimnasio y esto hacía que muchos de ellos no se matriculasen.

En 1999 finalmente abrieron el gimnasio de mi competencia con mayor espacio y un precio inferior al del mío. Era tan bonito, que a mí mismo me apetecía ir a entrenar allí. Asimismo, otro gimnasio de la zona también amplió. Comenzaron a inaugurarse gimnasios en la ciudad donde vivía como setas.

Al mismo tiempo abrió la piscina municipal con una sala de pesas dos veces más grande que todo mi gimnasio y una cuota anual equivalente a dos meses míos. Mi gimnasio pasó de cuatrocientos socios, a ciento ochenta, todos alumnos de artes marciales. Las clases de aeróbic y pesas quedaron reducidas a la nada. Pasé de ganar mucho dinero a solo una sexta parte de lo que ganaba.

Sin embargo, pasé a ser el director nacional de arbitraje en la Federación Española de Kickboxing, y aunque este puesto políticamente era muy elevado, no tenía una correspondencia económica a su altura.

Paralelamente, se había resentido tanto mi matrimonio que terminó en divorcio, lo que me llevó a la ruina total. Pasé de vivir en una bonita urbanización a una buhardilla en un sexto piso sin ascensor.

Compré una parte de otro gimnasio más pequeño llamado Alfaro, el cual levanté y vendí posteriormente, pudiendo pagar todo el dinero que debía del préstamo. Se lo vendí a un alumno gracias a mi intuición, puesto que nada más conocerlo, supe que él me lo compraría.

Como necesitaba ganar dinero urgentemente y observando cómo estaba el mercado laboral, percibí que la construcción era el gremio que más dinero movía, y en particular la fontanería, pues un oficial podía ganar tres mil euros al mes, o más. Entonces decidí hacer un curso de fontanería de seis meses. Nada más terminarlo, fui a una empresa donde precisaban oficiales de primera con experiencia. Yo les dije que disponía de esos conocimientos, omitiendo que no tenía experiencia y empecé a hablar de la historia de la fontanería, de cómo antiguamente se soldaba el plomo, de las nuevas tecnologías como el sistema barbi, y el cobre. Logré convencer e impresionar al dueño de la empresa. El resultado fue una contratación inmediata y además indefinida.

El jefe me acompañó a mi nuevo destino, enseñándome tres bloques de seis pisos de altura y cuatro viviendas por planta. Me asignó de compañero a un peón que llevaba siete años en esta empresa, y me dijo: «El edificio es tuyo», con lo que tenía que hacer en total setenta y dos viviendas y no sabía ni por dónde empezar. Como yo estaba convencido de que lo importante era la actitud, me acerqué al peón y le dije: «Cuando entras en una empresa cada una tiene su modo especial de trabajar, así que, ¿cómo empezarías tú esto?», le pregunté.

Este hombre, muy ilusionado porque su oficial contaba con él, empezó a explicarme afanosamente cómo lo haría y comenzó muy emocionado por la primera cocina, así que le copié en las siguientes cocinas. Luego siguieron los baños. También contaba con la ayuda de un alumno mío de Kickboxing, quien por entonces era oficial de primera.

Gracias a mis herramientas mentales, me convertí en un auténtico oficial de primera con un cursillo de seis meses y las directrices de un peón, y unos pocos meses después había completado el edificio.

Cada día por la mañana visualizaba lo que tenía que hacer y cuando tenía alguna duda o se me presentaba algo muy complejo me escondía en cualquier lugar de la obra, realizaba una meditación conectándome con la mente universal y captaba el conocimiento sobre cómo continuar con el siguiente paso en el trabajo.

Aunque tan solo trabajé dos años de fontanero, de 2002 a 2004, me sirvió para ahorrar dinero suficiente e invertirlo en una casa, la cual al cabo de un año vendí, ganando miles de euros.

En el 2003 perdí a otro de mis grandes amigos con los que entrenaba en Japón, el presidente de la Federación Argelina, Mouradh Luali. Los años 2004 y 2005 me los tomé para prepararme como instructor del Método Silva y Técnico en energías renovables.

Con mi amigo Mouradh Luali, en el Sáhara durante la puesta del sol.

172

En octubre de 2005 impartí el primer curso en prácticas de control mental a un grupo de alumnos en Burgos, en la academia de un amigo. Y en diciembre de ese mismo año impartí mi primer curso oficial en Salamanca, en la escuela Élite, sede de la Federación Castellanoleonesa de Kickboxing, organizado por mi gran amigo Manuel M. García Ramiro, campeón del mundo de Kickboxing y para mí el mejor entrenador del mundo, además de gran aficionado al control mental.

Mi amigo Manuel tenía la gran ilusión de que su hijo lo cursara conmigo. Su hijo, Manuel García Sánchez, en la actualidad es catorce veces campeón del mundo de Kickboxing. Desde aquel momento hemos entrenado a la selección de Castilla y León en control mental, pasando de ser una de las últimas de España en el medallero nacional, a convertirse en la primera y la que más campeones tiene de España, de Europa y del mundo. Manuel, quien es el seleccionador nacional actualmente, comenta que todos los miembros del equipo han de hacer un curso de control mental conmigo; pues el entrenamiento físico es muy importante, pero lo que va a marcar la diferencia en igualdad de condiciones físicas es el entrenamiento mental.

Por supuesto, nunca abandoné la enseñanza de las artes marciales, impartiéndolas en otros gimnasios, siempre simultáneamente con los trabajos que desarrollaba en cada momento.

En el año 2006 completé mi formación como técnico en energías renovables, y en 2007 pasé a lo más alto de este campo en España y comencé directamente como director comercial con un grupo catalán de diecisiete empresas vendiendo seguidores y paneles solares, de la mano de una gran practicante del Método Silva, llamada Julia.

Paralelamente, emprendí mi camino como *coach* deportivo y empresarial, formándome con el gran *coach* a nivel mundial Tony Robbins, entre otros.

De 2008 a 2010 pasé a ser el director comercial de la empresa más antigua de Europa en energías renovables, Solener. La cual tiene la patente de los seguidores monoposte y de un sistema único de seguimiento solar.

En 2011 abandoné el mundo empresarial saliendo de mi zona de confort, para dedicarme en exclusiva a los cursos de control mental y al *coaching* ejecutivo, de equipos y deportivo, y a partir del 2014 al *lifecoaching*.

Actualmente los procesos de *coaching* los combino con programación neurolingüística, (PNL), NeuroFocus System de mi gran amigo David Gómez, PSYCH-K, entre otras herramientas.

Desarrollando una personalidad exitosa

Normalmente, aquellas personas que atraen el éxito son ese tipo de persona con quien todos quieren relacionarse.

El 85% de la felicidad que tenemos en la vida se debe en gran parte a las relaciones sanas que creamos con otras personas. En la actualidad ya hay muchas empresas que contratan a sus empleados en base a esta actitud, porque si posees capacidades personales adecuadas, podrás relacionarte mejor, y así aprenderás de forma más eficaz y el resultado de esto será lograr el éxito. El 15% de nuestra felicidad restante es obtenida gracias a la realización de nuestros logros.

El éxito es el resultado de una buena actitud y la actitud que tenemos ante cada reto determinará nuestras acciones.

Los puntos fuertes de las personalidades que tienden al éxito consisten en:

- *Tener la capacidad de perdonar.* Lo que hace que te sientas más a gusto contigo mismo y en paz.
- *Quererse a sí mismo, comprenderse y respetarse.* Quererse a uno mismo constituye el centro de la personalidad. Para cambiar tus relaciones con los demás, deberás cambiar la relación que mantienes contigo mismo. Tener amor propio, consiste en considerarse digno de aprecio. Cuando alguien tiene amor propio se considera digno de alabanza y merecedor de aquellas cosas positivas que le suceden.
- *Tener expectativas y metas.*
- *Las relaciones interpersonales con los demás.* Uno no puede tener una personalidad sana y exitosa si no se relaciona de manera correcta con la gente que le rodea. Si quieres tener una personalidad atractiva, deberás mostrar más empatía con el resto, hacerles sentir importantes, destacar sus cualidades. Deberás procurar ponerte de acuerdo, evitando discusiones poniéndote en los zapatos de la otra persona. Es muy importante aceptar a la otra persona, pues la aceptación es uno de los deseos más profundos de cualquiera. Si esto lo haces públicamente, el efecto se

duplica, ya que las opiniones de los demás si son positivas también nos van a ayudar a sentirnos mejor. Hacerle sentir importante, sintiéndote tú de la misma manera.

Cuando alabas de forma sincera a una persona, refuerzas el amor propio de esta. Por ejemplo, cuando tu hijo realiza una tarea que debía hacer de forma correcta, exprésale tu aprobación de forma inmediata diciéndole: «Qué bien te ha salido».

Si tienes poco amor propio y te gustas muy poco a ti mismo, te llevarás bien con personas neutrales, con las que es fácil llevarse bien. Pero si tienes un gran amor por ti mismo, y una gran autoestima aumentará el número de personas con las que podrás relacionarte. Si deseas que los demás se interesen en ti, primero interésate tú por ellos. Por ejemplo, si quieres gustar a un grupo de personas, la mejor forma es que ellos te gusten a ti primero. Si quieres que el mundo te respete, respeta primero tú al mundo.

- *Aceptar la responsabilidad.* No buscar la culpa de las cosas o los errores en los demás.
- *Capacidad de escuchar.* Escuchar con atención, paciencia, esperar antes de contestar. Sin interrupciones. Pregúntale para que las cosas queden claras; por ejemplo, «qué quieres decir exactamente». Cuando prestamos atención a una persona, la valoramos. Si deseas decirle a alguien que lo aprecias, al prestarle mucha atención y dedicarle tiempo, instintivamente ya se lo estás diciendo. «Trata a tu prójimo como a ti mismo».

> «Según la Ley de la correspondencia, el exterior
> es el reflejo del interior y según la Ley de la atracción
> uno atrae a las personas que son parecidas a como es uno
> en el interior».
> Bryan Tracy

4

LAS ESENCIAS DEL ÉXITO

Estando en Japón, después de haber estado entrenando durante cuatro horas en el *dojo* con mi maestro Hisataka, me habló sobre algunas esencias que todo *samurái* debe conocer. En este capítulo te muestro algunas de ellas y otras esencias que considero que deben estar representadas.

LA RESPONSABILIDAD

Responsabilidad significa responder con habilidad. Todo aquello que no te gusta que te esté sucediendo en la vida, dependerá de ti cambiarlo. Tú eres el arquitecto de tu propio destino, eres el capitán de tu barco, eres el dueño de tu propia suerte, en definitiva, solo tú eres el responsable de ti mismo y de tu vida. Si algo ha de suceder, dependerá de ti que suceda. No puedes trasladar tu responsabilidad a otras personas. Cuando aceptas tu responsabilidad, dejas de culpar a los demás.

Todos los problemas se convierten en oportunidades que te van a permitir crecer y desarrollarte. Cuando estemos preparados y se nos dé la oportunidad, la solución aparecerá sola, de forma espontánea; sin esfuerzo.

Lo normal para los seres humanos es buscar excusas y echar la culpa a los demás; culpamos a nuestros padres de nuestra situación actual, culpamos a nuestra pareja de nuestra infelicidad, nos quejamos de nuestro jefe diciendo «si mi jefe cambiase, sería más feliz». También culpamos a los políticos, queremos que el gobierno nos solucione nuestros problemas, pero olvidamos que el único que puede solucionar tus problemas eres tú. Todo esto son actitudes infantiles. ¿Qué excusa utilizas tú?

Todas las personas en este mundo tienen problemas, retos y obstáculos. Enfrentándonos a ellos creceremos e iremos adquiriendo habilidades para superarlos. Lo importante no es solo tomar conciencia, sino tomar acción; aunque estas medidas sean pequeñas, hacer esto te hará cada vez más capaz. Es importante aceptar el reto, evitar buscar excusas.

Cuando tenemos una enfermedad normalmente le echamos la culpa al médico, pues su responsabilidad es curarnos pero olvidamos que más del 90% de las enfermedades son psicosomáticas y que estas también son debidas a nuestros excesos. Hay que tomar la responsabilidad de cuidarnos más atendiendo a una dieta más equilibrada y al descanso. Siempre serás libre de elegir tu calidad de vida, física, económica y emocional. La aceptación es el núcleo de la transformación y las personas responsables aceptarán completamente todas las consecuencias de sus actos.

Si queremos alcanzar lo que deseamos, aceptaremos la responsabilidad de lo que pensamos, de lo que hablamos, de lo que sentimos y de lo que hacemos y nunca excusarnos. Procura no quejarte, simplemente si algo no te gusta, acéptalo e intenta cambiarlo.

La clave para la trasformación parte de la aceptación. Aceptar tus propios defectos, aceptar tu realidad y la frustración de no estar llevando una vida completamente feliz, aceptar nuestra propia realidad, a pesar de lo doloroso de ello, pues no hay que olvidar que al fin y al cabo, el sufrimiento nos mantiene en alerta, y nos avisa de que nos estamos equivocando.

Hay que escuchar las señales que emite nuestro cuerpo, aquello que nos desea comunicar. La felicidad plena aparecerá cuando trasciendas a tu ego y te conectes con tu corazón sintiendo tu esencia. Vivir en paz contigo mismo es fundamental, pero muchas veces tratamos de alcanzarlo de una forma equivocada. Solemos mirar fuera de nosotros, olvidándonos de lo esencial de conectar con nuestro interior.

Cuando estás haciendo algo que no te gusta, deberás tomar la responsabilidad de cambiar y una vez que ya la has tomado, tu energía empezará a moverse en otra dirección. Una vez que encuentres el qué, el universo buscará el cómo.

Para tomar responsabilidad has de hacerte la pregunta, ¿quiero seguir viviendo mi vida de esta forma, siendo esclavo de mi ego? A veces te sientes de esta forma ante muchas situaciones, pero, cuando te liberes de la esclavitud de tu mente, encontrarás el sentido en tu vida.

Ejercicio 20: Ejercicio de responsabilidad

Obtener conciencia de nuestra realidad nos ayudará a cambiarla. En este ejercicio vamos a descubrir qué excusas nos ponemos a nosotros mismos para no conseguir nuestros sueños.

Para realizar el ejercicio debemos hacernos la pregunta en voz alta, y luego permanecer en silencio para observar cómo nos sentimos y qué excusa nos estamos poniendo.

Imagina, que eres Jim Carrey en la película *Como Dios* y durante una semana Dios te otorga todo su poder; no tienes que dar explicaciones y puedes pedir todo aquello que desees y lo obtendrás al instante. ¿Qué harías de forma diferente a lo que estás haciendo ahora?

Sueño o metas	Excusas que nos ponemos
1. En relación a mí mismo:	
1. ¿Me siento feliz?	1.
2. ¿Me divierto?	2.
3. ¿Me siento realizado?	3.
4. ¿Deseo cambiar algo?	4.
5. ¿Me dedico el tiempo suficiente?	5.
2. En relación con el trabajo:	
1. ¿Cómo me siento en relación con mi trabajo?	1.
2. ¿Me siento feliz?	2.
3. ¿Me siento realizado?	3.
4. ¿Deseo cambiar algo?	4.
3. En relación con la economía:	
1. ¿Me siento feliz?	1.
2. ¿La gestiono bien?	2.
3. ¿Gano suficiente dinero para vivir como deseo?	3.
	4.
4. ¿Me gustaría tener más?	
4. En relación con mi pareja (si la tengo):	
1. ¿Me siento feliz?	1.
2. ¿Cumple todas mis expectativas?	2.
3. ¿Cumplo yo todas sus expectativas?	3.
4. ¿Qué hago para disfrutar?	4.
5. ¿Le dedico el tiempo suficiente?	5.

(Continúa en la página siguiente)

(Continuación)

Ejercicio 20: Ejercicio de responsabilidad

(Continuación)

Sueño o metas	Excusas que nos ponemos
5. En relación con mi familia:	
1. ¿Me siento feliz?	1.
2. ¿Deseo cambiar algo?	2.
3. ¿Les dedico el tiempo suficiente?	3.

1. En relación conmigo mismo:

_____

_____

_____

2. En relación con el trabajo:

_____

_____

_____

3. En relación con la economía:

_____

_____

_____

4. En relación con mi pareja (si la tengo):

_____

_____

_____

5. En relación con mi familia:

_____

_____

_____

Recuerda que para conseguir todo lo que desees y rendir al máximo, es fundamental que te gustes y que te ames.

EL AUTOCONCEPTO

El autoconcepto es el concepto que tenemos de nosotros mismos, es subjetivo y no es algo que esté basado solamente en la realidad.

Lo que tú crees de ti mismo se convierte en tu realidad, pues actuamos en consecuencia con lo que creemos. Tu autoconcepto son los sentimientos que tienes hacia ti mismo, tu fuerza interna, el amor que sientes por ti mismo. Aquello que tú aceptas como tu verdad ineludiblemente se va a convertir en tu realidad.

Los paradigmas que tenemos de la vida y las creencias, ya sean de origen familiar, social o personal, son aquellas que van a configurar tu autoconcepto. En cada parcela de nuestra personalidad, vamos a tener un autoconcepto; por ejemplo, si se nos da bien el deporte, vamos a tener un autoconcepto bueno de nosotros de ese deporte, pero si sentimos que no se nos da bien, tendremos un autoconcepto totalmente distinto.

Ejercicio 21: Cambiar el autoconcepto

Para cambiar el autoconcepto, debemos hacer el ejercicio de cambio de creencias y el ejercicio del cuadro mental, con los que te visualizarás como realmente deseas ser y cómo te comportarías con las cualidades de aquello que deseas alcanzar.

Otra forma de cambiar el autoconcepto consiste en la elección de varias personas que admires (entre tres y cinco), observando qué es lo que más te gusta de ellas, modelando sus actitudes y autoconceptos, creando el tuyo propio.

La visualización y las afirmaciones positivas serán el elemento fundamental de la transformación.

Hay una serie de factores que debemos tener en cuenta.

1. Es fundamental amarte a ti mismo. Tus sentimientos y emociones serán el elemento fundamental trasformador. Si quieres que alguien te quiera y te respete, primero deberás quererte y respetarte a ti mismo. No es posible querer a los demás más de lo que te quieres a ti mismo. Tenemos que estar constantemente generando autoestima y una buena manera es con esta afirmación: «Me amo, me acepto y me apruebo. Me doy permiso para avanzar, y me siento seguro avanzando».
2. Tu auténtico ideal. Será el ideal de aquello que puedes llegar a ser o conseguir.
3. Trabajar la imagen de ti mismo. Trabajando tu interior para que se refleje en tu exterior.

Nuestros valores y creencias son la base fundamental de nuestra personalidad y, por tanto, lo son también de nuestro autoconcepto.

Lo que tú aceptas como algo propio a nivel subjetivo y sustentas por tu actitud, se convertirá en algo objetivo.

EL DESEO

El deseo es la fuerza motivadora, es lo que nos impulsa hacia nuestras metas. Sin deseo, nunca comenzaríamos un proyecto.

> «Una persona sin pasiones no tiene dentro ningún principio de acción ni motivo alguno para actuar. Y una forma de determinar si tienes un deseo ardiente es cómo vas tras él, si vas tras él sin confianza, tímidamente, en un intento de ir a lo seguro, entonces tú no tienes un deseo ardiente en absoluto. Pero si estás dispuesto a quemar las bases tras de sí y a decir "Ya está decidido, esto es lo que haré y nunca me echaré atrás", entonces tienes el tipo de deseo que solo puede terminar en éxito. Necesitas esto para seguir levantándote después de las caídas que seguramente tendrás. Los que nunca cometen errores son los que nunca intentan nada».
>
> Napoleón Hill

No existe deseo sin intención, pues esta es la verdadera esencia detrás del deseo. Solamente la intención ya es el algo muy valioso, pues está ajeno al resultado. Por ejemplo, si tú tienes el deseo personal de realizar una actividad como en mi caso es el Koshiki karate, pero, sin embargo, no realizas la intención y pones todo el esfuerzo en ello, solo se quedará en puro deseo. La intención es lo que mueve el deseo. Solamente desearlo es algo débil.

La intención es muy poderosa, porque materializa nuestro deseo, pero sin apego al resultado; mientras que solo el deseo es algo carente de acción, ya que en la mayoría de los casos es intención con apego al resultado.

> «El deseo es la otra cara de la moneda de nuestros sueños. No hay deseo sin sueños».

En 2004, mirando la página web del Método Silva, observé que hacía falta instructores. Me dio una fuerte palpitación en el corazón, y ante este impulso, llamé a Bernardo Bernal, mi instructor y el director del Método Silva en España en ese momento. Concerté una cita con él, y me propuse para este puesto. Él me respondió que de momento para impartir cursos al público no podía, pero sí era una buena opción impartirlo solo para deportistas. Así que ese verano, en el mes de julio, comencé la formación.

El instructor y otros aspirantes nos encerramos durante quince días en un hotel en Madrid. Allí nos enseñaron cómo impartir las técnicas y también cómo llevarlas a cabo. En diciembre volvimos a recluirnos durante otros quince días en el hotel para seguir con el entrenamiento y la formación como instructor.

Repetí veinte cursos con diferentes instructores. Durante la última semana de noviembre de 2005 y la primera de diciembre continué con mi formación. Ya en ese mes de noviembre conseguí dar mi primer curso en prácticas a mis alumnos deportistas. Nada más recibir mi título como instructor a finales de diciembre, impartí mi primer curso oficial.

Comencé con cursos solamente para deportistas hasta que en febrero de 2006 empecé con mi primer curso para el público general en Palencia.

Actualmente llevo más de doscientos cincuenta.

LA FE

La fe es tener la certeza por lo que aún no se ve, por lo que aún no se tiene, por lo que no se puede palpar. Es fundamental para cumplir nuestros sueños. No es esperar que todo caiga del cielo, sino actuar para que eso suceda. La fe está hecha de deseo, creencia y expectativa.

La fe es creer sin evidencias tangibles. He observado que las personas que tienen fe, que sienten que pertenecen a algo más, son personas que llegan mucho más lejos, que desafían los límites. Tener fe en uno mismo y en una conciencia universal que te ayuda, que te guía; al igual que la mente subconsciente, sabe lo que tú necesitas.

Hay que creer que la respuesta llegará, aunque tengas que esperar. Los emprendedores tienen en mente sus deseos. Si no tuviésemos fe, nunca emprenderíamos nada.

Muchas veces no nos damos cuenta de que no vivimos al nivel de nuestros talentos, simplemente vivimos de la forma que nos dictan las creencias que tenemos integradas en el subconsciente.

Si nosotros ciertamente pensamos que podemos lograr nuestros objetivos, y somos conscientes de los beneficios que tendremos cuando lo logremos, si tenemos fe en ello, conseguiremos todo aquello que nos propongamos. Mediante la repetición de las afirmaciones llevaremos estas a nuestro subconsciente hasta que se conviertan en nuestra realidad.

Un ejemplo de afirmaciones positivas que puedes hacerte para entrenar la fe, serán:

- Sé que puedo lograr lo que me propongo y por eso persisto y me prometo a mí mismo tomar acción cada día desde este mismo momento.
- Ya tengo mi meta en la mente y voy a persistir hasta que adquiera la confianza y la determinación necesarias para conseguirla.
- Para que una meta sea sólida tiene que estar fundamentada en la verdad; por tanto, haré siempre tareas que puedan beneficiar a todos. Incluido a mí mismo.
- Cooperar con otras personas me ayudará a triunfar; por tanto, cooperaré con otras personas para que también triunfen.
- Tener una actitud positiva hacia los demás atraerá el éxito hacia mí.
- Conseguiré que las otras personas crean en mí, porque yo creo en mí mismo también.

Cuando comprenda y acepte la llamada interior hacia mi crecimiento, aparecerán en mi vida las personas, las situaciones y los maestros que me ayuden a encontrar el camino.

LA DECISIÓN

Escucha a todas las personas que te resultan realmente interesantes, incluso pídeles opinión. Escucha, pero nunca dejes que ellas sean las que tomen la decisión; no te dejes influir por las opiniones de los demás. Tenlas en cuenta como si se tratase de una licuadora y al meter diferentes frutas lo mezclará todo para darnos un nuevo sabor. Deberás filtrar las opiniones a través de tu experiencia y visión, para, finalmente, tomar tú la decisión que creas más conveniente.

Lo contrario a decisión sería dilación. Estar constantemente postergando las decisiones te puede hacer perder el tren que te lleva al éxito. Las personas con éxito deciden tomar decisiones con agilidad y rara vez acaban cambiándolas.

Una forma de entrenar la capacidad para tomar las decisiones es comenzar con pequeñas cosas. Por ejemplo, en un restaurante, decidir rápidamente qué es lo que vas a tomar. Empezando por pequeñas cosas como estas aprenderemos a tomar decisiones en las cosas grandes, pues lo que hacemos en lo pequeño, de alguna forma se transmuta en lo grande.

Ejercicio 22: Cómo tomar decisiones ante un dilema

Este es otro ejercicio para desarrollar tu capacidad de tomar decisiones. Especialmente cuando tienes un dilema, es decir cuando se te plantean dos opciones.

Este cuadro lo puedes utilizar en el momento en el se te presente un problema o un reto, y ya has descartado la mayoría de las opciones y te has quedado solamente con dos. Tendrás que anotar cuales son las ventajas y los inconvenientes de ambas opciones para así poder analizarlas de una forma visual y por escrito. Así te resultará más fácil poder poner fin a tu gran dilema.

Ventaja		Inconveniente	
Opción a	Opción b	Opción a	Opción b

LA PASIÓN

Etimológicamente la palabra *pasión* viene a significar «ciencia de los sentimientos». La pasión es un sentimiento impulsivo, que te dominará, te cegará así como hace el amor, la ira o los celos de forma intensa.

Según los doctores psiquiátricos del Instituto de Nueva York, en la pasión se encuentran aquellas sustancias químicas que actúan en el proceso de enamoramiento, y que son responsables de todos los cambios fisiológicos que experimentamos en ese periodo.

«La pasión es una parte de rabia y otra de amor».

Para explicar el funcionamiento de la pasión, es necesario adentrarse dentro de nuestro cuerpo. En sentido biológico la pasión está generada por impulsos químicos que son los que provocan nuestras emociones de atracción, son las llamadas *feromonas*, liberadas por el cerebro y, como con la dopamina, generan sentimientos de euforia, exaltación o incluso falta de apetito, síntomas comunes a cuando estamos enamorados. Nuestro cuerpo reacciona también enviando un mayor flujo de sangre a determinadas partes de nuestro cuerpo.

Cuando sentimos pasión, aumenta nuestra productividad, pues la pasión está altamente vinculada con la intensidad y la energía. El ser humano concentra toda su energía a través de la pasión.

> «Sin pasión, el hombre solo es una fuerza latente que espera una posibilidad, como el pedernal el choque del hierro, para lanzar chispas de luz».
> Henry F. Amiel

Hay personas que, por su naturaleza, son más apasionadas que otras. Con seguridad las reconocerás, pues son aquellas cuya vida está plagada de objetivos, llenas de experiencias que contar y que vivir. A pesar de que muchas de estas personas, por su carácter y personalidad son así, ser una persona entusiasta y apasionada también puede aprenderse y ejercitarse.

Podemos sentir pasión en todo aquello que realizamos, hasta por las cosas más simples. Para darnos cuenta de si estamos o no viviendo con pasión nuestra vida, debemos analizar el esfuerzo que ponemos a la hora de realizar nuestras tareas; si el tiempo vuela cuando estamos haciendo lo que nos gusta, o si, por el contrario, realizarlo nos cuesta un esfuerzo. Todos y cada uno de nosotros somos capaces de sentir la pasión. Solo hay que aprender a potenciarla. Escucharnos y trabajar en concordancia con lo que queremos y deseamos.

Vivimos una vida con pasión en el momento en el que vivimos todos y cada uno de los momentos donde disfrutamos con intensidad como si fuese nuestro último día. Vivir con pasión hace referencia a vivir con todos nuestros sentidos, siendo conscientes de nuestro aquí y ahora; de nuestra realidad. Una forma muy efectiva de aprender a manejar y descubrir nuestra pasión es a través de la inteligencia emocional, que va a permitir desbloquear todas aquellas barreras creadas por el miedo y nuestras creencias limitantes.

Si eres capaz de encontrar una tarea que te apasione, con la que te sientas realizado, podrás también descubrir la forma en la que tu pasión puede aportarte beneficios económicos y espirituales. Tu pasión está conectada con un vínculo creativo que te impulsa. Pregúntate qué es lo que te hace sentirte realizado, sentirte vivo. Cuando encuentres la respuesta a estas cuestiones, muéstrale al mundo lo que eres capaz de hacer. El mundo necesita de personas que hagan lo que les apasione. Si encuentras algo con lo que te sientes realizado, y sientes que se lo puedes ofrecer al mundo, ¿por qué no? Ese es tu punto de partida.

Con frecuencia, te darás cuenta de que tu pasión es aquella actividad que has estado realizando a lo largo de muchos años, que has ido desarrollando y aquella en la que tienes más experiencia que las personas que te rodean. Confía en tus conocimientos. Confía en ti. Combina tu pasión con las necesidades del resto y podrás ver cómo la posibilidad de vivir de tu pasión irá cobrando importancia hasta que pueda convertirse en una realidad.

Cuando encuentras algo que te apasiona, los resultados vendrán solos. El problema fundamental se encuentra en descubrir qué es aquello que nos hace vibrar. Tenemos que buscarlo y potenciarlo.

> «Nada grande se ha hecho en el mundo
> sin una gran pasión».
> Friedrich Hegel

Rodearte de personas que compartan tus mismas inquietudes y que vivan en armonía con tus sueños te ayudará a cambiar de mentalidad e impulsará tu perseverancia para que tú trasformes lo imposible en algo a tu alcance. La motivación es la clave para comenzar el proceso creativo. La creatividad surge de la pasión, y la pasión es el combustible de la voluntad.

Si te dejas llevar por tu pasión, llegarás a ser una persona más productiva y eficaz a la par que feliz y en armonía contigo mismo.

LA PROACTIVIDAD

La palabra *proactividad* fue acuñada por el doctor Viktor Frankl, prisionero del régimen nazi que superó la experiencia de pasar como preso hasta en cuatro campos de concentración. El doctor Frankl observó que las personas que sobrevivían a este holocausto eran aquellas que tenían un sentido en su existencia. Ese «algo» que tenían, también llamado «logos» o «sentido» dio como resultado la logoterapia.

En el libro *El hombre en busca de sentido*, Frankl habla sobre el ser humano y su libertad de escoger sus actitudes frente a las circunstancias de la vida aunque estas sean desfavorables. Le llamó «La libertad última». Él mismo fue un ejemplo, pues, aun cuando lo estaban golpeando estando prisionero, se decía a sí mismo: «Tú me estás haciendo daño, pero yo decido cómo me siento ante lo que tú me estás haciendo, y decido sentirme bien». De esta forma llegó a sentirse más libre que sus maltratadores.

Las cosas que nos suceden son definidas como malas o buenas, pero en sí mismas, no son ni lo uno ni lo otro, simplemente son situaciones que nos ocurren. Yo las llamaría acontecimientos o cosas singulares. La importancia que tienen estos sucesos se las damos nosotros mismos a través de nuestra reacción. Si tú reaccionas desde el ego, será una respuesta reactiva y si lo haces de forma positiva, será una respuesta proactiva y optimista. La actitud proactiva está altamente relacionada con el optimismo. La palabra *optimismo* proviene de *optimum*, lo mejor. El optimismo es una actitud ante la vida, no solamente un acto en concreto. Es la cualidad fundamental de las personas que son proactivas. Son los inventores, los innovadores y los líderes.

Muchas veces observamos que ante un proyecto o una situación, para algunas personas resulta un problema, mientras que para las otras se transforma en un reto. Esta reacción va a depender de nuestras creencias, valores y metaprogramas.

Existen una serie de características propias de las personas proactivas. En el listado que proporcionamos a continuación, quizá te identifiques con alguna. Es muy importante que las refuerces y fomentes aquellas que observes que te faltan.

- Las personas proactivas saben qué es lo que quieren hacer, cómo y deciden cuándo van a hacerlo. Son personas decididas y con objetivos claros.
- Son personas que buscan el objetivo. Analizan la situación, se plantean las distintas disyuntivas y deciden cuál es el «para qué» de la cuestión para poder lograrlo.
- Son personas que destacan por su entusiasmo, pasión y actitud mental positiva.
- Son aquellas que siempre estarán rodeadas de gente, pues su energía atraerá a las personas.
- Son personas libres.
- Logran gestionar sus emociones, hábitos y conductas. Son dueñas de sus pensamientos y sus reacciones. Nada puede acabar con su actitud mental positiva.
  A diferencia de estas, las personas reactivas son aquellas que reaccionan desde el ego. Quizá en este listado también encuentres alguna de esas actitudes.
- Las personas reactivas no tienen claros sus objetivos. Carecen de un plan de acción, por eso no logran conseguir sus metas, pues estas son difusas.
- No son capaces de controlar sus emociones y actitudes, se dejan llevar por las circunstancias, normalmente negativas, y están siempre condicionados por su entorno.
- No son personas libres. No son capaces de decidir. Siempre en búsqueda de aprobación exterior, lo que les hace tener dependencia.
- Buscan su tranquilidad y tienen miedo de salir de su zona de confort.
- En contraposición a las personas proactivas, estas tienen un círculo de amistades inferior, pues no atraen a tanta gente

El camino hacia el éxito será más agradable y rápido si te conectas con la actitud adecuada: tener una actitud optimista, aunque cautelosamente realista respecto de ti mismo y de tus propias habilidades. Las expectativas no realistas son el caldo de cultivo de la decepción y la depresión. Por ello es tan importante conocernos a nosotros mismos, conocer nuestras capacidades y a la vez ser realistas frente a nuestras posibilidades.

Ejercicio 23: Determinar el nivel de proactividad

Vamos a desarrollar un ejercicio para determinar nuestro nivel de proactividad y para conocernos mejor.

1. ¿Me suelo desanimar cuando la situación se me escapa de las manos?

_____

_____

_____

2. ¿Pienso que la vida no me ofrece lo que me merezco?

_____

_____

_____

3. ¿No me veo capaz de afrontar los retos?

_____

_____

_____

4. ¿Creo que la vida me depara algo mejor?

_____

_____

_____

5. ¿Creo que algo malo va a suceder y me preparo para ello?

_____

_____

_____

6. ¿Siempre veo el lado bueno de las cosas?

_____

_____

_____

¿Cómo tener una actitud más proactiva?

¿Es posible manejar nuestras emociones y sentimientos? No es fácil, pues residen en nuestra mente subconsciente y no tenemos un control absoluto sobre ellas. En cambio, sí podemos controlar las palabras que salen de nuestra boca, porque son resultado de nuestro proceso de raciocinio. La buena noticia es que podemos modificar nuestros pensamientos transmutando el leguaje.

Piensa en palabras o expresiones que habitualmente dices (o te dices). Anótalas en el primer recuadro y en el segundo, polarízalas, transfórmalas a positivas. Las palabras que emitimos son sugestiones que nos hacemos a nosotros mismos (en psicología se denominan autosugestiones).

Ejercicio 24: Mejorando la proactividad

Expresiones negativas	Expresiones positivas

EL ENTUSIASMO

Etimológicamente, el término *entusiasmo* procede del latín *enthusiasmus* aunque también se habla de un origen griego que hacía alusión a «tener un dios en su interior». En la actualidad el entusiasmo hace referencia a un estado de ánimo exaltado producido en su mayoría por alguna situación que cautiva o que se admira. Es aquello que nos motiva a realizar una acción. Es la respuesta a situaciones que nos agradan.

Las personas entusiasmadas, al tener una actitud positiva y de disposición hacia la tarea, se esforzarán más, pues sienten que tienen una meta. Sienten una fuerza que los impulsa a conseguir sus objetivos, a levantarse con una energía desbordante, un sentimiento que los invade y no les permite abandonar en su meta.

Esta sensación de exaltación la sentimos cuando percibimos una oportunidad que no podemos dejar escapar, cuando sentimos una ilusión para perseguir nuestros sueños.

El entusiasmo es una parte muy importante de nuestra vida y de nuestro día a día, a pesar de ser algo intangible. Es algo que nos mueve. Incluso las personas más reservadas o más apagadas no pueden evitar mostrar esa alegría cuando se sienten entusiasmados con algo que les agrada y, su posibilidad de llevar a cabo dicha actividad.

El entusiasmo convierte la crítica en algo constructivo, pues no admite nada negativo; lo elimina de nuestro subconsciente.

Mostrar entusiasmo a la hora de hablar sobre algo siempre hará a la persona atractiva, sin importar su apariencia, destacará entre los demás. Hará que el resto muestre más interés, que te presten atención y, con probabilidad, secunden tus ideas, porque el entusiasmo también se contagia. Es un elemento potente de persuasión, muestra compromiso, y denota esfuerzo, valores positivos para aceptar un reto, ¿quién es capaz de decir que no a una persona entusiasmada por una idea?

El entusiasmo nace de diferentes formas en cada persona, pues somos únicos e irrepetibles. La vocación, la etapa personal, o la personalidad misma determinarán la forma que tenemos cada uno de expresar el entusiasmo.

El entusiasmo te aportará paz a tu mente, te llenará de felicidad, te permitirá transformar aquellas barreras en algo positivo y a tu alcance. No permitas que aquello que te perturba diariamente logre acabar con tu entusiasmo por las tareas diarias, elimina de tu vida los fruncimientos de ceño y coloca en su lugar una sonrisa, de esta forma todas las ideas cobraran fuerza, y por seguro vivirás más a gusto contigo mismo.

LA PERSISTENCIA Y LA PERSEVERANCIA

Existe un elemento fundamental para convertir un deseo en realidad y ese es la persistencia. La *persistencia* consiste en mantenerse constante en algo, durar por largo tiempo en la realización de algo. Si somos capaces de combinar nuestra persistencia con nuestros deseos, podremos llegar a conseguir todas nuestras metas.

La persistencia es un estado mental; por tanto, puede cultivarse. Es una habilidad personal que nos ayudará, en cierta medida, a suplir la falta de otras. Por ejemplo, es posible que no seamos muy buenos realizando determinado ejercicio físico, pero a través de la persistencia y con la práctica diaria lograremos dominarlo.

Podemos hablar de la existencia de tres tipos de persistencia que pueden darse en diferentes situaciones.

- La *persistencia ciega*. Es aquella en la cual probablemente no logremos nuestro objetivo, pues estaremos tan cegados por tener la respuesta correcta o la «fórmula definitoria» para alcanzarlo, que no nos plantearemos otras opciones.
- La *persistencia aleatoria*. En esta tampoco queda claro poder conseguir nuestro objetivo, pues es aleatorio, y en estos casos, depende más de la suerte que podamos tener que de nuestro esfuerzo.
- La *persistencia planeada*. En esta ocasión, si se realiza de forma inteligente, seremos capaces de lograr nuestro objetivo.

Pongamos un caso para poder comprender mejor estos tres tipos de persistencia.

Tres compañeros de gimnasio han decidido ser campeones de España de kickboxing en un año. Deciden apuntarse los tres al mismo gimnasio para lograr su objetivo.

Pedro, que siempre ha sido deportista y lleva muchos años practicando artes marciales, decide no ejecutar ningún plan de acción, ni ponerse horarios, pues ya está acostumbrado y ya sabe cómo hacerlo. Los primeros meses visita el gimnasio para mantenerse en forma, pero no le dedica el tiempo suficiente al saco, a las manoplas y demás técnicas aprendidas en kickboxing. Cuando se acerca el campeonato, viendo su poca resistencia, decide entrenar ocho horas diarias haciendo todos los días los mismos ejercicios. La semana anterior a las pruebas del campeonato, está tan agarrotado de las pesas y de tanto esfuerzo continuado durante este último mes, que inevitablemente se lesiona. En este caso, Pedro estaría frente a un caso de persistencia ciega, pues confía tanto en sus posibilidades que no ha entrenado de forma progresiva y no se daba cuenta de que estaba equivocado, pues es mejor entrenar dos horas diarias durante seis meses, que esas mismas horas en el último mes.

Luis Miguel, que nunca ha practicado este deporte, con ayuda de uno de los mejores entrenadores del mundo de Kickboxing, Manuel M. García Ramiro, y a mí como *coach* para entrenamiento mental, deciden elaborar un plan de acción adecuado a sus necesidades con tres horas de entrenamiento diario cinco días a la semana con sus respectivos descansos. Durante todo el año Luis Miguel sigue los pasos que sus entrenadores le han dicho, y cuando llega la competición está en el punto álgido de sus capacidades. Finalmente, alcanza el éxito logrando una medalla. Este sería un caso de persistencia planeada.

Alberto tiene alguna noción sobre kickboxing, pues lo ha practicado varias veces intermitentemente. Decide ir todos los días a entrenar, pero finalmente solo acude un día a la semana debido a la procrastinación y a su falta de persistencia. Alberto entrena mucho el día que acude, pero el resto de la semana ni aparece por el gimnasio. Unas semanas antes al campeonato, se reúne con su compañero de meta Luis Miguel para probar su rendimiento y capacidad, pero, una vez allí, se da cuenta de que no está a la altura, y decide no presentarse al campeonato, fingiendo una lesión, pues sabe que si acude va a quedar K.O. y que no ha realizado el suficiente esfuerzo para alcanzar su meta. Nos encontramos ante un caso de persistencia aleatoria.

No trabajes más fuerte, sino de forma más inteligente.

El origen de la persistencia

Existe una serie de elementos que facilitan y mejoran la habilidad de la persistencia.

1. *Los hábitos.* La perseverancia a la hora de realizar algo es aquello que lo convertirá en un hábito.
2. *La concreción.* Saber qué es lo que uno quiere es lo más importante para poder perseverar en aquello que nos proponemos. Organizar planes, aunque estos no sean definitivos, van a ayudarte a tener más persistencia.
3. *La cooperación.* La comprensión, la paciencia y el apoyo con los demás tiende a mejorar la persistencia.

4. *Autoconfianza*. Otro de los elementos más importantes está en la confianza en uno mismo. Ser consciente de nuestra capacidad y de nuestras posibilidades nos hará ser más perseverantes.

Síntomas de la falta de persistencia

Para conocernos realmente, dominar nuestro ego y poder ser sinceros con nosotros mismos, tenemos que conseguir gestionar la falta de persistencia, pues esto nos delimitará a la hora de obtener el éxito que deseamos. Este listado te ayudará a reconocer los momentos en los que la ausencia de la perseverancia te limitó, para así ahora poder ponerle solución:

1. Falta de interés. Posponer las situaciones por falta de tiempo, ganas, o anteponer otras tareas.
2. Buscar excusas en lugar de afrontar los problemas.
3. Indecisión, no tener claro que es lo que realmente queremos.
4. Buscar culpables para justificar nuestra falta. Falta de aceptación.
5. Mala disposición inicial, incluso impaciencia y negativismo a la hora de realizar la tarea.
6. Indiferencia acerca de nuestros fracasos por la falta de interés.
7. Autosatisfacción.
8. Debilidad en la toma de decisiones que nos impulsan a realizar la tarea.
9. Falta de organización en nuestros planes.
10. Desear en vez de querer.
11. Miedo al fracaso a la hora de crear planes y de ponerlos en marcha por miedo a lo que puedan pensar, hacer o decir los demás.

Ejercicio 25: Perseverancia

La persistencia o perseverancia, como hemos dicho anteriormente, es un habilidad que se puede entrenar. Por ejemplo, si tú quieres correr una maratón y nunca has hecho atletismo no puedes pretender lograrlo el día siguiente, será necesario desarrollar un plan de acción. El primer día correrás quinientos metros, días después correrás un kilometro, después pasarán a ser tres, y así sucesivamente… Si te planteas esta meta a uno o dos años, es factible que la consigas, pero si te lo propones para el día siguiente será más que improbable.

Ahora vamos a realizar un ejercicio para desarrollar y mejorar tu persistencia.

1. Elige una meta que desees intensamente.
2. Desarrolla un plan de acción sostenible en el tiempo. En el plan de acción, agrega pequeñas submetas para no «comernos el queso de un solo bocado, pues en pequeñas porciones siempre será más fácil digerirlo».
3. Procura tener un entorno favorable, que te anime y estimule para tener una actitud positiva y en el caso de que te asalte la duda, utilizar el cambio de paradigma o la técnica de la sustitución que veremos más adelante. En un entorno negativo la envidia y la mediocridad de algunas personas te animarán ceder en tu empeño fomentando el desaliento.
4. Comprométete por escrito contigo mismo para realizarlo. Debes ponerte una fecha y un horario, así te será más fácil convertirlo en un hábito.

Revisa tu calendario semanal. Ahora que tienes claro un objetivo, vas a desarrollar un plan de acción para la semana. Plantéate las horas reales que puedes dedicarle, analízalo minuciosamente, pues de ello depende conseguirlo o no. Deberás escribir en el calendario que encontrarás a continuación cuáles son tus tareas para la semana, el plan de acción que has desarrollado, y las horas que deseas estimarlo. Asimismo, debes apuntar si, finalmente, conseguiste tu propósito. Recuerda que es más fácil dividirlo en submetas.

	Tarea	Horas	¿Cumplido?
LUNES			
MARTES			
MIÉRCOLES			
JUEVES			
VIERNES			
SÁBADO			
DOMINGO			

LA ACEPTACIÓN

La *aceptación* es la base fundamental para el cambio, es el principio de no acción, de no resistencia, de no juicio. Funciona siempre y en cualquier momento o situación. Creas en ella o no, la practiques o no.

> «La aceptación nos permite vivir en paz y cambiar lo que puede ser cambiado sin traumas, con eficacia. Se trata a menudo de la importancia de tener una misión, de enfrentarnos a nuestros miedos, de tener confianza en nosotros mismos, pero es básicamente importante saber aceptar la realidad tal y como es»
> Carl Gustav Jung

Aquello que resistes, acabará persistiendo; por ejemplo, no pienses en un tractor amarillo, cuanto más te resistas a no pensar en un tractor amarillo, más pensarás en él. Debemos permitir a los demás ser como son, y lo más importante, permitirnos a nosotros mismos ser como somos. Permitir al universo que nos envíe todo aquello que necesitamos, pues el universo no siempre te envía lo que quieres, sino lo que necesitas. Lo que sucede conviene.

Solo si puedes soportar cómo eres tú, podrás soportar cómo son los demás. De esta forma habrás comprendido el verdadero significado de la aceptación. Negarnos a aceptarlo es la razón de nuestros mayores sufrimientos, pues tenemos una imagen idealizada de ellos e intentamos que se parezcan lo más posible, que actúen de la misma forma en la que actuaríamos nosotros, de nuestra forma correcta, pero como ya sabemos, eso nunca acaba sucediendo pues cada persona es única e irrepetible en el universo.

Cuando nos aceptamos por lo que somos y por lo que no somos, estamos dando el primer paso hacia el cambio. Cuanto más en paz estemos respecto a una situación compleja, menos poder tendrá esta sobre nosotros. Aceptarnos nos liberará; juzgar y rechazar a los demás no nos ayudará a liberarnos; al contrario, nos costará cada vez más. El momento presente es lo único real, todo merece ser aceptado, incluso lo que no nos lo parece.

La aceptación también nos va a ayudar a cambiar más fácilmente cualquier aspecto de nuestra vida.

Un ejemplo personal sobre la aceptación está relacionado con mi estatura.

Siempre fui el niño más pequeño del colegio y cuando había que hacer deporte, había dos posibilidades; el fútbol o el baloncesto. El fútbol no me gustaba, pues no sentía que tenía ninguna lógica para mí, pero sí el baloncesto. Así que intentaba jugar, pero como era tan pequeño y con las gafas gruesas de culo de botella, me resultaba muy complejo, porque si no se me caían las gafas cuando llegaba a la canasta, estaba muy alta para mí, tanto que casi nunca conseguía encestarla y me producía mucha frustración. Esto ocasionó que me odiase por tener una baja estatura y por llevar gafas que no me permitían jugar. Me sentía solo e incomprendido y todos los niños se reían de mí. Una vez que acepté que este no era mi deporte, encontré las artes marciales, en las que no era necesario ser alto para practicarlo y empecé a encontrarme mejor, y me di cuenta que para hacer grandes cosas en la vida, no hace falta ser muy guapo, alto, delgado o musculoso, lo importante es ser auténtico, aceptarse a uno mismo y ser la mejor versión de uno mismo, nunca buscar ser otra versión diferente. Así entendí que aceptarme era lo mismo que soltar el lastre, dejar de resistirme y de esta forma desarrollé una gran energía mental.

Si nos resistimos con mucha fuerza a una situación, será mucho más complejo salir de ella, pues estamos utilizando la fuerza, el pensamiento y la energía de manera incorrecta en lo que no queremos. No te quejes, mira el lado positivo de la vida, acéptalo y de alguna forma te servirá como experiencia para cambiar tu realidad en otro momento. Aceptar no significa vivir con resignación, pues esto es lo contrario a la aceptación. La persona resignada lo hace porque no quiere o no tiene fuerzas para seguir luchando, pero la realidad es que continúa resistiéndose a esa situación.

Ejercicio 26: Aceptando

Elige una situación de tu vida que no aceptes, y que desees cambiar. Ahora contesta a estas preguntas. Las respuestas a estas preguntas te ayudarán a tomar conciencia de aquello que no estás aceptando.

Por ejemplo, «No acepto a mis jefes». ¿Qué es lo que no acepto? «que mis jefes son unos mediocres y saben menos que yo. Me mandan cosas que yo sé que no son las más correctas para el negocio».

1. ¿De qué me avergüenzo?

   _____
   _____
   _____

2. ¿Qué es lo más desagradable que tengo que soportar?

   _____
   _____
   _____

3. ¿Qué es lo que hay en esta situación que no soporto?

   _____
   _____
   _____

Ahora imagina dos posibles casos:

1. Estudia lo que no aceptas, tomando tu tiempo para observar qué influencia tiene en ti lo que no aceptas. ¿Qué ocurrirá si sigues sin aceptarlo?
2. Ahora cambia de caso. Imagínate que cambias tu percepción de tus jefes. Esas situaciones que te provocan frustración. ¿Qué diferencia existiría? Siéntate, relájate y visualiza un cambio en tu futuro viendo de forma distinta a tus jefes. Observa cómo cambiarían las cosas si aceptases esa situación. Tal vez puedas marcharte a otra empresa, pero, si no puedes cambiar la situación, te darás cuenta de que, al aceptarlo, al ver sus partes buenas, todo irá cambiando y tal vez, incluso algún día, la empresa cambie de jefes o tú obtengas un puesto superior. También pueden cambiar ellos, pues al cambiar tú de percepción, esa vibración se percibe y ellos pueden verte y actuar de otra forma.

LA MOTIVACIÓN

La motivación es el combustible de la pasión. Todo el mundo en los cursos me pregunta: ¿La motivación es duradera? Cuando terminan el curso, salen muy motivados y a las pocas semanas les vuelve a dar «el bajón»; entonces, yo les digo «¿tú no comes todos los días? ¿La energía y nutrientes perdura, o es necesario comer cada día?» Así como nos lavamos los dientes, nos duchamos o dormimos todos los días, debemos construir un hábito para la motivación.

Tenemos la creencia de que la motivación es efímera, pues la verdad es que la necesitamos constantemente. A veces, para motivarnos tenemos personas al lado que nos ayudan, pero ¿y si no hay nadie para ello? debes hacerlo tú mismo. Como me sucedió a mí cuando viajé a Japón, o en muchas otras ocasiones donde me he encontrado en una situación muy compleja. En el año 1987, llevando tan solo quince días en Tokio, habiéndome quedado sin dinero, y con dolores en el estómago del hambre, visualizaba cómo triunfaba; y esa imagen en mi mente me servía de automotivación.

La motivación tiene la capacidad de estimularnos, de ponernos en marcha. Es importante saber que nuestros esfuerzos van encaminados a conseguir nuestras metas y esto nos proporcionará mucha motivación. Podemos trabajarla a nivel interno mediante la meditación, y externo, leyendo grandes historias de personas a las que admiramos, personas que se hayan sobrepuesto con resiliencia a grandes obstáculos y adversidades en su vida como, por ejemplo, Santiago Ramón y Cajal, Isaac Peral, Walt (Elías) Disney o Sylvester Stallone. Otro medio de motivación externa es el reconocimiento personal o público. Pero los más importantes y estimulantes son los internos: la meditación, la visualización, la actitud positiva, la forma en la que nos comunicamos y especialmente la gestión del pensamiento.

En Japón, después de haber estado trabajando de camarero, pasé a trabajar en una empresa de espectáculos llevando con la furgoneta las maletas y a los artistas, hasta que un día escuché al dueño de la empresa que necesitaba varias bailarinas para un espectáculo. Sincronicidades de la vida, el sábado por la noche había conocido a una bailarina en una discoteca, así que en uno de estos arrebatos que me dan muy a menudo, le dije: «Jefe, ¿si yo te consiguiera esas bailarinas tú me darías una oficina para ser mánager de espectáculos?», sonrió, y me dijo: «Qué arrogante es usted señor Luis, pero, como me caes

Entrenando Thai Boxing en Tailandia.

bien, si lo consigues, lo haré». Aproveché la oportunidad, hablé con la bailarina y juntos conseguimos las doce artistas que hacían falta para el espectáculo. Así es como me convertí en mánager con un sueldo de 500,000 yenes al mes y con más de cuarenta personas a mi cargo, pues llevaba toda la zona de Latinoamérica y España.

Después viajé a Corea tres meses, donde aprendí artes marciales coreanas y visité las olimpiadas de 1988. La verdad es que me sentía genial en Japón, tenía la sensación de tener el mundo a mis pies. En varias ocasiones viajé a Tailandia para aprender Boxeo Tailandés y de esta forma aprendí estas artes marciales en su lugar de origen.

En Japón me dediqué a entrenar y perfeccionar las artes marciales que en este país son muy prestigiosas y están reconocidas como una carrera oficial.

La injusticia que sufrí en el campeonato mundial del año 94 me sirvió de motivación para especializarme en arbitraje, llegando a ser árbitro mundial durante varios años, y para evitar injusticias a otros competidores.

Regresé a España siendo Shihan, un gran maestro y jefe instructor en España y en Europa de mi estilo de Karate. Cumplí mi otro sueño: montar un gimnasio en un momento en que parecía imposible. Lo tuve durante varios años, creando muchos campeones nacionales, europeos y mundiales y convirtién-

Practicando en un río de Japón.

Arbitrando un combate.

dome en un gran entrenador a nivel mundial, impartiendo cursos por todo el mundo (especialmente en Nueva York, Suiza y Argelia).

El oculista me dijo que con cuarenta años podría quedarme ciego debido a la miopía magna que tenía. Esta se agravaba por los impactos que recibía en los ojos en los más de 200 combates que hice de diferentes artes marciales. Me cambié de médico y con las herramientas mentales que en este libro expongo, conseguí frenar la miopía y mejoré mi calidad de visión de forma muy espectacular.

Todo esto fue gracias a mi motivación para superarme y por cumplir mi sueño. Mejoró mi vista, había logrado viajar a Japón y aprender allí artes marciales.

Ejercicio 27: Motivándome

1. Haz una lista en tu cuaderno de varias cosas, emociones o situaciones que te motivan. De esta forma, escribiéndolo, identificarás cuáles son las situaciones o cosas estimulantes para ti.
2. Alinea constantemente tu mente mediante la visualización en el cuadro mental, que aprenderás en el capítulo VII sobre las herramientas mentales, viéndote con todo lo que deseas. Esto lo podemos hacer cuando hayamos terminado la selección de una o varias metas.

5

LAS LEYES MENTALES

Hisataka me explicó el funcionamiento de las leyes de la naturaleza que son inexorables, como, por ejemplo, que todos los días sale el sol, independientemente de que lo veamos o no; puede que el día esté nublado, pero el sol sigue existiendo.

Existen dos tipos de leyes que rigen la vida de los seres humanos. Diferenciamos 1) las *leyes humanas*, como, por ejemplo, las señales de tráfico que son necesarias para ordenar la circulación, y 2) también existen las *leyes de la naturaleza* o *leyes naturales*.

Cuando hablamos de las leyes naturales, podemos diferenciar aquellas *leyes físicas*, como la de la electricidad, y las *leyes mentales*, que son de las que vamos a hablar a continuación. A diferencia del otro tipo de leyes, no existe una prueba gráfica o palpable de su existencia, solamente pueden demostrarse a través de la práctica y cómo estas actúan en nuestra vida cotidiana.

Las leyes mentales fueron desarrolladas por Emmet Fox, las continuaron Bryan Tracy y Deepak Chopra. En este apartado vamos a explicar las más importantes para el desarrollo personal, espiritual y económico.

LA LEY DE LAS TRES MENTES

La mente consciente, que representa el 7% del total de nuestra capacidad mental, es aquella que ordena, mientras la mente subconsciente, que representa 93%, obedece, como hemos comentado en los primeros capítulos.

Como decía Jung: «La mente consciente es el jardinero, y la mente subconsciente es el jardín». La mente consciente es el amo, y la mente subconsciente es el sirviente, es un fiel servidor para lo bueno y para lo malo; te va a dar lo que le pidas. Acepta cualquier idea e inmediatamente tratará de llevarla a cabo utilizando todos los recursos disponibles, que son enormes, mucho más de lo que nos podemos imaginar. Utilizará cualquier conocimiento que tengamos acumulado, incluso a veces mucho de este conocimiento no lo recordamos, pero está en nuestro interior y movilizará todos los poderes mentales que poseemos y lo empleará para el propósito que tengamos.

La mente subconsciente tiene una energía ilimitada y alineará todas las leyes existentes en la naturaleza que operan tanto dentro como fuera de nosotros, para obtener lo que quiere. Algunas veces se consigue de forma inmediata, y otras veces tomará más tiempo. Esto dependerá de las dificultades que se encuentre en el camino.

Una vez que el subconsciente acepta la idea, la hará posible si es correspondiente contigo y será proyectada al universo. Esta ley se cumplirá, tanto con los malos propósitos como con los buenos. Si se utiliza de una forma negativa, provocará fracasos y enfermedades, pero cuando la utilizamos de una forma positiva, nos dará salud y éxito.

Lo que piensas, lo que hablas, lo que sientes y tu energía estarán determinados por toda la información que hayas introducido en tu mente subconsciente. Esta información definirá tu autoconcepto, lo que piensas de ti mismo, a su vez lo que permanece en la mente subconsciente pasará a la mente universal y esta te traerá todos los elementos para hacer realidad todo lo que hay en tu subconsciente. Esto es debido a la ley de la atracción.

LA LEY DE LA CREENCIA

Lo que tú crees ha conformado tu autoconcepto, de tal forma que tus creencias, ya sean buenas o malas, se van a hacer realidad mediante el poder de la mente consciente, subconsciente y universal.

El subconsciente es como una impresora en tres dimensiones, y la creencia será la orden que el consciente envía por medio de la repetición. La impresora ejecutará la orden inmediatamente creando algo subjetivo, algo real y objetivo.

LA LEY DE LA CORRESPONDENCIA

El mundo exterior es un reflejo de lo que ocurre en el mundo interior. Acabas siendo lo que piensas que eres. Tu vida, y las cosas que acontecen, son un espejo de cómo estás y te sientes en tu interior. Como eres dentro, eres fuera, y como eres fuera, eres dentro. Ya lo hemos comentado con anterioridad. No lo olvidéis. Cambiando tu mundo interior, cambiará también tu mundo exterior. El bien y el mal son las caras de la misma moneda. Cuando comprendamos el arte de transmutar el mal en bien aplicaremos inteligentemente esta ley.

Para realizar ese cambio de negativo a positivo, deberás de cambiar tu forma de hablar, tu forma de pensar, tu forma de sentir y tu forma de hacer.

Esta ley es aplicable a todos los planos, tanto físicos como mentales. El universo entero está regido por estos principios.

> «Todo es doble, todo tiene dos polos; todo, su par de opuestos: los semejantes y los antagónicos son lo mismo; los opuestos son idénticos en naturaleza, pero diferentes en grado; los extremos se tocan; todas las verdades son medias verdades, todas las paradojas pueden reconciliarse».
>
> *El Kybalión*

LA LEY DE LA SUSTITUCIÓN

El control del pensamiento es la llave de la vida y del éxito. Para controlar el pensamiento debemos saber que la mente consciente solo puede pensar en una sola cosa en un instante. Para liberarnos de un pensamiento negativo, tenemos que sustituirlo por otro pensamiento positivo, pues lo que se resiste persiste. Como el ejemplo que utilicé con anterioridad «No pienses en un tractor amarillo», «prohibido pensar en un tractor amarillo», ¿en qué estás pensando? Cuando te invadan pensamientos negativos, no los combatas, solamente piensa en algo, una idea positiva y constructiva que los sustituyan. Si no paras de pensar en lo mismo, esa será la información que no paras de enviar al subconsciente, de tal forma que si lo sustituimos por un pensamiento positivo, y repetimos esta afirmación, esta llegará a la mente subconsciente y al pensamiento universal y esta sé encargará de hacerla realidad, pues nuestra realidad está construida de los pensamientos dominantes.

Por tanto, si pensamos en nuestras metas, si sentimos nuestras metas, si hablamos de nuestras metas y si trabajamos para nuestras metas… estas se convertirán en nuestra realidad. Centra tu mente en los resultados que deseas y el subconsciente te llevará hasta tu objetivo; lo único que podemos controlar es nuestra forma de hablar y de pensar conscientemente.

LA LEY DE LA MEDITACIÓN

En el plano físico, después de una planificación, cuanto más esfuerzo se realice, más grande será el resultado. Cuanto más esfuerzo hagas para empujar un objeto, con más rapidez lo moverás. Sin embargo, en el pensamiento ocurre a la inversa. Menos es más, es la ley del mínimo esfuerzo mental. No debemos resistirnos, simplemente fluir y ser plenamente conscientes, pues es necesario para preservar el espíritu. Por ejemplo, cuanta mayor presión mental tengas, más te vas a estresar, con lo cual tendrás menos creatividad. Al tener menos creatividad, la mente trabaja con el molde habitual. Cuando tratamos de forzar las cosas mentalmente bloqueas la creatividad y su poder creador. Para que tu mente sea creativa tienes que suprimir la tensión mediante la relajación; por ejemplo, cuando un trabajo mental es relajado y tranquilo, se conseguirá más confianza y más grande será tu fuerza.

Para obtener este poder, debemos practicar la relajación y la meditación a diario. Tenemos que buscar el estar aquí y ahora, que quiere decir, vivir en el presente, conectar con el momento. De esta forma nos liberamos del ego y la actitud defensiva y conectamos con lo que realmente somos.

Utilizando la ley de meditación, nos daremos cuenta de que cuanto más relajados estamos, más fluimos y que todos los movimientos vienen dominados por el amor hacia nosotros mismos y hacia los demás. Observaremos que en el mundo objetivo las cosas requieren menos esfuerzo para conseguirlas.

LA LEY DE LA ACEPTACIÓN

Cuando nos aceptamos por lo que somos y por lo que no somos, nos transformamos. Debemos tratar los hechos y la vida con amor hacia nosotros mismos, aceptando la situación. Nos sentiremos aliviados y debemos entender que lo que sucede conviene, que este momento es como tiene que ser. Cuando nos sentimos frustrados con nosotros mismos o con alguien, debemos mirar nuestro interior, aceptarnos y recordar que todas las situaciones, ya sean buenas o malas, son perfectas y que siempre son oportunidades que nos permitirán desarrollarnos y crecer.

El desapego no significa que no se puedan sentir las emociones, se trata de aceptarlas y observarlas desde la mirada del espectador.

LA LEY DEL AUTOCONTROL

Tendrás sensaciones, emociones y pensamientos positivos en el momento que observes que estás controlando tu vida. Si sientes que no la controlas, que la controlan las circunstancias, las personas o el gobierno... tu sensación será como si fueses un corcho flotando en el océano. Pero si sientes que tú llevas el timón de tu barco, esto va a determinar tus sensaciones. La mayor parte del mundo vive en el azar, esperando que algo de forma fortuita cambie su vida. No entienden que para tener éxito hay que planificar, y que no planificar tu éxito significa estar planificando tu fracaso. Una de las formas para llegar al control de tu vida es a través de tu mente consciente; controlando lo que hablas, lo que piensas, lo que sientes y lo que haces, siempre dejando espacio al fluir de la vida.

LA LEY DE LA ATRACCIÓN

Esta ley es la más conocida de todas, y la podemos conocer más exhaustivamente a través del libro *El secreto*, de Rhonda Byrne, o en *Piense y hágase rico* de Napoleón Hill. Esta ley universal es conocida miles de años atrás.

En la ley de la atracción se explica cómo, con tus pensamientos recurrentes en tu mente consciente, pasan a formar parte de tu mente subconsciente y, después a la mente universal y esta, a su vez, como un *boomerang* te lo devuelve multiplicado. Tú eres un imán viviente y atraes a tu vida las circunstancias y a las personas que están en consonancia con tus pensamientos dominantes.

Los pensamientos se convierten en circunstancias, hechos y cosas tangibles a través de la consciencia universal. Lo subjetivo se convierte en objetivo a través de esa vibración o radiación mental que produce nuestro cerebro.

> «Nada está inmóvil, todo se mueve, todo vibra. Todo lo que es puro espíritu hasta la más grosera forma de materia, todo está en vibración».
> *El Kybalión*

LA LEY DEL PODER DE LAS EXPECTATIVAS

Esta ley será el resultado del efecto Pigmalión. Su origen proviene del mito griego de Pigmalión, un escultor que acabó enamorándose de una estatua que él mismo había tallado tras haberle pedido a Afrodita que la convirtiese en una mujer real de carne y hueso.

Rosenthal fue quien acuñó este nombre para hacer referencia a este caso. En sí mismo el efecto Pigmalión habla de cómo las altas expectativas que uno pone en otra persona acabarán dando como resultado un alto rendimiento en ella.

Las expectativas y las creencias de las personas van a acabar determinando el comportamiento y el rendimiento que nosotros mismos nos imponemos o, esperamos de los demás. Tener expectativas tendrá una función primordial en la vida.

> Espera siempre lo mejor. Busca siempre lo mejor.
> Trabaja por conseguir lo mejor.

Existen dos tipos de consecuencias según los resultados obtenidos. Por un lado, el efecto Pigmalión puede aportarnos efectos positivos como la mejora de autoestima; por ejemplo, cuando logramos cumplir nuestras expectativas o los demás cumplen las que teníamos puestos en ellas. Pero si las expectativas que tenemos no logran cumplirse, ya sea por falta de trabajo por nuestra parte o, porque la naturaleza así lo ha deseado podremos llegar a sentir todo lo contrario, es decir, baja autoestima. En este caso la ley de la aceptación tendrá prioridad, y, nos recuerda que todo lo que sucede nos conviene, pues nos traerá aprendizaje.

La expectativa que tengas de ti mismo será la determinante.

LA LEY DEL ENFOQUE

Todo aquello en lo que te enfoques crecerá. Es una ley mental básica, es la ley fundamental que lo abarca todo.

> «Todo es mente; el Universo es mental. El universo es una creación mental del Todo, en cuya mente vivimos».
> *El Kybalión*

Cuanto más piensas en algo, más grande es la proporción de tu capacidad mental que dedicas a pensar en esa cosa o idea. Cuando llegue el momento en que no pienses en nada más, comenzarás a establecer un campo vibratorio que se emite desde tu ser atrayendo a tu vida a las personas y circunstancias que fluyen en armonía con tus sentimientos, pensamientos y acciones. La pregunta es: ¿en qué estás pensando la mayor parte del tiempo?

Recuerda que el elemento de tu pensamiento puede ser bueno o malo y la ley funciona para ambos. Cualquier cosa que mantienes fuera de tu enfoque también se reduce en tu vida. Por ejemplo, si piensas constantemente que tienes una gran barriga, esta se reforzará, si piensas en una enfermedad constantemente, esta crecerá, pero, si piensas que tienes una gran salud, que tu organismo está perfecto, mejorará. Cuando piensas en la crisis y la carencia, en que estás pasando por una mala época, peor estarás tú, tus negocios y asuntos. Por el contrario, si mantienes el enfoque en la prosperidad, el éxito y la abundancia, es lo que obtendrás en tu vida.

Tenemos que pensar en lo que queremos que suceda,
no en lo que tememos.

LA LEY DE LA CAUSA Y EL EFECTO O KARMA

> «Toda causa tiene su efecto y todo efecto tiene su causa.
> Todo sucede de acuerdo a la ley; la suerte no es más que
> el nombre que se le da a la ley no reconocida; hay muchos
> planos de causalidad, pero nada escapa a la Ley».
> *El Kybalión*

Una de las aplicaciones más importantes de esta ley viene a ser que los pensamientos son causas y la realidad son los efectos.

El karma es la acción, nos avisa de que si pensamos, hablamos o actuamos de una forma negativa, estas acciones acarrearán consecuencias negativas para nosotros. Aparentemente, en algunas personas que realizan actos negativos no se ven reflejadas en su vida sus consecuencias, pero es seguro que, antes o después, recibirán algo equivalente a su acción. Siempre que haya una acción habrá una reacción.

Conocer esta ley nos permite decidir, pues ya sabemos cuál será la consecuencia de nuestros actos y esto nos ayuda a autorreflexionar, por lo cual esta ley no es un castigo, sino la auténtica oportunidad para crecer.

Nada ocurre casualmente, es definitivamente una causalidad.

LA LEY DE LA PRÁCTICA

La práctica conduce a la perfección. Para ser hábil en cualquier campo es necesario practicar. No encontraremos el logro sin la práctica, y cuanto más se practique; más logros conseguiremos. La destreza será mayor siempre que la práctica se desarrolle de forma inteligente.

Con la práctica inteligente es posible llegar a controlar el pensamiento y el desarrollo mental y físico. Practicar algo que no te gusta y forzar el entrenamiento no es una práctica inteligente, como tampoco lo es la monotonía. La práctica es el secreto del éxito.

Por ejemplo, en las artes marciales, cuanto más practiques, tu mente consciente enviará la información al subconsciente, creando automatismos y desarrollando la habilidad. Lo verdaderamente importante es practicarlo bien, porque, si una técnica la ejecutas de manera incorrecta, lo que queda en tu subconsciente es una técnica mal ejecutada. Todo esto es aplicable a cualquier conocimiento.

La práctica es el precio que hay que pagar para obtener la máxima excelencia, esto me ha permitido llegar a ser uno de los mejores competidores, y técnicos y árbitro del mundo en koshiki karate y kick boxing.

Otro ejemplo que yo he ido mejorando a lo largo de los últimos doce años ha sido la oratoria. Primeramente, me sentía intimidado ante las personas y solo era capaz de expresarme en los cursos ante grupos pequeños, o en actividades que dominaba mucho como las artes marciales. Cuando comencé a impartir los cursos de Control Mental, era parco en palabras. A través de la práctica fui mejorando hasta llenar salas de doscientas personas, sintiéndome totalmente tranquilo e incluso siendo capaz de hablar en auditorios de miles de personas y medios de comunicación.

LA LEY DE LA EMOCIÓN

La emoción es lo que da el poder al pensamiento. Cualquier pensamiento, si no está vinculado a la emoción, no ocurrirá, ya que la emoción, al igual que las imágenes, es la forma en la que se comunican las tres mentes. Aunque lo que pensemos no sea muy importante, si está cargado de emoción, algo ocurrirá. Lo más importante no consiste en que las cosas sean correctas o incorrectas, lo que importa es lo que siente tu esencia.

Las emociones, como el odio, la crítica o el miedo, son muy destructivas, mientras que la emoción de armonía, paz y bienestar contribuirán a mejorar tu salud física y mental.

Nuestras creencias hábitos y acciones siempre estarán motivadas por nuestras emociones. De esta forma es imprescindible aceptarlas y comprenderlas.

LA LEY DE LA ESCASEZ Y LA ABUNDANCIA

Existe riqueza infinita. El concepto de riqueza es subjetivo; se puede tener todo, salud, riqueza, amor… No hay escasez, esta está solo en nuestra mente. La riqueza atrae riqueza. Si eres abundante en tu interior, lo serás en tu exterior, atendiendo a la ley de la correspondencia.

El principio de la escasez se alimenta del mundo del miedo. Es la causa de que creas tener muchas necesidades que no estás cubriendo y no te das cuenta de que eres tú mismo el que te privas de esas cosas. Para equilibrar y cambiar, invertiremos nuestro sistema de creencias y nuestro concepto del dinero y de la abundancia. Para ello deberemos cuestionarnos las creencias negativas y establecer un autoconcepto más amplio sobre la abundancia. La verdadera manifestación de esta está dentro de nosotros. Mediante la Ley de la Sustitución cambiaremos los autoconceptos de escasez por otros de abundancia. Y para ello es fundamental que entendamos que para recibir, también hay que dar. Dar y recibir mantiene la riqueza y la abundancia en las relaciones personales, en los conocimientos, y en el éxito.

Hay personas que piensan que dar es un síntoma de debilidad, pero ayudar a los demás incondicionalmente sin recibir nada a cambio aporta más ganancias de las que nos podamos imaginar.

Un estudio de la Fundación para la Salud Mental del Reino Unido ha demostrado que ser altruista es altamente beneficioso para nuestra salud, física mental y espiritual, y, si además recibimos, esto nos proporciona un enorme equilibrio.

6

METAS.
12 PASOS PARA CONSEGUIRLAS

MISIÓN Y VISIÓN

Se entiende por *misión* a aquella capacidad o poder que se le ha dado a una o varias personas para llevar a cabo una tarea. La misión también puede ser definida como la razón o el motivo de ser de alguien.

Existen varios tipos de misiones, como, por ejemplo, las misiones de cualquier organización o empresa, estas pueden ser alcanzar a muchos clientes, pero también existen las misiones personales o misión de la vida, que son aquellas en las que nos vamos a centrar.

Tener una misión personal será la forma de transformar nuestras ideas y deseos en algo más tangible y concreto. Es la fórmula para conocer en qué queremos estar enfocados. La misión personal es aquella que nos marca y nos guía en nuestro camino a lo largo de nuestra vida, junto con los valores; en base a ellos se definirán nuestras metas, por eso es esencial el autoconocimiento, conocer nuestras pasiones, nuestros dones, y así poder incluirlos en el recorrido de nuestra vida. Una de las responsabilidades más grandes de tu vida consiste en averiguar cuál es tu talento especial, de esta forma podrás desarrollar tu pleno potencial.

Todas las personas tenemos un don especial, único, irrepetible, y cada uno tiene una forma diferente de expresarlo, por tanto, también tenemos unas necesidades únicas. Debemos poner este talento tan único que poseemos a nuestro servicio y al servicio de la humanidad. Dedícate en cuerpo y alma a tu don para asegurar tu éxito. Cada persona está en este mundo para encontrar su talento y su «yo superior» o su esencia.

Las misiones personales, como las de cualquier negocio, también van cambiándose, modificándose y adaptándose a las necesidades del momento. Son dinámicas. Es muy importante escucharnos día a día para saber si estamos en el camino correcto, o si, por lo contrario, nos estamos desviando.

Para concretar nuestra misión, deberemos respondernos a una serie de cuestiones, como por ejemplo, ¿qué es aquello que nos mueve?, ¿Cómo quiero ser? Nuestra misión personal deberá reflejar nuestros cuatro pilares básicos: quién soy, cómo quiero ser, de quién me quiero rodear y qué quiero alcanzar. Una vez que tengas estas cuestiones planteadas, podrás pasar a la fase de visión.

A diferencia de la misión, la visión está planteada con vistas a un futuro más lejano, no tan presente. Es importante tener en cuenta que ambos elementos, tanto la misión como la visión, tienen un papel fundamental y no puede darse uno sin el otro. Son elementos básicos para cumplir cualquier meta o estrategia personal y profesional. Y por eso deben de tener cohesión y ser coherentes tanto entre ellas, como con tus valores, necesidades y deseos.

La visión es todo aquello que concretaste en la misión. Una vez que tenemos nuestro objetivo focalizado en el presente a través de la misión, este será proyectado hacia el futuro a través de la visión. Vincularemos nuestros medios con nuestros fines en todos los planos de nuestra vida, ya sea profesional o emocional. Tener visión será tener un norte, trasladar a la mente aquello que deseamos tener; poner en marcha nuestro rumbo.

La visión marcará nuestra meta final, mi objetivo real a cumplir. Quien tiene un para qué, encuentra un cómo.

Dos claves para encontrar tus dones.

- El *interés*. ¿Qué cosas te interesan?, ¿qué te gusta?, ¿qué te llama la atención?, ¿en qué piensas habitualmente?, ¿qué cosas te gustan hacer?, ¿qué te gusta aprender?
- La *inspiración*. ¿Qué es lo que puede absorberte por completo cuando te hablan, lees, escuchas o piensas algo?

Ejercicio 28: Descubriendo mi misión

Este ejercicio te ayudará a redescubrir tu misión. Aquello que te da un sentido más pleno en tu vida, lo que te mueve, tu forma de dar valor al mundo desde la mejor versión de ti mismo. Para ello vas a responder a estas preguntas, tómate el tiempo que necesites para reflexionar.

1. ¿Con qué actividades sientes que pasa el tiempo y ni te enteras?

   _____

   _____

   _____

2. ¿En qué te gustaría desarrollarte?

   _____

   _____

   _____

3. ¿Qué te produce curiosidad?

   _____

   _____

   _____

4. ¿Sobre qué podrías estar hablando durante todo el día sin parar?

   _____

   _____

   _____

5. ¿Qué es lo que mejor se te da en la vida?

   _____

   _____

   _____

(Continuación)

Ejercicio 28: Descubriendo mi misión

6. ¿En qué actividades te sentías más atraído de forma natural cuando eras niño? ¿Y en la actualidad?

_____

_____

_____

7. ¿Qué crees firmemente sobre la vida que te gustaría que todos creyesen también?

_____

_____

_____

8. ¿Qué te gustaría que hablaran de ti tus familiares?

_____

_____

_____

9. ¿Qué impacto crees que tienes entre las personas?

_____

_____

_____

10. ¿Qué te apasiona tanto que lo harías gratis?

_____

_____

_____

(Continuación)

Ejercicio 28: Descubriendo mi misión

11. ¿Qué puedes imaginarte haciendo durante los próximos cinco años?

_____

_____

_____

Tómate tu tiempo.

Cierra los ojos y recuerda el momento en que hayas sentido que eras la mejor versión de ti mismo. Tal vez, alguna vez que hayas ayudado a alguna persona con tus cualidades.

Abre los ojos y haz una lluvia de ideas para detectar los patrones comunes que van surgiendo de las respuestas a estas preguntas. Lo que sea recurrente que salga varias veces. Utiliza tu intuición. Es importante que tengas en cuenta el valor que aportas a los demás, desde tus talentos más profundos. Para ello responde a esta pregunta: ¿Cómo puedo aportar la mayor cantidad de valores a mi entorno desde la mejor versión de mí mismo y utilizando mis capacidades innatas? Tú tienes un valor único que aportar a tu entorno; puede ser algo sencillo o algo grandioso. Puedes empezar por lo más fácil. Tal vez lo consideres insignificante, pero, independientemente de cuál sea tu talento o tu misión en la vida, puede cambiar tu vida y la de los demás.

Ejercicio 29: Misión-visión

Prepara todo antes de empezar el ejercicio, papel y lápices de colores, asegúrate de que estás tranquilo y nadie te va a molestar y después de leer el ejercicio hasta que puedas recordar cómo hacerlo o grábalo en tu Smartphone. Incluso te puedes poner una música relajante mientras lo haces. Realiza el protocolo de relajación que te hemos explicado, tras el apartado del estrés.

- Entra en estado de relajación tomándote tu tiempo y, cuando sientas que estás suficientemente relajado, comienzas a imaginar. Como ya sabes, en el juego de la imaginación todo es posible; puedes volar, transformarte y desear cualquier cosa. Si no te viene ninguna imagen a la cabeza, no la fuerces. Imagínate ante la pantalla cinematográfica de tu mente. Eleva ligeramente hacia arriba los ojos. Visualiza un paisaje maravilloso y mira la línea del horizonte. Por ejemplo, donde se funde el mar con el cielo o la línea de unas montañas. Observa a qué distancia te parece que está el horizonte desde tu posición. Después de un rato vas a alargar ese punto para situarlo lo más lejos posible. Estira la columna vertebral, levanta ligeramente la cabeza, trata de mirar lo más lejos que puedas.
- Ahora imagínate un amanecer en el horizonte, experimentando la sensación de un nuevo día. Concéntrate en sentimientos de amor, esperanza y confianza y cuando te encuentres en un estado de plenitud, pregúntate varias veces hasta que obtengas una respuesta en forma de sensación, imagen o sonido. ¿Qué es lo que me gustaría aportar con mi trabajo al mundo? ¿Cuál es mi misión? Deja que desde las sensaciones y la luz del amanecer se forme tu respuesta. Toma todo el tiempo que necesites para dar nitidez a la imagen.
- Cuando intuyas o sientas que lo tienes claro, abres los ojos y dibújalo de una forma sencilla en trazos o con todo detalle, como te guste.

LAS METAS

En este apartado transmito mi visión inspirada en el *Coaching* y en grandes maestros como Napoleón Hill, Brian Tracy o Stephen Covey.

Las metas son el fin al que se dirigen el esfuerzo o la ambición. Es la condición o el estado a conseguir mediante una determinada línea de acción. Es la respuesta a la pregunta ¿qué quieres conseguir?

Cuando la vida empieza a convertirse en algo importante, en algo más grande que una meta individual, será necesario definir un objetivo principal, una única meta tangible, mensurable, algo que puedas tener, hacer o algo que pueda ser. Algo que cuando hayas logrado puedas decir «Ahí está, lo logré».

Si establecemos metas intangibles, gigantescas o indefinidas, lo que vamos a conseguir es engañarnos y frustrarnos.

Muchas personas no logran ponerse objetivos, pues no son conscientes de la importancia que estos tienen, pues quizá en su infancia nunca nadie les habló de ellas, o simplemente no formó parte de su educación. Cuando un barco sale del puerto, tiene que saber qué destino tiene, si no acabará naufragando. Otras personas tienen miedo a fracasar y por tanto prefieren no ponerse metas, pues así no tendrán que rendir cuentas ni a ellos mismos, ni a nadie. Por supuesto, no llegarán a ningún sitio.

Otra de las razones por las cuales no se fijan metas puede ser porque, al no haber tenido un referente sobre ellas, simplemente no saben cómo hacerlo. No conocen la metodología necesaria para su procedimiento, pues, ni en la escuela nos enseñan cómo establecernos metas ni cuáles son sus pasos para alcanzarlas.

Finalmente, otro de los factores que lleva a un gran número de personas a no establecerse metas es el miedo, como ya hemos comentado: miedo a la crítica, a hacer el ridículo, miedo al rechazo. El origen de estos miedos puede provenir de la infancia, cuando de niños nos decían que éramos demasiado pequeños, o que no podíamos hacer esto, que era muy peligroso… Muchos de estos miedos provienen de un gran miedo mayor, el miedo a no ser suficiente del que ya también con anterioridad hablamos en el apartado de los miedos.

Puesto que la mayor parte de las personas no saben cómo ponerse metas ni cómo llevarlas a cabo, en este capítulo veremos el proceso completo de cómo conseguirlas. Lo más importante consiste en saber lo que queremos y para ello existe una herramienta de *coaching* que te hará tomar consciencia de dónde estás y hacia dónde puedes dirigirte.

Tener metas y alcanzarlas es la clave para tener una vida plena, satisfactoria y feliz. Un buen aprendizaje no consiste solamente en estar atareados, sino en tener metas; un sentido que nos va a guiar a lo largo de nuestra vida.

Ponte metas a corto plazo, que pueden ser de un día, una semana, un mes o incluso tres meses. Las metas a largo plazo deberán de ser anuales, de dos años o incluso cinco años y diez años.

Nuestro cerebro dispone de un sistema denominado SAR, o, lo que viene a ser lo mismo, un sistema de activación reticular situado en el córtex cerebral. Este sistema se activa cuando le enviamos un mensaje relacionado con nuestra meta y en este momento nuestra mente se pone en marcha, aumentando nuestra consciencia y alerta, así como mejorando y focalizando la atención en aquello que deseamos obtener.

Por ejemplo, estás deseando tener hijos y pensando el proceso de cambio que ocasionará en tu vida. Comienzas a observar por la calle que hay muchas mujeres embarazadas, empiezas a ver cochecitos y ropa infantil en todos los escaparates. Cuanto más vas pensando en el proceso de tener un hijo, más cochecitos ves. En ese momento el SAR decide lo que es prioritario para ti; en este caso tener un hijo, y el hecho de tenerlo se convertirá en una especie de «radar mental», y desde ese momento observarás que hay mujeres embarazadas por todas partes; por la calle, parques, supermercados… Claramente estas personas ya estaban embarazadas con anterioridad y frecuentaban los mismos lugares, pero, en cuanto tú has decidido tener un hijo o la posibilidad de ello, tu sistema de activación reticular se ha activado y entre cientos de personas rápidamente distinguirás a una persona embarazada. Esa persona es como si tuviera algo especial.

Aspectos a tener en cuenta en las metas

1. Mi deseo

Muchas personas no se sienten a gusto deseando cosas materiales, tal como tener una bonita casa, un coche estupendo, o viajar alrededor del mundo, pues parece mucho más correcto desear cosas como la paz mundial, eliminar las enfermedades o temas relacionados con la familia, pero realmente, decir que deseas un precioso deportivo, no significa que necesites ese coche para ser feliz, simplemente te encanta sentir la tapicería del coche, sentir su potencia y te encantaría poder disfrutarlo. Por lo que a mí respecta, es totalmente lícito tener cosas hermosas y buenas para hacernos una vida más agradable.

A continuación te propongo una serie de ejercicios que te ayudarán a descubrir cuáles son esos deseos que se encuentran en tu interior, pero que todavía no has sido capaz de descubrir (en su mayoría por el miedo).

Ejercicio 30: Tu epitafio

Imagina que estás en el sofá de tu casa, viendo la película de tu vida. Has muerto, y estás viendo tu propio funeral. En tu película aparecen tus seres queridos, ¿Cómo te gustaría que te recordasen?, ¿qué te gustaría que dijesen de ti?, ¿cómo te gustaría haber sido para cada uno de ellos?

• Tus hijos

_____

_____

_____

• Tus amigos

_____

_____

_____

• Tus familiares

_____

_____

_____

• Tu pareja

_____

_____

_____

Ejercicio 31: Toma de conciencia de mis prioridades

1. Si solamente me quedasen seis meses de vida. ¿Cómo los viviría?

_____

_____

_____

2. Si tuviese más tiempo, ¿qué haría?

_____

_____

_____

3. Si fuese más joven, ¿qué haría?

_____

_____

_____

4. Si no tuviese miedo a fracasar y tuviera la seguridad de conseguirlo, ¿qué haría?

_____

_____

_____

Este ejercicio debes hacerlo como si poseyeras todo el tiempo y dinero del mundo, no importa lo que hayas conseguido hasta ahora. Escribe lo que verdaderamente te haga sentir feliz. No es necesario que tengas todos y cada uno de los detalles definidos, ni es necesario que sepas exactamente lo que quieres, simplemente escribe y sueña.

> «Si puedes soñarlo, puedes hacerlo. Recuerda que todo esto comenzó con un ratón…»
> Walt Disney

Ejercicio 32: Un día en la vida que deseas

Vas a pasar un rato soñando e imaginando cómo sería el mejor día de tu vida desde el punto de vista de una persona que ha conseguido todo lo que deseaba. Escribe en presente e implícate en la descripción de este día. Vas a experimentar esta vida y descríbela como si tuvieras unas gafas de realidad virtual y pudieras tocarlo. Por ejemplo: Me levanto por la mañana al lado de mi preciosa pareja, me siento muy afortunado/a de compartir mi vida con una persona tan maravillosa. En mi cara se dibuja una enorme sonrisa, me siento pleno, feliz. Estoy escuchando a mis hijos y me siento muy satisfecho de que seamos tan felices. Nada más levantarme, me doy un baño relajante en una enorme tina llena de espuma y sales de baño. Cuando salgo, desayuno en compañía de mi familia. Me doy un paseo por mi jardín con vistas al mar, mientras oigo el sonido de las olas y el chapoteo en la piscina de mis hijos que se están bañando. Me siento muy satisfecho viendo crecer a mis hijos tan sanos y felices, y doy gracias al universo por poder trabajar en algo que me llena como impartir cursos por todo el mundo y hacer *coaching* presencial y por *skype* desde mi casa.

Mi editor me ha llamado para decirme que vamos a hacer la décima edición de mi libro *Todo es posible. Aprende a gestionar tu vida con el coaching y el Método Silva de control mental* y que ya estamos a punto de presentar el segundo.

Bajo al garaje de mi preciosa casa de seis habitaciones, cuatro cuartos de baño y un garaje donde están mis cuatro coches y mis tres motos. Hoy voy a coger la Yamaha XJR 1300, para darme un paseo y sentir las maravillosas sensaciones de ir en mi moto, antes de salir de viaje con toda la familia para recorrer el mundo. También voy a impartir cursos y conferencias por todo el mundo promocionando mis libros, pues me encanta y apasiona mi trabajo. Y como también dispongo de tiempo suficiente para disfrutar con mi familia, hemos decidido realizar este viaje todos juntos.

Ejercicio 33: Los tres deseos

Al igual que el ejercicio anterior, este también te servirá para soñar en lograr y saber qué deseas realmente e intuir tus anhelos más profundos. Busca un sitio tranquilo, puede ser en tu habitación, en el campo… Un lugar en el que te sientas cómodo y seguro. Cierra tus ojos e imagínate que estás caminando por un hermoso y tranquilo paraje, en un arbusto observas el reflejo de un rayo de luz. Te acercas a ver lo que es y encuentras una lámpara maravillosa como la de Aladino. La frotas y del interior sale un genio que te concede solamente tres deseos.

El primero consiste en elegir el trabajo que más te gustaría realizar. ¿Qué escogerías hacer?, ¿qué harías si supieras que tendrás el éxito asegurado?, ¿qué harías entonces?, ¿qué tipo de actividades dentro de tu trabajo disfrutas más?, ¿cuáles haces mejor?

El segundo deseo consiste en darte absolutamente toda la riqueza. Que el dinero nunca supondrá un problema. Si el dinero no fuese una limitación, ¿qué pedirías?, ¿en qué cambiaría tu vida?

El tercer deseo que te concede es viajar en el tiempo al pasado y al futuro. ¿Qué cambiarías de tu pasado?, ¿qué harías en el futuro que no pudiste hacer en el pasado?

Cuando hayas terminado, abre los ojos y apunta todo aquello que has visto en una libreta.

Tal vez estos ejercicios puedan parecerte un tanto repetitivos o redundantes; la experiencia con cientos de clientes me dice que uno de los temas más habituales es el de saber qué queremos en la vida.

A veces estamos tan desconectados de nuestra esencia que no tenemos ni idea de qué nos realiza, qué nos hace vibrar. Por ello, pienso que merece la pena dedicar tiempo al tema de «mi deseo» y enfocarlo desde diferentes puntos de vista para extraer conclusiones genuinas. Tanto la visión, la misión como el deseo, constituyen la gasolina que mantendrá viva nuestra perseverancia a la hora de alcanzar nuestras metas. Si estas no están alineadas con nuestros anhelos más profundos, al mínimo contratiempo abandonaremos nuestra meta. Así que te invito a que reflexiones sobre este tema, tómate el tiempo necesario.

Ejercicio 34: La lista

A continuación haz una lista de cien cosas que te gustaría tener. Puedes escribir cosas materiales u otras más trascendentales, de tal forma que lo superficial desaparecerá sin más de nuestro deseo. Los ejercicios anteriores te habrán ayudado a hacerte una idea de qué es lo que deseas. Así que, sin juzgar, déjate llevar por tus sueños; todos, desde los más pequeños hasta los más grandes, incluso los que te parezcan imposibles de alcanzar. Es posible que encuentres resistencia a escribir tus deseos y objetivos. Una parte de ti se resistirá, esto es debido a tus creencias del tipo «No quiero ser tan materialista», «Es demasiado bonito para ser verdad», «El dinero solo se consigue robando», «El dinero corrompe», «No quiero desear cosas porque si luego no las consigo me voy a desilusionar». En definitiva, no te juzgues a ti mismo y comienza a escribir en una libreta. Por el mero hecho de disfrutar escribiendo todos y cada uno de tus sueños. Seguro que tienes algunos objetivos, ideas, y sueños rondándote por la cabeza. Tal vez te gustaría vivir al lado de la playa, o te imaginas en viajes maravillosos. Es seguro que tienes muchas ilusiones, escríbelas todas. Si escribes más de cien también está bien.

La lista estará viva, podrás añadir o quitar elementos. La puedes hacer del tirón, o, por el contrario, poco a poco. Haz estos ejercicios en un sitio cómodo y en tu soledad.

Tus deseos pueden ser físicos, económicos, materiales, profesionales, espirituales, familiares, de salud, de diversión, desarrollo personal, románticos… Vas a trabajar en expandir la percepción sobre ti mismo, y lo que crees posible en tu mundo. Por lo que la elección de tus sueños no vas a basarla en una visión conformista y limitada de lo que puedes llegar a ser.

2. Mi meta

Es el momento de convertir tus deseos en realidades. Vamos a clasificarlos, reformularlos y establecer prioridades. Convertiremos tus deseos en metas.

Cuando hayas desarrollado los ejercicios del apartado «Mis deseos», habrás tomado consciencia de algunas cosas especiales que deseas con más intensidad. Elige tres de estos deseos que serán en los que te enfoques durante los días siguientes. Nos vamos a centrar en un número limitado para ser más efectivos. No significa que abandones todos los demás deseos que tenías, ya te centrarás en ellos en otro momento.

Cuando escribiste tus deseos tal vez pusiste «Quiero ser millonario», pero este deseo en sí mismo no tiene el suficiente poder para convertirse en realidad. Simplemente es un sueño, para convertirlo en una meta tiene que pasar por un filtro, y una vez haya sido filtrado tomará más energía para que se convierta en tu realidad.

Una de las claves para tener éxito es tener objetivos y metas claras. Si no tenemos objetivos, no tendremos un control de los acontecimientos de nuestra vida. Es fundamental establecer los objetivos que sean claros, que sean medibles y que estén escritos.

Claves para conseguir tus metas:

1. Saber exactamente lo que quieres en todas las áreas de tu vida. Claridad es poder. Escribe tu meta concretando con exactitud.

2. Haz que sea medible y tangible; por ejemplo, en vez de decir «Quiero ser millonario» cámbialo por «Quiero ganar cien mil euros al año». No deben de ser abstractos. Debes verlo, sentirlo y oírlo cuando lo hayas alcanzado, pregúntate: ¿Qué pruebas me permiten saber cuándo he alcanzado mi objetivo?

3. Un objetivo que no tengas escrito no tendrá energía, simplemente será una fantasía. Escribe tus objetivos en presente como si hubieras conseguido ya tu meta. Por ejemplo, con estas afirmaciones: «Me estoy convirtiendo en un gran escritor», «Cada día soy más abundante», «Tengo una casa estupenda»… Aunque sientas que no es la realidad y que te estás mintiendo simplemente haz como si lo tuvieras hasta que ya lo tengas.

4. Ponle una fecha tope y, si es preciso, establece fechas tope secundarias. Recuerda que tu SAR te llevará a tu objetivo con más facilidad si le pones un límite de tiempo. Tu objetivo tiene que tener una planificación temporal. Si no le ponemos fecha, caeremos en la tentación de posponer y procrastinar. Te puedes decir «Ya lo haré otro día» o «Ya lo haré en otro momento». Define el tiempo a corto, medio y largo plazo dependiendo de la meta y las submetas.

5. El objetivo deberá ser siempre expresado en positivo y redactado. Con frecuencia las personas queremos alejarnos de aquello que nos va mal y decimos lo que no queremos. Si te fijas en lo que no quieres, tus pensamientos estarán ocupados en ellos, por lo cual, tu objetivo final

deberá ser formulado en positivo; por ejemplo, en lugar de formular «no quiero estar enfermo» dí «quiero estar sano».

6. El objetivo debe ser ético y legal. Debe estar alineado con tus valores, ya que nuestros valores son lo que es realmente importante para nosotros. Para ser feliz con tu objetivo deberás estar alineado con él.

7. Tu objetivo tiene que ser realista dentro de lo posible: por ejemplo, «Quiero ser cinturón negro kickboxing en quince días». Eso no es posible. Pero, «Quiero ser cinturón negro en tres años» sí es real y factible.

8. Tiene que ser motivador y relevante. Lo suficientemente motivador como para conseguir ser lo mejor de nosotros mismos; algo que te empuje a salir fuera de tu zona de confort.

9. Tenemos que dividir los grandes objetivos en unos mucho más pequeños; tener submetas. Tenemos que saber exactamente cual es nuestro deseo principal para de esta forma, transformar este «querer algo» en «hacer algo» porque así te comprometerás con toda tu fuerza para conseguirlo. Un objetivo indefinido no te ayudará a calibrar tu progreso.

> «Elige batallas lo suficientemente grandes
> como para que sean importantes y lo suficientemente
> pequeñas como para ganarlas».
> Jonathan Kozol

Al realizar los ejercicios anteriores del apartado «mi deseo» (El epitafio, Toma de conciencia de mis prioridades, Un día en la vida que deseas, Los tres deseos y La lista) probablemente habrás detectado temas o deseos que se repiten. Elige tres de ellos, y con este ejercicio vas a decidirte solamente por uno de estos tres. Este pasará de ser un deseo a una meta, tras hacer el siguiente ejercicio de filtrado.

Ejercicio 35: Eligiendo mi gran objetivo

Una vez que elegidos nuestros tres deseos, de los ejercicios del apartado anterior «mis deseos», este ejercicio te va a ayudar a decidirte solamente por uno de estos tres. Este pasará de ser un deseo a una meta tras hacer el siguiente ejercicio de filtrado.

Ahora a cada uno de los tres deseos que tenemos debemos preguntarle:

1. ¿Qué significa para mí?

    1. _____

    2. _____

    3. _____

2. ¿Está en armonía con mis valores fundamentales?

    1. _____

    2. _____

    3. _____

3. ¿Cuál es el coste (tiempo, dinero y oportunidad)?

    1. _____

    2. _____

    3. _____

4. ¿A qué podrías tener que renunciar por conseguirlo?

    1. _____

    2. _____

    3. _____

(Continuación)

Ejercicio 35: Eligiendo mi gran objetivo

5. ¿Cuáles son las consecuencias para otras personas?

1. _____

2. _____

3. _____

6. ¿Afecta al equilibrio hacia los distintos aspectos de mi vida (relaciones, trabajo, salud…)?.

1. _____

2. _____

3. _____

7. ¿Qué hay de importancia en las circunstancias actuales que tal vez hayas de dejar atrás?

1. _____

2. _____

3. _____

Ya tienes una idea clara de lo que resuena en tu corazón, quién eres. Escoge un objetivo como tu gran objetivo. Algo que te emocione, que te haga sentir mucho más feliz. Un objetivo que sientas que es la clave; en mi caso, escribir este libro, publicarlo y que sea un *best-seller*. Es un objetivo a corto, medio y largo plazo. A corto plazo, terminar el libro. A medio plazo, en unos dos o tres meses, que la editorial lo tenga editado, y en un año que se haya vendido tanto que haya que hacer varias ediciones más.

El objetivo no debe de ser ni demasiado fácil, ni tampoco irrealista. Simplemente tiene que ser asequible. Ahora vamos a profundizar en tu superobjetivo. Sabes exactamente lo que quieres, tienes un montón de ideas, pero necesitas aclarar más. El siguiente paso, será filtrarlo a través del siguiente ejercicio M.E.T.A.S.

Ejercicio 36: Filtra tus objetivos con M.E.T.A.S.

En este ejercicio vamos a filtrar la meta para tomar conciencia de su viabilidad. A continuación, te propongo un ejemplo para que luego puedas realizarlo tú mismo.

Mi objetivo es: *Entrenar kickboxing todos los días*

Mesurable (Qué)	Entrenar kickboxing todos los días.
Ecológico (Qué impacto tendrá en mi entorno)	Si dedico ese tiempo al deporte, tendré que quitárselo al tiempo que paso con mi familia, pues trabajo por las mañanas y los fines de semana.
Tiempo planeado (Cuándo)	Todos los días una hora
Alcanzable (¿Es realista?)	Sí.
Submetas (Divídelo en pequeñas tareas)	Hacer pesas dos días por semana Hacer kickboxing dos días por semana Correr tres días por semana

Mi objetivo real tras el filtro: Entrenar dos días a la semana hora y media y así se equilibra el tiempo que dedico al deporte y a la familia.

Después de haber observado mi ejemplo, elige tu objetivo principal y fíltralo en esta tabla.

Mi objetivo es: _____

Mesurable (Qué)	
Ecológico (Qué impacto tendrá en mi entorno)	
Tiempo Planeado (Cuándo)	
Alcanzable (¿Es realista?)	
Submetas (Divídelo en pequeñas tareas)	

Mi objetivo real tras el filtro: _____

3. Mi realidad

Para tener armonía en tu vida, debes tener metas equilibradas; no podemos tener metas exclusivas con relación a una faceta de nuestra vida, trabajo, ocio, deporte, familia…, etc. Debe existir cierto equilibrio. Por ejemplo:

- *Metas personales.* Estas metas determinan tu calidad personal y emocional. Conforman el «para qué» de tu vida. Están relacionadas con la mejora de uno mismo. Tú te consideras tu proyecto.
- *Metas familiares.* Estas te darán el equilibrio y los apoyos necesarios.
- *Metas profesionales.* En estas metas desarrollarás tus posibilidades económicas y de contribución a la humanidad. Tal vez no sean más importantes como el «para qué», pero si no disponemos de los medios económicos tampoco obtendremos la paz necesaria para ser felices.

Ejercicio 37: La rueda de tu vida

Para comprobar el nivel de equilibrio o armonía en tu vida, el ejercicio de la rueda de la vida te ayudará a saber dónde te encuentras y cuáles son las áreas de tu vida en las que estás más fuerte y otras en las que necesitarás mejorar. Es una herramienta que se suele utilizar para comenzar los procesos de *coaching* o para hacer un análisis de cómo y dónde te encuentras realmente.

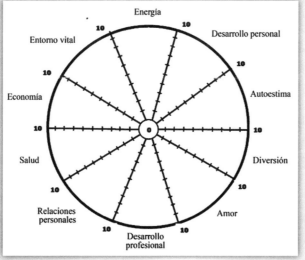

© Paula Portilla.

(Continuación)

Ejercicio 37: La rueda de tu vida

La rueda de la vida está dividida en 10 partes que representan el equilibrio en la vida de las personas. Hemos propuesto diez secciones, pero tú puedes poner otras diferentes y hacer todas las ruedas de tu vida que desees... Una vez que tenemos nuestra rueda de la vida hecha, vamos puntuar estas secciones según el grado de satisfacción que tengamos en esa área, siendo el 0 la parte central de nuestra rueda de la vida, y el 10, la parte externa; lo más alto.

Otras de las posibles secciones que puedes incluir pueden ser: salud, energía, finanzas, desarrollo personal, desarrollo profesional, relaciones de pareja, relaciones familiares, éxito, espiritualidad, seguridad, libertad, formación, autoestima...

También te proponemos una rueda de la vida orientada a tu vida profesional: economía, relación con los fejes, relación con los compañeros, relación con los colaboradores, habilidades profesionales, equipo de trabajo, clima laboral, visión de futuro, equilibrio profesional-personal...

Puedes realizarte estas cuestiones para ayudarte a completar la rueda de la vida lo más realistamente posible.

En el apartado de salud, te proponemos las siguientes preguntas: ¿Tienes una alimentación equilibrada?, ¿te sientes a gusto con tu estado físico?, ¿realizas ejercicio de forma habitual?, ¿sientes vitalidad y energía habitualmente?, ¿padeces alguna enfermedad?, ¿sientes algún malestar físico?, ¿descansas de forma correcta por las noches?, ¿cuál es tu nivel de estrés?

En el aspecto económico: ¿te sientes satisfecho con tus ahorros?, ¿tus deudas te quitan el sueño?, ¿tus ingresos te permiten llevar la vida que te gustaría?, ¿son buenas tus expectativas de crecimiento económico?, ¿tienes ingresos de diferentes fuentes?, ¿cuánto tiempo podrías vivir si te quedaras sin trabajo llevando tu estilo de vida actual?

En el apartado del desarrollo personal: ¿te sientes satisfecho con tu formación actual?, ¿te formas regularmente?, ¿posees habilidades para realizar tu trabajo?, ¿vives en armonía con tus valores?, ¿sabes cuáles son tus debilidades y fortalezas?, ¿te conoces a ti mismo?, ¿te sientes satisfecho con tu aportación a la sociedad?

En relación con tu autoestima, pregúntate: ¿te encuentras a gusto con tu cuerpo?, ¿cómo te sientes emocionalmente?, ¿te cuidas lo suficiente?, ¿te sientes realizado?, ¿sabes cuáles son tus debilidades y fortalezas?, ¿cómo te cuidas mentalmente?, ¿te sientes a gusto con tus relaciones personales?, ¿te valoras lo suficiente?, ¿te dedicas el tiempo suficiente a ti mismo?

En el tiempo libre: ¿dedicas tiempo al ocio?, ¿tienes el tiempo libre que te gustaría?, ¿practicas tus aficiones?, ¿sales de vacaciones todo lo que te gustaría?, ¿te diviertes con tus actividades?

(Continuación)

Ejercicio 37: La rueda de tu vida

En tu *relación con tu pareja o el amor*: ¿estás satisfecho con tu capacidad para tener relaciones de pareja?, ¿estás buscando pareja o te sientes bien sin ella?, en el caso de que la tengas; ¿cómo funciona tu relación de pareja?, ¿tienes buena comunicación?, ¿te sientes amado?, ¿estás satisfecho con la frecuencia de tus relaciones sexuales y de su calidad?, ¿te sientes feliz con tu situación de pareja?

En el *desarrollo profesional*: ¿tienes trabajo?, ¿te gusta tu trabajo?, ¿te sientes a gusto con tus funciones laborales?, ¿te sientes motivado en tu trabajo?, ¿estás en armonía con tus compañeros y empleados?, ¿te sientes bien con tus jefes si los tienes?, ¿tu trabajo está en armonía con tu misión?, ¿te realiza profesionalmente tu trabajo?, ¿te sientes reconocido en tu trabajo?, ¿estás satisfecho con los ingresos?, ¿existe equilibrio en tu vida profesional y en tu vida personal?

Para el apartado de tus *relaciones personales*: ¿tienes buena relación familiar?, ¿estás satisfecho con ella?, ¿tienes amigos?, ¿estás satisfecho con los amigos que tienes?, ¿le dedicas el tiempo suficiente?, ¿te gustaría tener más amigos?, ¿tus relaciones te estimulan y te apoyan en tu crecimiento?

Te propongo un ejemplo.

Una vez plasmadas todas estas respuestas en tu rueda de la vida, pregúntate: «¿Mi rueda rueda?».

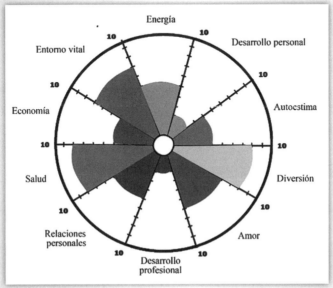

(Continuación)

Ejercicio 37: La rueda de tu vida

A continuación analizaremos tus resultados obtenidos.

1. ¿Qué conductas están impidiendo que tu rueda ruede?

_____
_____
_____

2. ¿Qué patrones se repiten en tu vida?

_____
_____
_____

3. ¿En qué partes de tu vida te estás autosaboteando?

_____
_____
_____

4. ¿Puedes realizar cambios en tu vida?

_____
_____
_____

Observando tu rueda de la vida, escoge las secciones que menos puntuación hayas obtenido y vamos a desarrollar un plan de acción físico mediante actuaciones objetivas. También diseñaremos un plan de acción subjetivo mediante el cuadro mental para obtener objetivos con las herramientas que veremos en los siguientes capítulos.

4. Mis opciones

Tu gran oportunidad la puedes encontrar en el lugar donde estás ahora mismo. La mayor parte de las veces no es necesario buscarlas en lugares lejanos, simplemente reconocerlas y aprovecharlas justo donde estás ahora.

Todos los diamantes que andamos buscando normalmente están bajo nuestros propios pies. No es necesario recorrer el mundo en busca de tesoros, puesto que están a tu alcance, en tus propias hectáreas de diamantes; pueden ser tu sabiduría, tu conocimiento, tus amigos… seguramente todo lo que sientas que te haga falta lo tendrás cerca. Lo que ocurre es que los diamantes, así como las oportunidades o el éxito suelen venir disfrazados de arduo trabajo, por eso permanecen escondidos ante nuestros ojos, pero, si hacemos el esfuerzo y nos enfocamos aquí y ahora, podremos identificarlos.

La elección que hagas de tu objetivo nunca será incorrecta, pues estás exactamente donde tienes que estar, aunque no lo parezca. Aunque te equivoques, el conocimiento que hayas adquirido te llevará a buen puerto en tus siguientes objetivos. Es importante que te haga sentir bien, sin considerarlo perfecto o no, solamente tienes que sentir que te empuja hacia una dirección que te emociona, y te gusta. Toma decisiones alineadas con ese objetivo. Es importante que te mantengas muy atento a tu intuición y a las oportunidades que se van presentando en tu vida, aunque tal vez parezcan imperfectas, podrían guiarte en tu camino. ¿Esta oportunidad está alineada con mi objetivo y me dirige hacia donde quiero ir?

Robert Dilts desarrolló la estrategia que empleaba Walt Disney para llevar a cabo sus proyectos. Walt Disney poseía una extraordinaria imaginación, pero también utilizaba una herramienta magnífica para hacer reales sus sueños. De alguna forma, Disney averiguó intuitivamente que con los anclajes al lugar podían diferenciarse las distintas estrategias. De esta forma se dio cuenta de que, estando en un lugar concreto, podía ser creativo en un corto espacio de tiempo, y que estas ideas debían ser llevadas a otro espacio para valorarlas posteriormente, separando por fases y asociándolo a diferentes lugares (como diferentes habitaciones, una silla, diferentes objetos…, etc.).

Los empleados de Walt Disney afirman que disponía de tres despachos ubicados en lugares diferentes. Y ninguno de ellos sabía cuál iba a utilizar para las reuniones.

Uno de ellos era un despacho sin muebles, con mucha luz. Aquí era donde trabajaba el «yo soñador». En este lugar no había espacio para las críticas. Aquí daba rienda suelta a todas las ideas, visiones e imágenes y utilizaba mucha alegría; de esta manera era como fluían todas sus fantasías. En el despacho número uno Walt Disney se preguntaba:

- ¿Qué es lo que quiero?
- ¿Para qué lo quiero?
- ¿Qué resultados quiero?
- ¿Cuál es mi propósito para esta idea?
- ¿Qué es lo que voy a conseguir con esta idea?

Otro de sus despachos tenía una decoración actual. Aquí trabajaba el «yo realista», de tal forma que allí buscaba planes de acción e ideas para trasformar el «yo soñador» en algo real. Aquí se preguntaba cómo podían hacer realidad sus sueños y reunía toda la información necesaria para lograrlo. Cuestiones que trataba en este despacho:

- ¿Cuándo podré conseguir este objetivo?
- ¿A quién necesitaré?
- ¿De qué forma se llevará a cabo?
- ¿Cuál es el comienzo para conseguirlo?
- ¿Qué tendré que ver, oír o sentir para saber que ya he conseguido mi objetivo?

También tenía otro despacho, con una decoración clásica y con menos luz que los anteriores. En esta habitación trabajaba el «yo crítico», donde se buscaba todos los posibles fallos en sus proyectos. En este lugar se convertía en un duro crítico y sometía a sus planes a un análisis exhaustivo. Algunas de las preguntas que se hacía eran tales como:

- ¿Qué hace falta para llevar a cabo esta idea?
- ¿A quién le afecta?
- ¿Qué razones puede tener una persona para oponerse a esta nueva idea?
- ¿Qué es lo que más me preocupa de esta idea?
- ¿Cómo podemos implementar esta nueva idea?

- ¿Con qué recursos cuento?
- ¿Tenemos el suficiente entusiasmo para llevar a cabo esta idea?
- ¿Tenemos los medios suficientes para llevar a cabo esta idea?
- ¿Es lo suficientemente interesante esta idea?
- ¿Es demasiado ambiciosa esta idea?

El objetivo de la estrategia Disney consiste en aprender a separar cada uno de los «tres yoes» de tal forma que se cambia el foco de percepción en cada ocasión. Utilizaba estos anclajes espaciales para crear y producir esas maravillosas películas que le hicieron rico y famoso.

Esta técnica la podemos realizar en una misma habitación utilizando tres sillas. Una de ellas la designaremos como soñador, la otra como realista y la última como crítico. Puedes sentarte primero en las sillas para ver en qué espacio sueñas mejor o dónde obtienes los mejores planes realistas y otro espacio en el que puedas crear una crítica constructiva.

Ejercicio 38: La técnica de Walt Disney

- *Explorar y definir el objetivo.* Antes de comenzar, elige un objetivo o un problema bien definido para el que necesites ideas.

- *Anclar al soñador y salir.* Siéntate en la silla del soñador. Ahora piensa en una situación de tu vida donde hayas sido una persona muy creativa, y trae al presente con todos los sentidos este recurso. Obsérvalo de forma visual, auditiva y kinestésica (VAK). Observa lo que ves, escucha lo que oyes y siente. De esta forma vas a anclar tus recursos en este lugar concreto. A continuación abandona esta posición.

- *Anclar el planificador y salir.* Ahora siéntate en la silla del realista. Piensa en alguna situación de tu vida en la que fuiste realista, en la que hayas reflexionado para traer a tu realidad alguna idea. Una situación en la que hayas elaborado un plan de acción para hacerlo realidad. Experimenta de nuevo con el VAK (Visual, auditivo y kinestésico). Observa lo que ves, escucha lo que oyes y siente. Así anclarás estos sentimientos. Y abandona esta posición.

- *Anclar al crítico y salir.* Siéntate en la silla que habías destinado a tu yo crítico. Recuerda una situación en tu vida en la que hayas criticado y juzgado de forma

(Continuación)

Ejercicio 38: La técnica de Walt Disney

constructiva. Una situación en la que has visto los puntos débiles y los fuertes y que hayas observado los problemas. De igual forma que los anteriores, experiméntalo con el VAK. Observa lo que ves, escucha lo que oyes y siente. Y abandona esta posición.

- *Tener en la mente el problema o el objetivo.* Estás de pie frente a las tres sillas pensando en la situación.

- *Vuelve a sentarte en la silla del soñador.* Da rienda suelta a tus fantasías o sueños. Expresa libremente todo aquello que se te ocurra para conseguir esa meta o solucionar ese problema. Todo está permitido. Cuantas más ideas se te ocurran mejor. Levántate de nuevo de la silla.

- *Entra en la posición del realista.* Piensa cómo podrías llevar a la realidad tus sueños organizándolos de forma realista. Levántate de la silla del realista.

- *Entra en la posición del crítico.* Comienza a valorar si falta algo siempre de forma constructiva. Utiliza las preguntas que encontrarás en la explicación. Levántate de la silla del crítico.

- *Colócate en la posición del observador.* De pie, frente a las tres sillas. ¿Cómo percibes tu objetivo?

- Si lo deseas, puedes volver a cualquier posición para que afloren nuevas ideas, pudiendo repetir el recorrido todas las veces que deseas hasta que te sientas satisfecho. Puedes cerrar los ojos en cada una de las posiciones de las sillas y hacer este ejercicio utilizando la relajación y la intuición en cada posición en la que te sientes. Así, lo estás observando de forma objetiva y subjetivamente.

Ahora que tenemos clara nuestra meta, genera submetas que te conducirán a la consecución de tu gran objetivo.

Ejercicio 39: Tormenta de ideas. Acciones para alcanzar mi meta

Busca un lugar tranquilo donde puedas estar sin interrupciones durante unos treinta minutos. Cierra los ojos durante cinco o diez minutos para calmar tu mente y centrarte en tu meta. Instantáneamente abre tus ojos y escribe las primeras veinte ideas de acciones para realizar tu meta. Deja que surjan de una manera espontánea, no importa que sean de forma ordenada, ni su dificultad. Simplemente vamos a generar las posibilidades.

1.	
2.	
3.	
4.	
5.	
6.	
7.	
8.	
9.	
10.	
11.	
12.	
13.	
14.	
15.	
16.	
17.	
18.	
19.	
20.	

5. Mi tiempo

Todos, da igual a lo que te dediques o hagas, en menor o mayor medida tenemos que hacer tareas que no nos apetecen hacer, pero que son importantes y nuestra obligación es hacerlas. Muchas personas acaban delegando estas tareas con excusas como «Ahora no tengo tiempo» o «ahora no me apetece» y esto es algo que al final puede traernos problemas.

Esta tendencia de postergar las tareas con la excusa de «No tengo tiempo» a veces no solo se produce a la hora de realizar un trabajo, sino que acaba convirtiéndose en una forma de vida. Normalmente, con las excusas que nosotros nos ponemos para evitar hacer la tarea y sentirnos agobiados o mal ocasiona todo lo contrario y acabamos teniendo más ansiedad, puesto que al final no tenemos tiempo para realizar la tarea en sí.

Todas las personas con éxito tienen la capacidad de administrar de forma correcta su tiempo. Una gestión óptima del mismo nos va a ayudar a conseguir las metas de una forma más fácilmente, para ello vamos a trabajar una serie de técnicas para aprender a gestionar mejor nuestro tiempo. Si uno no es capaz de controlar su tiempo, es poco probable que sea capaz de controlar su vida.

Una de las claves más efectivas para el éxito consiste en la autodisciplina. Estar centrados en nuestro objetivo y alejados de aquello que nos perturba para alcanzar nuestra meta.

Existen tres claves fundamentales para aprender a gestionar el tiempo:

1. *Tener metas claras y por escrito.* El 80% del tiempo que pierdes es porque no sabes exactamente qué hacer, o porque no estás seguro de lo que estás haciendo. Lo primero que debes hacer es asignar tiempos y fechas a las subtareas que has escrito en el ejercicio anterior. En momentos de debilidad o pereza, utiliza la afirmación «Hazlo ahora» para cortar con la espiral de excusas.
2. *Elaborar una lista semanal y diaria sobre papel te ayudará a materializar el tiempo a aclarar y administrarlo de la mejor forma posible.* Establece submetas y pequeñas tareas para que te resulte más fácil llegar a tu objetivo poco a poco. La mejor hora para realizarlo es la noche anterior a la tarea, pues el subconsciente lo asimilará mientras estés durmiendo y cuando te levantes ya tengas claro las tareas que debes desarrollar.

3. *Establece prioridades.* Probablemente todas las tareas que realices no tengan la misma importancia. Empieza con las más importantes. Existe una regla de porcentajes, donde el 20% de las cosas más importantes que tengas que hacer, será igual de importante que el 80% restante. Concentra el esfuerzo que vas a realizar y persevera hasta haberla realizado. Según el principio de Pareto.

Cuanto más rápidamente trabajes más energía tendrás y más cosas podrás alcanzar. Y cuantas más cosas termines, mejor te sentirás contigo mismo, pues cuando uno termina una tarea recibe una carga de energía positiva. Mantener un equilibrio en nuestra vida nos hará más fácil poder cumplir nuestro plan. Dedícale un par de horas diarias, no todo de golpe.

El sistema A, B, C, D y E te servirá para establecer prioridades y así gestionar mejor tu tiempo, como recoge Brian Tracy en su libro *Máxima eficacia.*

Coloca una de estas letras delante de cada tarea de tu lista de trabajo del plan de acción.

- *Trabajo A.* Es lo más importante. Es lo que tienes que hacer con máxima prioridad. Una vez que tienes las tareas de máxima prioridad, las vas a organizar como A1, A2, A3... siguiendo un escrupuloso orden de importancia.
- *Trabajo B.* Es un trabajo que es importante, pero no es lo más importante. No trabajes en una tarea B, cuando tengas tareas pendientes. Las cosas importantes no deben estar supeditadas a las menos importantes.
- *Trabajo C.* No es un trabajo muy importante. No tiene consecuencias ni negativas ni positivas. No aporta nada a tu trabajo ni al logro, pero te gusta hacerlas. Por ejemplo, tomar un té con un amigo, revisar las redes sociales, contestar a los mensajes de los grupos de amigos... Jamás le dediques tiempo a una tarea C si hay una tarea A o B pendiente.
- *Trabajo D.* Es aquel que puedes delegar a otra persona. Si es posible, es mejor delegar todos los trabajos, para tener el tiempo y hacer aquello que solo tú puedes hacer. Algo que va a resultar ventajoso para tu trabajo o empresa y que únicamente lo puedes hacer tú.
- *Trabajo E.* Es aquello que tienes que eliminar, tal vez alguna actividad del pasado pero que ya no tiene ninguna importancia. Lo mejor del pasado es que ya pasó, así que hay que concentrarse en las tareas A y B.

Una forma de establecer prioridades y distinguir lo urgente de lo importante es el cuadrante de Stephen Covey que explica en el libro *Los siete hábitos
de una persona altamente eficaz*. Es una herramienta que te servirá para distinguir estas cuestiones.

	Urgente	No urgente
IMPORTANTE	• Problemas que debemos resolver en el momento • Clientes • Tareas con fecha ESTRÉS	• Planificación de tareas • Análisis de la situación • Crear vinculos laborales • Prevención ORIENTACIÓN A LA SOLUCIÓN
NO IMPORTANTE	• Llamadas imprevistas • Interrupciones • Informes • Reuniones FALTA DE PRIORIDADES. SIN RESULTADOS	• Revisar redes sociales • Perder el tiempo • Paseos innecesarios • Comer fuera del horario de descanso FALTA DE RESPONSABILIDAD

Explicación del cuadrante / © Paula Portilla.

Una tarea urgente es algo que parece apremiante, como una llamada telefónica, un email que tienes que contestar de forma inmediata, o un mensaje de
texto pidiéndote algo urgente. Si no lo haces, tendrá consecuencias importantes. Algo que es urgente e importante es algo que tienes que hacer ya mismo;
algo trascendental. La consecuencia de no hacer tu trabajo a tiempo puede
ser grave, eso sería «ir apagando fuegos».

Las tareas que son verdaderamente importantes pero no urgentes, son
las que se pueden aplazar en el tiempo. Un ejemplo de un trabajo urgente no
urgente consiste en dirigir un hotel en el que se están fundiendo las luces
constantemente; la tarea urgente e importante sería ir cambiando bombillas
pues necesitas iluminación, pero la tarea realmente importante sería cambiar
el cuadro de luces, que es el causante de este problema y para ello tal vez haya
que cerrar el hotel un día. El hotel seguirá funcionando, aunque no cambies
el cuadro de luces, pero te pasarás el día cambiando bombillas.

Cuando estaba escribiendo mi libro, dedicaba cuatro horas al día por la mañana. Normalmente no suelo tener interrupciones, pero había días en los que los clientes me llamaban para que les hiciera *coaching* personal por la mañana, cuando ya estaba haciendo mi tarea (escribir el libro) o, había gente que venía a mi oficina a preguntar sobre los cursos. En este cuadro explico cuáles son las tareas más importantes y cuáles son las más urgentes.

	Urgente	No urgente
IMPORTANTE	• Atender a los clientes • *Coaching* personal ESTRÉS	• Organizar un plan de trabajo • Establecer horarios y pequeñas submetas • Escribir el libro en la fecha planeada ORIENTACIÓN A LA SOLUCIÓN
NO IMPORTANTE	• Llamadas preguntando sobre los cursos • Personas que llegan a la oficina FALTA DE PRIORIDADES. SIN RESULTADOS	• Revisar Facebook • Contestar llamadas de conocidos • Entretenerme en otra cosa FALTA DE RESPONSABILIDAD

Ejemplo de mi cuadrante / © Paula Portilla.

Ejercicio 40: Tu cuadrante del tiempo

Ahora te propongo este mismo ejercicio para tu meta personal o para tu trabajo. Deberás organizarte y decidir cuánto tiempo vas a dedicar a tu meta o trabajo en cuestión. De las cosas no importantes pero urgentes y de las no urgentes y no importantes deberás robar todo este tiempo para destinarlo a lo realmente importante; tu tarea. De tal forma que no se convierta en urgente importante y te ocasione estrés.

Deberás realizar el mismo cuadro y analizar el tiempo que realmente le dedicas a cada cuadrante mientras estás enfocado en tu tarea y en el tiempo que has estipulado. Así mismo, en tu día, si quieres sacar más tiempo para hacer en tus tareas importantes deberás reducir el tiempo

(Continuación)

Ejercicio 40: Tu cuadrante del tiempo

que le dedicas a los cuadrantes tres y cuatro. Una vez que tengas el cuadro completo, podrás observar a qué le dedicas más tiempo, y qué quieres eliminar o reducir para ser más eficaz.

Mientras estés realizando el cuadro para sacar más productividad en tu tiempo, puedes hacerte estas preguntas.

1. ¿Cuáles son mis actividades de mayor valor?
2. ¿Cuáles son las cosas que aportan más valor a mi trabajo?
3. ¿A qué le podría dedicar mi tiempo en este momento que me haría más eficaz?

Al distinguir lo importante de tu urgente, te sorprenderás de la energía que vas a tener y de lo rápido que harás cualquier tarea. Recuerda trabajar en las actividades que mayor valor aporten en tu vida, pero, sobre todo, termina tus tareas. Niégate a hacer cualquier cosa mientras no hayas acabado el trabajo que te hayas propuesto.

Simplifica tu trabajo para que sea más sencillo ejecutarlo. Unifica varias partes en una única tarea para recortar los pasos, eliminando las tareas de menor valor. Realizando las tareas semejantes al mismo tiempo también serás más rápido y mejor en cada tarea. Por ejemplo, si tienes que imprimir una fotocopia, aprovecha e imprime todas las que tengas pendientes o espera a terminar más tareas para hacerlo todo a la vez. De esta forma ahorrarás mucho tiempo.

6. Mi plan de acción

Una vez que has decidido cuál es tu objetivo, hay que organizar un plan de acción. Un plan de trabajo. Habrá que adecuarlo al tiempo que planeamos en el punto anterior. Todo aquello que empieza en la vida de un hombre, comienza a partir de un deseo y todo aquello que se logra está unido a un plan de trabajo u organización.

La clave del éxito consiste en la capacidad para fijarnos metas y crear planes de acción efectivos. Siempre que tengas un plan definido lo más perfectamente posible, sabrás qué hacer cada día y para qué.

244

El plan de acción es una lista de acciones que te van a hacer caminar hacia la consecución de tu meta. El plan de acción debe de estar hecho por escrito y lo tienes que tener bien claro. Es importante que si quieres llevar a cabo con éxito tu meta, procures no apuntar cosas que no estés dispuesto a hacer.

Claves o requisitos para establecer un correcto plan de acción:

- *Concreto*. Escribiendo las acciones con detalles, bien definidas aunque exista la posibilidad de un cambio.
- *Transparente*. Hay que escribir con claridad y transparencia lo que se desea para entenderlo perfectamente. Aclarar dónde y cómo se va a hacer.
- *Programado*. Establecer un calendario con las acciones a tomar y que esté acotado en el tiempo. Concretar con fecha y hora.
- Adaptado. Debe estar creado por y para ti, adaptado a tu situación en concreto. Puedes ajustarlo a medida que vayas progresando.
- *Progresivo*. Tienes que definir las acciones que te lleven a tus objetivos de una forma secuencial en función de la prioridad y la complejidad de cada parte del programa.

Muchas veces disponemos de un gran conocimiento intelectual, pero no cambiamos nada de nuestra situación, nos encontramos en el nivel de «Sabemos». El siguiente paso sería el de «Querer hacer», y este nos llevará al siguiente estadio que sería el de actuar.

Realizado el plan de acción, comienza a continuación a trabajar en tu meta, estés o no preparado. Empezando inmediatamente vas a adquirir el hábito de dar más y mejor servicio de lo que se espera de ti, hazlo de forma agradable, positiva y traerás más oportunidades de las que ni siquiera imaginas. Tal vez tu oportunidad se encuentra donde estás en este momento.

Este es uno de los pasos más importantes a la hora de traducir nuestro deseo en una meta, de pasar del deseo a convertirlo en algo físico y real.

> «Nosotros siempre sobrestimamos el cambio que ocurrirá en dos años, y subestimamos los cambios que ocurrirán en los próximos diez».
> Bill Gates

Ejercicio 41: Acciones a corto, medio y largo plazo para mi idea

En el ejercicio del apartado «Mis opciones», ya habrás escrito al menos 20 ideas que te darán diferentes opciones. Ahora es el momento de crear el plan de acción, que es lo que vas a hacer a partir de ahora. Tal vez pueden ayudarte las siguientes preguntas. ¿Qué podrías hacer ahora mismo? Por ejemplo, llamar al gimnasio para pedir información de los horarios, o, en mi caso, ponerme con un tema del libro. ¿Cuándo vas a hacerlo?, ¿qué vas a hacer?, ¿durante cuánto tiempo se tiene que realizar cada acción? ¿Qué obstáculos te podrás encontrar en el camino?, ¿esta acción se acerca a tu meta?, ¿estoy utilizando mi tiempo de la mejor forma para conseguir esta meta?, ¿cómo superar las limitaciones?

Decide qué acciones vas a tomar del listado que ya has realizado, o bien piensa en nuevas opciones. Podrás seguir agregando acciones, aunque ya hayas superado las veinte.

Piensa en qué necesitas hacer primero, qué será lo siguiente y decide qué quieres hacer y en qué orden.

Acciones urgentes para mi meta:

1.
2.
3.
4.
5.
6.
7.
8.
9.
10.
11.
12.
13.
14.
15.
16.
17.
18.
19.
20.

(Continuación)

Ejercicio 41: Acciones a corto, medio y largo plazo para mi idea

Empieza a actuar en tu plan de forma inmediata. Haz cualquier cosa, lo importante es que comiences. Tienes que hacer algo que te acerque a tu plan cada día, incluso a nivel de pensamiento en cada momento. La disciplina de hacer algo te permitirá desarrollar el impulso de acción. Esto te dará una energía que te llevará a conseguir tu meta.

A continuación te damos las pautas para aprender a elaborar un cuadro semanal de tareas y organizarte.

Ejercicio 42: Calendario semanal

Es importante planificar diariamente, pero también es importante planificar semana a semana y mes a mes. De esta forma vas a poder ver de un solo golpe de vista en qué momento te encuentras en tu camino hacia tu objetivo, qué pasos estás dando y qué pasos te faltan por completar. Vamos a hacer un calendario para las acciones que has definido en el ejercicio anterior.

	Tareas	Horas (aprox.)	¿Cumplido?
Lunes			
Martes			
Miércoles			
Jueves			
Viernes			
Sábado			
Domingo			

Una vez que hayas dominado este calendario semanal, y estés consiguiendo tus objetivos, podrás pasar a realizar el calendario mensual, el anual, etc.

7. Mi creencia

La percepción que tenemos sobre el mundo está basada en una combinación de realidades y creencias, algunas que nos impulsan, pero muchas otras que nos obstaculizan el camino para alcanzar nuestras metas. Es importante descubrir cuáles de nuestras creencias son las que nos impiden avanzar para poder alcanzar el éxito en aquello que nos propongamos. Los obstáculos estarán presentes siempre, pero no hagas que tú mismo seas tú mayor obstáculo.

Las creencias limitantes son las responsables de que no alcancemos nuestros objetivos. Un ejemplo aplicado a mi vida sería la creencia limitante que había adquirido a lo largo de mi infancia pensando que yo no era válido para los idiomas debido a mi fracaso escolar. Pero a base de esfuerzo y constancia he conseguido hablar hasta cuatro idiomas.

Para volver a repasar el apartado de las creencias y cómo actúan en nosotros, puedes revisar el capítulo segundo «Barreras hacia el éxito». Como vimos anteriormente, a la hora de lograr nuestras metas el mayor problema surge cuando poseemos creencias limitantes que nos están obligando a situarnos por debajo de todo nuestro potencial. Probablemente, si piensas que no eres capaz de correr dos kilómetros, con seguridad no lo lograrás, y, quizá ni siquiera llegues a intentarlo.

La gran mayoría de *creencias limitantes* o pensamientos internos que nos impiden conseguir las metas que nos estamos planteando provienen de:

- *Experiencias negativas que tuvimos en el pasado.* Si alguna vez no lograste acabar una tarea a tiempo, cuando empieces una nueva partirás con la creencia que no lo lograrás; y no lo harás.
- Los «ideales» impuestos por la sociedad o nuestro entorno. ¿Cuántas veces nos han dicho eso de «tu no vales para eso», «no debes actuar de esa forma», «qué van a pensar de ti si…»? Muchas de las cosas que otras personan creían que eran correctas para nosotros, o incorrectas han logrado que se impongan en nuestra forma de actuar y de pensar.
- Falta de autoestima. Con seguridad esta es una de las causas principales por las que tenemos creencias limitantes a la hora de conseguir aquello que deseamos. No somos suficientemente buenos, merecedores o dignos del éxito.

Con el tiempo todos hemos desarrollado creencias que nos limitan, pero lo importante está en identificarlas para poder cambiarlas.

El psicólogo de origen británico Peter Wason acuñó lo que denominó el *sesgo de confirmación*. Las personas, de forma errónea, partimos de ideas preconcebidas de algunas situaciones o incluso personas y, tendemos a buscar las evidencias de las mismas para interpretarlas de forma favorable (si la creencia es positiva para nosotros) o todo lo contrario. Por ejemplo, si mi meta es ir al gimnasio a entrenar 3 días por semana, y una semana no lo consigo, tenemos la evidencia necesaria para creernos que nunca lograremos cumplir nuestro objetivo y, erróneamente lo abandonaremos.

> «Búscate unas creencias y desde luego serán tuyas».
> Richard Bach

Ejercicio 43: Las creencias que me limitan

Pregúntate: «¿qué me impide alcanzar mi objetivo?» Ser capaz de identificar y verbalizar aquello que creemos que nos limita es un avance, puesto que muchos de nosotros no somos capaces de identificarlas.

Piensa en tu meta, aquello que más deseas conseguir. Ahora, una a una repite en voz alta las siguientes afirmaciones.

- Puedo lograr lo que me propongo
- Me merezco los resultados que obtendré
- Tengo claro qué es lo que deseo
- Sé cómo puedo conseguir mi objetivo
- Deseo con mucha intensidad mi objetivo
- El esfuerzo para lograrlo merece la pena.

Una vez que hayas verbalizado estas afirmaciones, vamos a analizarlas y puntuarlas del 1 al 10, siendo el 10 la totalidad creencia de esta afirmación y el 1 la poca credibilidad que le das a la afirmación. Recuerda ser honesto contigo mismo y ser coherente con lo que deseas.

Si puntúas menos de 7 en algunas de las afirmaciones puede ser debido a la falta de claridad o deseo en tu objetivo, o bien que esta creencia está muy presente y te está limitando.

Ejercicio 44: Transformación de creencias limitantes

En este ejercicio vamos a seleccionar varias de aquellas creencias que nos están limi-tando para conseguir nuestras metas, y vamos a buscar afirmaciones positivas para cada una de ellas.

Por ejemplo, mi meta es escribir mi libro. Y algunas de mis creencias limitantes son acerca de mi incapacidad para ello, como «Yo no valgo para escribir» o «No soy capaz de plasmar lo que deseo», «No puedo centrarme», etc. Una vez que hemos descubierto aquellas creencias orientadas hacia nuestras metas, vamos a transformarlas en algo positivo. «Yo valgo», «Soy capaz de escribir mi libro».

Ahora es tu turno. ¿A qué estas esperando?

	Meta	Mi creencia limitante	Mi creencia potenciadora
1.			
2.			
3.			
4.			
5.			

«Nada puede parar al hombre con la actitud mental correcta de conseguir su meta; nada en la tierra puede ayudar al hombre con la actitud mental equivocada».
Thomas Jefferson

8. Mis valores

Tu vida externa debe ser consecuente con tu vida interna; por ello tus metas deben estar alineadas con tus valores; esta es la clave del rendimiento máximo. De esta forma organizarás tu tiempo de manera consecuente. Te darás cuenta de la tensión, el estrés e incluso de los problemas de salud que se pueden producir como resultado de vivir una vida que no está en congruencia con tus valores, pues estos son el motor de nuestras acciones, es lo que sostiene nuestros deseos y sueños.

Cuando piensas en tu trabajo, sea el que sea, incluso cuando no sabes ni cuál puede ser, hay una serie de valores que estás seguro de que debes de cumplir. Esto es vital para tu vida, para que te sientas bien y satisfecho, sino todo se irá abajo, los días se te harán largos y pesados, sin energía. Esto es también válido para la amistad, o las relaciones.

Antes de alcanzar cualquier meta es fundamental clarificar tus valores. Estos se convertirán en tu guía de viaje, y adquirirás la capacidad de alinear tus decisiones con aquello que es importante para ti, y solo para ti. Esta es la clave de una vida plena y coherente.

Los valores evolucionan con nosotros, en cada etapa de nuestra vida nuestras prioridades y escala de valores cambian.

Si tienes alguna duda sobre tus valores, vuelve a revisar el segundo capítulo «Barreras hacia el éxito», donde se explican con mayor profundidad.

Ejercicio 45: Los valores en mis metas

A continuación te presento una tabla para poder identificar los valores que tienes o deseas tener para cumplir los objetivos y metas que te has propuesto en los apartados anteriores.

Yo te propongo un listado de valores que te ayudarán a alcanzar tus metas. Puedes agregar otros que son importantes para ti y que crees que son necesarios en tu objetivo.

Una vez que los hayas identificado, y hayas completado (o no) la tabla con nuevos valores, deberás puntuarlos según relevancia del 1 al 3, siendo el número 1 muy importante, 2 importante o normal y 3 irrelevante. Deberás colocar al lado si renunciarías a este valor.

Valores	1-2-3	¿Renunciarías?
Buena disposición		
Ética		
Ayuda a los demás		
Beneficio positivo		
Aprendizaje		
Diligencia		
Determinación		
Claridad		
Dinamismo		
Organización		
Disciplina		
Energía		
Generosidad		
Humildad		
Responsabilidad		

9. Mis obstáculos

Como hablábamos en el apartado del tiempo, mucha de la gente no consigue las metas por la falta de deseo y de conocimiento de uno mismo, así como por miedo al fracaso. Todos y cada uno de nosotros poseemos este mecanismo, y en la mayoría de los casos la gente no consigues sus objetivos ni llegar a desarrollar todo su potencial.

El autosaboteador que llevamos dentro se dispara en el momento en el que estamos fuera de nuestra zona de confort, nuestra zona cómoda. Las cosas que nos resultan complejas o requieren de mucho esfuerzo las evitamos, y preferimos hacer cosas más sencillas para no sentirnos fracasados si es que no lo logramos.

La constante principal en el mundo es el cambio, pero a veces asusta y solemos tener resistencia a él, pero cuando estamos orientados hacia la meta el miedo al cambio se va disipando. Si conseguimos controlar la dirección del cambio, conseguiremos el éxito.

Sin cambio no hay progreso.

La única forma que hay para superar nuestro miedo al fracaso consiste en trabajar a la inversa, es decir, activando la motivación hacia el éxito. Cada vez que nos estamos proponiendo una meta, nuestro cerebro está emitiendo energía positiva hacia esa acción, lo que reforzará nuestro deseo y aumentará nuestra persistencia logrando avanzar hacia nuestra meta. La única forma de vencerlo, es enfrentándonos a nuestro miedo. Todos necesitamos una dirección y un significado en la vida.

La primera forma para poder cambiar los obstáculos que nosotros mismos nos ponemos (o que nos encontramos en el camino) es cambiando nuestra forma de pensar. En este aspecto nuestras creencias limitantes serán algunos de los pensamientos que debemos apartar. Aquellos comentarios de «No puedes lograrlo» o «No tienes el suficiente tiempo» deberán ser sustituidos por afirmaciones positivas como «Yo sí voy a poder lograrlo». Es necesario trabajar en tus pensamientos y creencias. De manera contraria, cuando tengas pensamientos positivos, vas a sentir energía que inunda todo tu ser. Cuantos más pensamientos positivos puedas tener, más fácil y motivado te encontrarás para alcanzar tu meta. Entrena tu mente para eliminar tus pensamientos negativos y cambiarlos en pensamientos positivos.

Aunque solemos tener varias creencias limitantes y obstáculos, con este ejercicio vamos a identificar cuál es nuestro mayor límite que se está interponiendo entre nosotros y nuestra meta. Con toda seguridad conseguirás superar cualquiera.

Ejercicio 46: Identifica tus obstáculos

Para hacer tu lista puedes ayudarte por estas cuestiones. ¿Por qué no lo he conseguido todavía?, ¿qué es lo que se interpone entre mi meta y yo?, ¿qué es lo que me impide seguir adelante?, ¿te sientes tentado a abandonar?, ¿podré soportar esta situación económicamente?.

1. Haz un listado con los obstáculos que te impiden alcanzar tu objetivo
2. Prioriza los obstáculos hasta encontrar el principal
3. Ideas para eliminar el obstáculo principal

10. Mis conocimientos

El conocimiento es la clave para poder avanzar. Debido a los cambios y los avances que vivimos continuamente en nuestra sociedad, se ha creado una necesidad constante de estar en continuo aprendizaje.

La mayoría de aquellas cuestiones que nos preocupan o en las que pensamos a diario están ocasionadas por los recientes descubrimientos, no solo técnicos, sino también a las nuevas formas de vivir, nuevas costumbres que están cambiando nuestro día a día.

El conocimiento es poder, pero solo cuando lo tenemos correctamente orientado a nuestro plan de acción; a conseguir nuestras metas. Antes de materializar nuestro deseo necesitamos un conocimiento específico en la materia que vamos a tratar. Por ejemplo, si queremos adelgazar 10 kilos, necesitaremos hacer una dieta, ejercicio y tener conocimientos básicos sobre nutrición y ponernos en manos de un especialista.

Resérvate un poco de tiempo diario para la formación, para aprender más sobre aquello que deseas alcanzar.

Si deseamos prosperar en nuestro cambio, y lograr alcanzar aquello que se nos ha resistido tantas veces, será necesario adquirir una serie de nuevas habilidades. Mejorar nuestra creatividad, desarrollar nuestra capacidad de aprender y desaprender hábitos adquiridos, una actitud mental positiva y nuestro entusiasmo.

Como he explicado en los capítulos anteriores, algo que está a nuestro favor es nuestra capacidad mental. No importa la edad, esta va incrementándose a medida que la usamos o forzamos a usar nuestro cerebro en diferentes actividades. Cuanto más pongamos en práctica nuestras habilidades, antes aprenderemos.

Establecer pequeños pasos, creando pequeñas submetas nos permitirá ir consiguiendo pequeños éxitos que acabarán siendo uno mayor.

Es muy importante determinar aquellos conocimientos que ya poseemos, para poder así especializarnos y poder centrarnos también en aquello que aún no sabemos. En muy contadas ocasiones empezamos una meta sin tener idea sobre ella. Una vez que tenemos una idea global sobre nuestra tarea y los requisitos que necesitamos, el primer paso consiste en determinar qué es lo que sabemos, qué es lo que nos va a resultar nuevo y qué necesitamos para completar nuestro conocimiento. Cuando ya seamos capaces de identificar aquello en lo que debemos enfocarnos, deberemos hacernos las siguientes cuestiones.

¿Este conocimiento te puede permitir avanzar en tu meta?, ¿qué puedo deducir?, ¿cómo puedo incorporarlo a mis conocimientos anteriores?.

11. Mis apoyos

Para poder poner en práctica todo lo que has fijado, será necesario que busques apoyos. Trabajar en equipo es fundamental para llegar al triunfo. Decide qué personas de tu entorno pueden ayudarte en una tarea u otra. Muchas veces no será necesario disponer de dinero o recursos para lograr tus objetivos si puedes asociarte con personas que persiguen el mismo sueño.

Si trabajamos a nivel empresarial, deberemos tener reuniones, de forma diaria, semanal o mensual. Cuando te organizas, ya estás planificando tu éxito. Como no se puede saber todo, en algunas ocasiones necesitarás la ayuda de profesionales. Una vez establecido tu grupo de trabajo, procura que estén altamente relacionadas contigo y tus intereses. Es importante realizar debates y *coaching* de equipos, trabajando con la herramienta de *brainstorming* (lluvia de ideas). De esta forma aumentaran tus oportunidades de éxito.

Aprovecha la experiencia, habilidad e imaginación de otras personas.

Ejercicio 47: Tormenta de ideas

En 1919 el americano Alex Faickney Osborn desarrolló la técnica del *brainstorming* o lluvia de ideas, es una herramienta para trabajar en grupo que facilita la creatividad y que te ayudará a conseguir tus objetivos. El *brainstorming* está compuesto de cuatro pasos.

1. *Crear el grupo.* El número ideal está comprendido entre tres y siete personas.
2. *Definir con claridad,* de una forma sencilla y precisa lo que deseamos conseguir. Por ejemplo, qué titulo ponerle a este libro.
3. *Qué tiempo debemos dedicarle.* Lo ideal estaría entre veinte y cincuenta minutos.
4. *Crear ideas.* Aquí generamos ideas, no hacemos una evaluación de ellas. No tenemos que criticar ni dudar de una idea que alguien haya tenido, ya que para el resto de los participantes generará miedo al rechazo a la hora de exponer su idea. Lo primero será crear las ideas, y en otro momento ya se evaluarán. Este punto consiste en generar la mayor cantidad de ideas posibles. En la sesión nadie debe dominar la conversación, ni siquiera el responsable, cuya labor simplemente será estimular.

12. Mi visualización. Cuadro mental

Una vez que se establecen las metas, como hablamos con anterioridad, se pone en marcha el SAR.

Mediante la técnica del cuadro mental inspirada en la herramienta del «Espejo de la mente» utilizada en el Método Silva, condicionarás tu mente subconsciente para que trabaje en tus metas. Mientras estás despierto podrás hacerlo mediante la repetición de afirmaciones. Estas tendrán más efectividad si las realizas en el momento anterior a acostarte. Le puedes pedir a tu subconsciente que trabaje mientras duerme y te guíe hacia tus objetivos.

Ejercicio 48: Las metas utilizando el VAK

La mente consciente y la mente subconsciente se conectan a través de las imágenes y las emociones. La mejor forma para trabajar La Ley de la Atracción consiste en utilizar todos los sentidos y emociones concentrados en tu meta.

En este ejercicio vamos a trabajar nuestra meta a nivel visual, auditivo y kinestésico para sentir e integrar tu meta para conectar las tres mentes. Esta técnica te va a ayudar a que tu deseo y tú se conviertan en equivalentes vibracionales. Si no poseemos algo, es porque vibracionalmente somos diferentes a ello, lo que tenemos es porque somos equivalentes vibracionales.

Mi meta principal es: _____

1. Visual. ¿Qué es lo que veo?

   _____

   _____

   _____

2. Auditivo. ¿Qué es lo que oigo?

   _____

   _____

   _____

3. Kinestésico.

   Tacto. ¿Lo estoy tocando?

   _____

   _____

   _____

(Continuación)

Ejercicio 48: Las metas utilizando el VAK

Olfato. ¿A qué huele?

_____

_____

_____

Gusto. ¿Tiene sabor?

_____

_____

_____

Emoción. ¿Qué siento?

_____

_____

_____

Una vez que ya has incorporado todos los sentidos en tu interior gracias al ejercicio anterior, vamos a realizar la herramienta del cuadro mental.

Ejercicio 49: Cuadro mental para alcanzar metas

Entrarás en estado de meditación utilizando el protocolo, y después, habiendo profundizado, elevarás los ojos ligeramente hacia arriba para conectar con tu modo visual. Frente a ti aparece tu pantalla cinematográfica mental y dentro de ella crea un marco dorado-rubí. Vas a proyectar aquello que deseas visualizándolo con imágenes claras, concretas, concisas, llenas de emoción, con todo lujo de detalles.

Te repetirás mentalmente «Yo siempre he sido (o tenido)» la cosa o el objeto que desees. Por ejemplo, imagina que tu deseo es una casa: visualiza el lugar donde quieres esa casa, si va a tener jardín, cómo es el jardín, incluso puedes plantar árboles, cómo va a ser la fachada. Visualiza el garaje, si va a ser para un coche, para dos, para moto también, cuántos cuartos de baños, todos los metros cuadrados de la casa, qué muebles vas a poner, cómo serán las ventanas, qué verás a través de ellas, cómo verás la casa desde el exterior, cómo la verás también a vista de pájaro…

Una vez que ya hayas terminado con tu visualización, con mucho deseo, pues como hemos dicho, el deseo es la gasolina, vas a sentarte en tu habitación especial de conexión con el universo. Allí, sentado en tu sillón, te imaginarás un rayo de luz dorado-rubí entrando por tu coronilla, llenando todo tu cuerpo, con un sentimiento de abundancia absoluta. De tu frente sale un chorro de luz que ilumina este cuadro de tu deseo y lo inunda de luz. Has de sentir que te lo mereces, que tienes el derecho, tienes que creer en ti, creer que es posible para ti, sintiendo como si ya lo tuvieras, como si ya fuera tuyo.

A diario has de tener un comportamiento coherente. Por ejemplo: puedes ir a ver casas en venta o alquiler, mirar fotos de casas en revistas, dibujar la casa de tus sueños…, incluso si tienes varias metas puedes elaborar un collage con todas tus metas y ponértelo en lugar visible para recordártelo cada día y que entre en tu subconsciente de forma objetiva. Finalmente, al tener claro que esa casa va a ser tuya, actúa con normalidad, dándolo por hecho, y que tu sentimiento es disfrutar de esa casa.

Puedes verte fuera de tu pantalla cinematográfica mental, como observador sentado en un cine, o dentro de la pantalla como actor. Como tú lo sientas en cada momento.

7

HERRAMIENTAS MENTALES

En este último capítulo te voy a presentar las herramientas mentales, algunas de ellas están inspiradas en las enseñanzas del gran maestro José Silva y en un compañero instructor llamado Robert B. Stone.

CREATIVIDAD E IMAGINACIÓN

Entendemos por *imaginación* a aquella capacidad del ser humano para crear una imagen mental de algo que no es real, algo que no es percibido a través de los sentidos. Es la capacidad de construir en nuestra mente momentos, cosas o sentimientos que no están o que no han sucedido en el pasado.

La imaginación es aquello que nos diferencia de los animales, la capacidad de crear del ser humano, nuestro taller mental donde se forma la realidad futura. Un animal nace, crece, se reproduce y muere, pero no es consciente de su función en el mundo. Probablemente trascurrirá su vida y no ocurrirá nada significativo. La imaginación es algo con lo que nacemos, desarrollamos en nuestra infancia y poco después se vuelve indispensable, ya que nos permite resolver problemas en la vida diaria.

> «Cualquier cosa que la mente humana pueda concebir y creer, lo puede lograr».
> Napoleón Hill

Es posible crear y construir tu futuro a través de la imaginación, ya que muchas veces pensamos que estamos limitados, pero en realidad, la única limitación son nuestras creencias, pues siempre podrás destacar en algo. La imaginación te ayudará a superar cualquier limitación. Cualquier obstáculo puede ser un tesoro para tu imaginación, pues, con tu talento, podrás superarlo y una vez que esto suceda, obtendrás grandes recompensas. La imaginación es un requisito imprescindible para avanzar en nuestra vida. El deseo será fundamental para que obtengas la fuerza suficiente para seguir adelante, tu imaginación hará el resto.

Debido a la edad y a la educación lógica vamos perdiendo la capacidad imaginativa, pero trabajándola es posible volver a recuperarla como cuando eras niño. La imaginación es necesaria para todo, por ejemplo para la seducción, para un negocio, para vender… Mediante la práctica de la meditación y la visualización podremos mejorar la imaginación al igual que cuando eras niño y eras capaz de imaginarte haciendo un viaje por el universo en el halcón milenario junto a Han Solo y Chewbacca, momentos después podías ser Rambo saltando por la jungla del jardín de tu casa o podías volar siendo Superman. De igual forma que entonces, podrás trabajar tu imaginación y recobrarla. El entrenamiento de la imaginación te permite combinar todos los sentidos.

En este capítulo de herramientas mentales te presento algunos ejercicios para mejorar tu imaginación y también con ejercicios de pensamiento lateral.

Ejercicio 50: El taller de la mente

Aquí explicaré el acceso a tu taller de la mente, técnica inspirada en «el laboratorio» del Método Silva y adaptada a mi forma personal de trabajar. El taller es un lugar en tu mente, donde vas a crear e imaginar tu futuro. Aquí también podrás programar y reprogramar tu mente, podrás viajar al pasado a sanar tu niño interior o perdonar a alguien con quien estés resentido, incluso perdonarte a ti mismo. Aquí crearás tus metas. También puedes ir a tu futuro a preguntarle a tu «yo futuro» qué tienes que hacer, y en caso de que no te guste el resultado, preguntarle cómo cambiarlo.

Por ejemplo. Imagina una mujer, clienta mía llamada María de 50 años.

Un día vino a verme y me dijo: «Luis, quiero adelgazar», «¿Cuánto pesas?», le pregunté. Me respondió que pesaba 85 kg midiendo 1,60 cm. Le pregunté que cuánto quería adelgazar y cuánto pesaba a los 20 años. Ella dijo que 55 kg. Había tenido cuatro hijos, de modo que entonces decidimos que solo bajaría 25 kg, pues por la edad y por haber ensanchado las caderas era más saludable pesar 60 kg.

Le dije que cerrara los ojos y proyectarse a su «yo futuro», cuando tuviera 70 años. Siguiendo su incremento de peso, para ese entonces pesaría 105 kg. En este estado de relajación se vio a sí misma con 105 kg y se horrorizó. Regresamos al momento presente y salió del estado de relajación y le pregunté si lo que había visto le había gustado, a lo que me contestó que no, que ni siquiera podía andar.

La expliqué que el ser humano se mueve de acuerdo a dos puntos fundamentales: huir del dolor o acercarse al placer.

En este caso su motor era huir del dolor más que el placer que le producía la comida, así investigamos cuáles eran los alimentos que le hacían engordar. Todas las mañanas comía 4 o 5 piezas de bollería para desayunar, que además de no ser nutritivo le hacía engordar. Así que nos dispusimos a descubrir qué era lo que le resultaba más desagradable. Ella me comentó que lo que más asco le daba eran los excrementos en estado líquido, así que volvimos a entrar en estado de relajación, y visualizó los bollos untados con excrementos líquidos, y después procedió a comérselos. Por supuesto no podía, así que salió del estado de relajación, y hoy, un año después (que es la fecha que se propuso para adelgazar) pesa 58 kg. pues ya no pudo volver a comer nunca más bollería.

Otro ejemplo es el de mi pareja Laia.

Llevaba fumando desde hacía 15 años, por lo que a estas alturas era una fumadora empedernida. Visualizó su futuro como fumadora, se veía una abuela muy arrugada, con la voz grave y se puso a llorar. Cuando regresamos al presente, después

(Continuación)

Ejercicio 50: El taller de la mente

de investigar qué es lo que más asco le daba, me dijo que eran los baños públicos, el olor a sudor y las ratas. Por tanto, se visualizó con el único cigarrillo que le quedaba en un baño público. El cigarrillo se cae al suelo, impregnándose de pis, y una rata que pasaba por allí chupó la boquilla. Temblorosa por la necesidad, cogió ese cigarro del suelo, el último que le quedaba, y se dispuso a encenderlo, pero fue incapaz de ponérselo en la boca. Desde entonces, y habiéndose puesto una fecha de un mes, dejó de fumar.

Comenzamos el ritual. Puede constar de una pequeña visualización. Por ejemplo, coges un ascensor que te baja a una primera planta, del 10° al 1°. Otra forma puede ser que montas en un tren ultramoderno y te introduces en un tubo con un fondo muy profundo que te lleva hasta tu taller de la mente. También puedes imaginar que tomas una nave espacial, helicóptero… y te lleva volando hacia ese lugar en el que tienes tu taller de la imaginación.

Una vez que ya has entrado en estado Alfa, elige un lugar especial para ti. Yo te voy a contar cómo encontré el mío: estábamos en el mes de junio de 1987, me encontraba viviendo en Japón, y estaba junto a dos amigos, una amiga japonesa llamada Ikuko Izumi y un amigo español, Carlos Orduña.

Estábamos preparando todo el material para subir a la cima del monte Fuji al día siguiente. Nos levantamos pronto, a eso de las seis de la mañana y nos pusimos toda

En la cima del monte Fuji

la indumentaria, y partimos a subir el monte Fuji caminando. Tras varias horas de ruta, primeramente veíamos un precioso bosque en el camino, lleno de vegetación y animales silvestres. Hacía bastante calor y llegó el momento en que desapareció la vegetación, costaba respirar, el bosque se había tornado a roca de origen volcánico, y ya se veían las nubes por debajo de nosotros, cuando llegamos a un refugio. En ese refugio que era de madera al estilo clásico japonés, había una caldereta metálica en el centro, encima de una hoguera. Estaba rodeado de varios bancos que protegían del frío que hacía en el exterior, ya que íbamos en man-

(Continuación)

Ejercicio 50: El taller de la mente

gas de camisa. Fue en ese momento, cuando mis amigos prefirieron quedarse en este lugar, no tenían fuerzas para continuar, pero en mi mente siempre tengo el deseo de concluir las cosas que empiezo, así que les dije que yo había ido hasta allí para escalar el monte Fuji, nada ni nadie me iba a impedir subir a la cima. Así que, aunque no está muy recomendado subir una persona sola a un monte de casi 4,000 metros, continué mi camino, sin mirar atrás, como si de una metáfora de la vida se tratase. Continué solo. Cada vez hacía más frío, y llegó un momento en el que ya no había camino, era necesario escalar entre las rocas de lava. De repente apareció una niebla. Apenas dejaba ver, pero yo seguía sin mirar atrás, caminando con pasos muy cortos, que apenas adelantaba un pie del otro. Llegué a otro refugio que estaba en la cima del monte Fuji. Allí había un cartel en el que ponía 3.776 metros. Acababa de hacer el tramo final, estaba agotado, por lo que me tumbé en aquel suelo de madera del refugio, miré el reloj, eran las 3 de la tarde, me quedé profundamente dormido observando a través de la ventana que no se veía nada, solo una intensa niebla. Me desperté a las 6 de la tarde por los rayos de la intensa luz que entraban por esa ventana, abrí mis ojos y salí al exterior.

Había una luz de una claridad indescriptible, como nunca había visto en mi vida, me asomé, y ahí estaba yo, en lo alto de la montaña, observando Japón a mis pies, como si estuviera en el ala de un avión, a casi 4.000 metros de altura, mirando el mundo. La sensación era de un éxtasis total, después del esfuerzo de subir, añadido a una luminosidad nunca vista y la sensación de estar encima del mundo, pues la peculiaridad de este monte es que solo es uno, de forma que mires por donde mires, está el mundo a tus pies. Ante esta sensación tan especial, decidí ubicar aquí mi taller de la mente.

Mi protocolo para llegar ahí es a través de un tren de alta velocidad japonés, llamado Sincansen, o «tren bala», en aquella época, el tren más veloz del mundo. Después tomo un teleférico que no existe, que me lleva hasta lo alto de mi montaña, el monte Fuji. Este es para mí mi lugar.

Si algún lugar especial te ha llamado la atención de manera poderosa, puede ser el lugar donde ubicar tu taller de la mente.

También puede ser una playa que te guste, que conozcas, que hayas visto en una revista, incluso imaginaria, también puede ser en el bosque, en el desierto… El lugar que tú decidas, ya sea imaginario o real, incluso lo puedes situar fuera de la tierra, ya que con tu imaginación puedes viajar a cualquier punto o lugar.

El taller de tu mente puede ser un habitáculo, una casa, un palacio, una finca, una cabaña, puede ser el Guggenheim, la catedral de Burgos, la gran pirámide de Keops, una nave espacial, un submarino, puede ser fijo o móvil, simplemente es una creación de tu imaginación,

(Continuación)

Ejercicio 50: El taller de la mente

pero no por ello menos real que algo físico, pues recuerda que tu mente no diferencia lo real de lo imaginario.

Una vez creado el habitáculo, vas a amueblarlo como tú quieras, con alfombras, puertas, ventanas, cortinas, luces… Todo estará a tu gusto, y vas a crear una claraboya redonda en el techo, y debajo de esa claraboya colocarás tu despacho o lugar de trabajo. Tiene que contener una gran mesa para reuniones con sillones, que podrás ir ampliando en número a medida que lo necesites. Frente a ti también tendrás tu pantalla cinematográfica mental de varias dimensiones: largo x alto x ancho / tiempo, y otras posibles dimensiones. También tendrás un calendario perpetuo que indique el día, mes y año, y va a estar conectado con tu pantalla cinematográfica. Este calendario es tu máquina del tiempo, de tal forma que puedes poner fechas de pasado, presente o futuro, y estas se verán en la pantalla. También dispondrás de altavoces estéreos para reproducir fielmente cualquier sonido. Esta pantalla cinematográfica, a su vez, es también una puerta interdimensional, de tal forma que puedes poner una fecha en el pasado, futuro o presente, y te puedes desplazar a la pantalla e integrarte dentro de la película, como si la estuvieras viviendo. Así vas a operar de forma disociada, como observador, como cuando ves en el cine una película, o vivir la película, de forma asociada. En esta pantalla puedes utilizar las submodalidades: visual, auditiva y kinestésica. Puedes cambiar los colores que proyectes, a blanco y negro, a color, desde un mando que tendrás encima de la mesa. En este mando puedes subir el volumen, modificar el color, la intensidad de la luz, incluso la intensidad de las emociones. El mando es muy completo, podrás reducir o ampliar la imagen, añadir o quitar cosas de la imagen con solo poner las manos encima de la mesa aparecerá un teclado luminoso integrado, y solo moviendo tus manos puedes cambiar las cosas de lugar. También dispondrás de un disco duro ampliable con una capacidad infinita según tus necesidades, con toda la información, conocimiento y sabiduría del pasado, presente y futuro, que está conectado a la «nube universal», por lo cual tienes acceso a toda la información.

Tendrás un buscador por teclado, semejante a Google, para acceder a toda la información que desees obtener en cualquier momento, que a su vez también está conectado al universo. Habrá un buscador de voz, que con una orden tuya te proporcionará la información, llegándote como si de una corazonada se tratase.

En este habitáculo vas a tener varias habitaciones:

- *La puerta de la naturaleza:* que te llevará a cualquier lugar natural al que desees desplazarte: puede ser una playa, un bosque, el desierto, un lago…
- *La puerta de la salud:* remedios de la abuela, productos naturales, medicamentos alopáticos, homeopáticos, un chamán… los mejores médicos del mundo, equipos, escáneres… y cualquier cosa que puedas necesitar en cualquier momento.

(Continuación)

Ejercicio 50: El taller de la mente

- Una habitación para hacer operaciones mentales, como un quirófano.
- *La puerta de los ingenios:* tienes todo tipo de herramientas para construir cosas o reparar, cualquier ingenio que precises.
- *La sala de creación:* por ejemplo, si eres arquitecto, puedes tener tu estudio de arquitectura, si eres abogado puedes tener tu despacho, si eres artista puedes tener tu estudio de creación.
- *Una sala de masajes:* donde estarán los mejores masajistas del mundo para ti.
- *La habitación de la energía* donde está el conector universal: es una habitación diáfana, cuadrada o redonda, solo con un sillón en el centro, y una claraboya en el techo. Solo la vas a usar para conectar con la mente universal, de tal forma, que van a venir rayos de luz diferentes colores desde el centro del universo, tu vas a estar sentado. Esta luz va a entrar por tu coronilla, llenándote llenando de luz la totalidad de tu cuerpo.

Los diferentes colores que puedes usar en este conector universal:

- *Luz azul y cristal sanador:* da fuerza, poder, equilibrio, protección, fe y voluntad. Puedes usarla para sanar cualquier parte de tu organismo, imaginando que esta luz se concentra en el órgano que no esté sano, si lo hubiese. Así sanará mucho más rápidamente. Si fuera para ayudar a otras personas no sanas, proyectas la imagen de la persona o parte de su órgano dañado llegándole esta luz que sale de tu frente desde tu glándula pineal.
- *Rayo amarillo-dorado:* es la energía del ser, de iluminación, sabiduría, amor y paz. En metafísica es el segundo rayo. Al ser el rayo de la sabiduría, por el cual al impregnarte de este rayo tendrás mucha más facilidad para adquirir conocimiento y alcanzar la verdad. Representa la inteligencia: cuando te sientas indeciso ante una situación o hacer un cambio drástico en tu vida, sigue el mismo proceso anterior, visualizando la luz amarilla-dorada de la cabeza a los pies, piensa en las diferentes opciones y te llegará la solución en forma de intuición o de sincronicidades.
- *El rayo rosado o del amor divino:* ayuda a la conexión contigo mismo.
- *El rayo blanco:* es el rayo de la pureza, de la limpieza.
- *El rayo verde:* de la verdad, la curación, la consagración y la concentración. Es el encargado de establecer la verdad. Es un rayo muy aconsejable para limpiar el ego.
- *Rayo oro-rubí:* es el rayo de la paz, de la gracia, y la administración económica.
- *El rayo violeta:* esta luz es de la compasión, invocación, liberación y te sirve para perdonar, disolver energías mal empleadas.

Ejercicio 50: El taller de la mente

Todos los rayos se conectan con el universo a través de la glándula pineal. Es importante visualizarla limpia y reluciente, que siempre se vea perfecta, para mantener la conexión óptima con el universo.

En mi caso, yo tengo mi *dojo*, o gimnasio de la mente, entro en él, donde están esperándome mis maestros como Hisataka (fundador del Koshiki Karatedo) y Seiki Kudaka (fundador de mi estilo de kárate: Shoriujiryu Kewkokaw Karatedo), para corregirme. De tal forma, que durante 32 años he practicado las artes marciales a nivel mental, repitiendo los movimientos en estado de meditación y después ejecutándolos en estado real, llegando a tener una calidad técnica que según mi maestro Masayuki, está entre los tres mejores del mundo técnicamente. Por eso, de entre los miles de maestros japoneses que hay en Japón, me eligió a mí para los vídeos de kárate donde yo ejecutaba las técnicas con él.

Yo sé que al preguntar a cualquiera de estos mentores, a través de mi mente consciente, le estoy comunicando al subconsciente lo que deseo, para que este, se lo transmita al universo mediante la glándula pineal (es la antena que nos conecta con el universo) y, por ende, el universo me responde a través de cualquiera de sus leyes, como por ejemplo, la Ley de la Atracción.

El tener conversaciones con estas personas por medio de sus respuestas me ha llevado a tener corazonadas, sensaciones que parecen venidas de la nada y que me han ayudado mucho en mi vida. Muchas veces se crean sincronicidades; lo que he pensado en mi taller de la imaginación, se han reproducido literalmente en la realidad física.

Este conocimiento lo suelo percibir intensamente ante una emergencia. Muchas veces conduzco durante muchas horas seguidas, y en un despiste he podido tener un accidente, y sin embargo algo me ha despertado, quizá una sensación, he tomado las riendas del volante, y lo he evitado en una fracción de segundo.

Durante mis reuniones con mis guías mi mente está más receptiva y puedo captar e intuir de una forma mucho más efectiva. He tenido ideas y he recibido conocimiento e inspiración. Siempre me he sentido guiado y protegido milagrosamente sintiendo la influencia de mis guías.

En definitiva, ser tu mejor amigo, donde tendrás un contacto muy íntimo con tu yo, tu ser, tu esencia más pura. La intuición es una de las cualidades más importantes para tener éxito en la vida y salir airoso de cualquier situación peligrosa. Lo que he podido percibir es, que la intuición cuanto más se practica, más funciona.

> «Saber cómo elegir el camino del corazón es aprender a seguir la intuición. La lógica puede decirte a dónde podría conducirte un camino, pero no puede juzgar si tu corazón estará en él».
>
> Jean Shinoda

SOLUCIÓN DE PROBLEMAS

Vamos a observar los problemas desde dos puntos de vista diferentes.

Primeramente, a nivel objetivo, con papel y lápiz y después, a nivel subjetivo en estado de relajación.

> «Los problemas no se pueden solucionar en el mismo nivel de conciencia en el que fueron creados».
>
> Albert Einstein

A la hora de resolver un problema debemos observarlo con nuestra inteligencia que no depende de la formación académica, ni de nuestros antecedentes familiares, ni de nuestro cociente intelectual, sino que la inteligencia reside en la forma en la que actuamos. Lo mismo que emulamos actitudes de las personas que están a nuestro alrededor, también podemos hacerlo con las personas que solucionan los problemas de forma inteligente.

Es importante desarrollar un sistema que organice nuestro pensamiento para resolver los problemas y mantener la mente abierta para encontrar enfoques diferentes. Es fundamental no dejarnos llevar por la cantidad de frentes abiertos, de modo que nos concentraremos en uno a la vez. Debemos ser capaces de buscar la raíz del problema y para ello debemos tenerlos claros. En el siguiente ejercicio lo haremos de forma objetiva y en el ejercicio posterior. veremos *cómo hacerlo a nivel subjetivo*.

Ejercicio 51: Solución de problemas de forma objetiva

Brian Tracy desarrolló un método basado en el trabajo realizado por investigadores de la Universidad de Harvard, para la solución de los problemas de forma objetiva que constaba de nueve pasos:

1. *Tener una expectativa positiva* que te ayudará a relajarte y a asumir que cualquier dificultad puede ser solucionada
2. *Hablar de forma positiva.* Las palabras son fundamentales. Hay mucho poder en la palabra, y algunas nos llegan a producir mucho estrés, miedo, ansiedad…; Por ejemplo, esto sucede con la palabra «problema», puesto que puede ser negativa para nosotros, y tal vez sea mejor cambiarla por la palabra «reto»; por ejemplo, «Tengo un reto». Tenemos que realizarnos cuestiones de forma positiva, por ejemplo, ¿por qué no lo voy a conseguir?, ¿por qué no voy a ser capaz?, ¿qué otra solución puedo encontrar?
3. *Definir con mucha claridad el reto.* Para ello es importante coger un papel y un lápiz y hacerlo por escrito. De esta forma vamos a precisar mucho más. Podemos preguntarnos qué es lo que me ha llevado a esta situación. Cuál es la causa real de esta situación, qué puedo hacer para resolverlo… Debemos analizar las causas.
4. *Preocuparnos y a precipitarnos en una conclusión errónea.*
5. *Analizar cuáles son todas las soluciones posibles.* En caso de que no lo hayas podido resolver con anterioridad pregúntate: ¿cuáles son todas las soluciones posibles para esta situación? Busca varias soluciones reales. Una vez que ya has encontrado una de las causas, puedes buscar otra segunda respuesta correcta. Podemos hacernos varias preguntas para trabajar desde el pensamiento lateral. Por ejemplo, ¿qué pasaría si lo dejamos como está?, ¿qué consecuencias tendría si abandonamos?, ¿qué ocurriría si comenzásemos de nuevo?, ¿o si hacemos algo de otra forma? Para no caer en la preocupación de nuevo tenemos que hablar y pensar solamente en la solución; en lo que deseamos. ¿Qué es lo siguiente que podemos hacer?
6. *Tomar una decisión.* Una vez que dispongas de la suficiente información, la indecisión es una fuente de tensión y el motivo de la mayor cantidad de nuestros fracasos.
7. *Delega algunas de las responsabilidades específicas.* Por ejemplo, mediante las preguntas ¿quién puede hacerlo?, ¿quién va a hacerlo?
8. *Poner una fecha tope.* Una vez que ya has colocado una fecha, ponte en marcha.
9. *Comienza a trabajar y verifica cómo* van sucediendo los acontecimientos.

También puedes utilizar la tormenta de ideas para encontrar soluciones de forma más creativa que hemos visto en el capítulo anterior.

Ejercicio 52: Cuadro mental para solucionar problemas

Una vez has aprendido cómo hacerlo en el nivel objetivo, procede a solucionar los problemas de forma subjetiva.

Entra en estado de meditación para alcanzar el nivel alfa realizando el protocolo de relajación. Ahora frente a ti, eleva los ojos ligeramente hacia arriba, para conectar con tu modo visual, y aparecerá tu pantalla cinematográfica mental, visualizando dentro de ella. Crea una subpantalla, más pequeña, del tamaño de un televisor de 15 o 20 pulgadas, con un marco negro. Observarás las imágenes del problema dentro de esta pantalla pequeña, en blanco y negro, como si fuera una película, aceptando el problema y haciendo un análisis del mismo, viendo las diferentes alternativas a él como si fueras el observador cuántico y el problema no fuera contigo.

Una vez hecho esto, encoge esa pequeña pantalla con los dedos de tu mano, haciéndola cada vez más pequeña, y tírala a la papelera de reciclaje, que está abajo a la izquierda.

Ahora en su lugar, para el nuevo marco, en la pantalla cinematográfica de tu mente, ocupando todo tu campo visual, emplearás el significado de los diferentes colores que hemos visto con anterioridad, según la naturaleza del problema:

Una vez elegido el color con el que se identifica tu solución y resultado, entra en tu habitación especial de conexión con la Mente Universal, y en la pantalla cinematográfica de tu mente, visualiza la solución al problema, sin centrarte en el proceso, sin buscar exactamente las maneras de cómo hacerlo, pero sí centrándote en el resultado que deseas. Permite que el universo decida la mejor opción, pues tiene toda la información necesaria.

Ahora imagínate un rayo del color del marco que has elegido para la solución a tu problema y siente cómo entra por tu coronilla, penetra por tu cerebro, desde la cabeza hasta los pies. Y del centro de tu cerebro, a la altura de tu frente, partiendo desde la glándula pineal sale un chorro de luz de ese mismo color elegido, inundando toda tu pantalla cinematográfica mental, que está fuera de ti. Viéndolo como observador en unas ocasiones y viéndote como actor en otras, como tú lo sientas en cada momento.

Las preocupaciones son similares a los cuadros mentales que nos hacemos en nuestra mente de cosas que pueden ocurrir, pero que en la mayoría de los casos no suceden. Es la imaginación negativa que nosotros mismos creamos y que nos provoca tensión o angustia.

El miedo subjetivo puede causar más miedo que el objetivo y las experiencias que tenemos en nuestra imaginación pueden parecer reales y llegar a obsesionarnos provocándonos más y más estrés.

Según los diferentes estudios, el 40% de las preocupaciones son cosas que nunca han sucedido, el 30% de nuestras preocupaciones pertenecen al pasado y que no se pueden cambiar. El 12% equivale a preocupaciones sobre enfermedades, que no existen mientras que el 10% son preocupaciones con poca importancia y, únicamente el 8% de nuestras preocupaciones son reales. Por último, el 4% restante no tenemos el control sobre ello; por tanto, solo este 4% es real mientras que el otro 96% son producto de nuestra imaginación y carecen de verdadera importancia.

Para eliminar la preocupación, tienes que llegar a la verdad, a los hechos auténticos y verídicos. Cuando averiguamos esto, nos liberaremos. La actitud positiva será la herramienta fundamental para eliminar la preocupación, pues cambiar el pensamiento de negativo a positivo hará que nuestro cerebro, en vez de producir adrenalina y cortisol, produzca endorfinas, serotonina y dopamina las hormonas de la felicidad. Recuerda que aquello en lo que se centra en tu mente es lo que atraes a tu vida.

Ejercicio 53: Cómo eliminar las preocupaciones

En este ejercicio vamos a ver una técnica de Brian Tracy que menciona en su famoso curso Fénix para eliminar las preocupaciones y para tomar decisiones.

Consta de cuatro pasos:

1. Si algo te preocupa, defínelo por escrito y con claridad: en esa descripción de la situación, a veces, al desengranar en pequeños puntos, te das cuenta de que con resolver uno de esos puntos, se soluciona todo.

2. Determina el peor resultado posible por escrito: ¿qué sería lo peor que podría ocurrir en esta situación? Al pensar en el resultado, las preocupaciones al respecto desaparecen.

3. Decide aceptar lo peor, si llega a suceder. Esto no es pasividad ni fatalismo. Si te dices a ti mismo «Si no se puede hacer nada y sucede tal cosa, yo la aceptaré, aprenderé a vivir con ello, no dejaré que me destruya».

4. Empieza inmediatamente a mejorar lo peor. Esto significa que ahora que has aceptado lo que puede suceder y has aceptado que vivirás con ello, si llega a producirse, entonces, harás todo lo posible para que no suceda lo peor. La mente se despeja, y la tensión desaparece.

Ejercicio 54: El anclaje o reflejo condicionado

En el instante que hay entre un estímulo y la reacción al mismo podemos usar un anclaje, el cual nos permitirá controlar nuestras reacciones automatizadas. Ante provocaciones, ataques, situaciones complejas, evitaremos el secuestro del estrés y podremos elegir nuestras reacciones libremente.

Nuestra mente tiene la capacidad de escaparse de la situación presente y recrear visual, auditiva y kinestésicamente cualquier otro escenario. Pues esta capacidad la podemos usar a conciencia, asociando un gesto con un estado emocional, una respuesta, reacción o sensación.

Crearemos nuestro gesto o «reflejo condicionado» con las manos. En el Método Silva utilizamos la técnica de los tres dedos, que consiste en unir los dedos pulgar, índice y corazón de cualquiera de las dos manos. Esto es lo que en Programación Neurolingüística (PNL) recibe el nombre de *anclaje*.

Elige el estado emocional que quieres anclar: entusiasmo, relajación, confianza, serenidad, poder… Este estado que quieres evocar tienes que haberlo experimentado alguna vez.

Elige el ancla que de ahora en adelante usarás para asociar el estado emocional (que sea sencilla). Revive una situación en la que hayas experimentado la sensación o estado que te servirá de recurso. Por ejemplo, si quieres «anclar» confianza en ti mismo, busca el recuerdo de una situación en la que actuaste con una gran confianza y seguridad.

En estado de relajación, revive esa situación que has elegido y en el momento en que sientas la sensación con mayor intensidad, haz el gesto y repítelo o mantenlo el tiempo que sea necesario. Si no recreas la emoción con alta intensidad, no ancles tu gesto.

Durante varios días repite este proceso para reforzar el reflejo condicionado en tu cerebro.

Ya has «grabado» la sensación que quieres revivir con el ancla que has elegido. No obstante, puedes cambiar y reforzar tu anclaje en el futuro, con cualquier señal que elijas: palabras, gestos, posiciones corporales, sonidos, colores, etc.

> Intensificar la emoción - Anclarla con la señal elegida - Relajarte

A partir de ahora, cuando percibas una situación estresante, amenazadora o tensa, toma una o varias respiraciones profundas y mantén el gesto en el transcurso de dicha situación. Tu anclaje te transportará al estado que has grabado, evitando que reacciones

(Continuación)

Ejercicio 54: El anclaje o reflejo condicionado

automáticamente, enfureciéndote, bloqueándote o atacando. Es una herramienta que nos mantiene en el aquí y en el ahora en lugar de vagar por la vida con el piloto automático, de forma reactiva y esclavizados por nuestros impulsos.

Recuerdo en una ocasión en Pamplona en la que fui a una competición para sacar los puntos que me faltaban y poder examinarme de cinturón negro de judo. Me pasé toda la tarde esperando a que llegara mi momento de competir y, cuando ya solo quedaba la liga de los pesos pesados, pregunté qué había ocurrido y que por qué no me habían llamado para competir. A lo que me respondieron que se les había pasado, pero que si quería pelear, me daban la oportunidad de competir en pesos pesados, a pesar de ser yo un peso ligero. Respondí: «yo he venido aquí a competir y voy a competir». Durante toda la tarde había acumulado estrés y una alta ansiedad, pues no sabía a qué atenerme y estaba esperando a que me llamaran en cualquier momento.

Recuerdo que al salir a competir había un gigante de casi dos metros. Respiré profundamente, e hice la técnica del anclaje uniendo los tres dedos para relajarme. Me tranquilicé, me coloqué mi cinturón con furia, y salí al encuentro de este gigante venciéndolo en muy poco tiempo. Y así fueron pasando uno tras otro mientras los veía con cara de temor cuando les tocaba conmigo. De esta forma acabé venciendo a todos en los cuatro combates que llevé a cabo aquel día.

Durante el regreso en tren, descansando en una litera, me dolían músculos que no sabía ni que existían y no podía dormir del dolor y del cansancio acumulado, que era en gran medida por el estrés de las ocho horas que estuve esperando para poder competir. Aun así me sentía muy poderoso y muy realizado.

LA INTUICIÓN Y EL SEXTO SENTIDO

El *sexto sentido* es la forma en que la inteligencia infinita se comunica con nosotros. Nuestra manera de analizar el mundo no pasa solo por un canal racional, sino que también se complementa con un canal que hay entre nosotros y el Universo; la intuición. Es el acceso a una sabiduría universal que está ahí para que la utilicemos y que muchas veces la percibimos mediante corazonadas inspiradoras

El sexto sentido es un sistema receptor mediante el cual a través de la mente subconsciente conectamos con la mente universal y esto se traduce en nuestra mente como destellos e inspiraciones. La utilización y comprensión del sexto sentido tiene lugar en la meditación, desde nuestro interior. Es una fusión entre lo mental y lo espiritual.

Solemos relacionar la intuición con las emociones, más que con el pensamiento, por eso cuando intuimos, notamos que sentimos esa idea, y no que la pensamos. Parece que la intuición sea una facultad extra o una curiosidad en algunas personas, pero en realidad sin la intuición los seres humanos no podríamos evolucionar, ya que todo progreso se debe en sus inicios a una conjetura intuitiva, a una hipótesis.

Existe un poder, una conexión, que impregna cada neutrón, protón y electrón. Abarca toda la energía perceptible e imperceptible y ayuda a la transmutación de tus deseos mentales en cosas concretas materiales.

Cuando tengas desarrollado el sexto sentido, percibirás con antelación los peligros para poder esquivarlos y también te vendrán las oportunidades en forma de ideas para que las aproveches. Es como si acudiera en tu ayuda tu «ángel de la guarda» que en todo momento estará ahí para ayudarte y abrirte las puertas del templo de la sabiduría.

El modelaje es una herramienta muy conocida de la programación neurolingüística, y gracias al principio de la neuroplasticidad cerebral y física, podemos mimetizar las actitudes e incluso a nivel físico, parecernos a nuestros modelos. Por ejemplo, los fans de Elvis Presley llegaban a parecerse a él. Santiago Ramón y Cajal decía una frase muy poderosa que al principio se pensaba que era metafórica, pero que ahora se ha comprobado que es literal: «todo ser humano si se lo propone puede ser el escultor de su propio cerebro».

Desde que hice el Método Silva, en el año 1985, siempre he tenido consejeros mentales que me han ayudado en los diferentes momentos de mi vida, tanto creativos, como en otros momentos de mera supervivencia. A los dos consejeros que primeramente tenía, fui añadiendo a personas a las que yo admiraba profundamente por ejemplo mi maestro Masayuki Kukan Hisataka, el cual modelaba físicamente, mentalmente y en estado de relajación sus técnicas de kárate.

Estas experiencias en mi vida me han enseñado que es mejor emular a los que ya saben que inventar la rueda. Después de emular a estos maestros, creé mi propio estilo fusionándolo con mis conocimientos.

*Con mi maestro Hisataka y mi amigo Mega
en el dojo.*

El autoconcepto, que ya desde la niñez hemos ido modelando, lo sigo llevando hasta la madurez, de tal forma que hoy en día sigo teniendo como referente a las personas que considero importantes en mi vida, para llegar a conseguir mi auto ideal, que siempre está en movimiento, cambiando, de tal forma que cada vez procuro hacer mejor mi trabajo. Diariamente pienso de qué forma puedo hacer mi trabajo mejor y de la manera más eficazmente posible.

La verdadera humildad es la capacidad de aprender de los demás, y las personas más importantes para mí y que tengo siempre presentes en mi taller de la mente son mi abuelo Ulpiano, mi padre, José Silva, Napoleón Hill, Brian Tracy, Fassman, Louise L. Hay, Dale Carnegi, Og Mandino, Masayuki Kukan y les pregunto según voy necesitando, dependiendo de la materia que me interese. Durante la meditación, si por ejemplo, tengo un problema de cómo tratar a las personas, le pregunto a Dale Carnegie; si necesito orientación en las artes marciales, hablo con Masayuki.

En este proceso de relajación entro en mi taller de la imaginación, mediante el protocolo, y algunas veces los llamo de uno a uno, y van entrando y sentándose en una mesa redonda. Esta es la mesa del consejo, es un consejo de hombres y mujeres sabios en el que yo hago la función de presidente. El objetivo de este encuentro, es tomar el consejo de todos ellos a la vez, o individualmente con cada uno.

La autosugestión es un factor determinante para construir la personalidad deseada. Este taller de la imaginación es una herramienta maravillosa para reconstruir mi persona constantemente, pues la única constante en la vida es el cambio. Los miembros de mi gabinete me transmiten el conocimiento, la motivación y la tranquilidad que necesito y es por eso por lo que aunque a mi alrededor se esté desmoronando todo, yo siempre permanezco sereno y ecuánime con una gran tranquilidad.

También muchas veces suelo invitar a otras personas de las cuales necesito consejo: a veces viene mi padre, mi abuelo, mi hermano (que ya no está entre nosotros), otras veces viene mi maestro Bernardo Bernal, incluso mi pareja o mis amigos.

Un ejemplo de intuición o, llamémosle corazonada sucedió en uno de mis viajes a Japón.

Ya cansado de las grandes urbes como Tokio y Bangkok y dado que una amiga mía me había comentado de la existencia de unas islas en el golfo de Tailandia en las que no había electricidad ni estaban masificadas por el turismo, decidí pasar un mes en una de ellas llamada Ko Pha Ngam. Cogí un tren hasta Surat Thani y después tomé un barco con una capacidad de hasta cincuenta personas máximo, en el que al menos había doscientos cincuenta pasajeros. La línea de flotación del barco no se veía, parecía un submarino a punto de hacer inmersión cada vez que venía una ola.

Cuando verdaderamente tomé conciencia de dónde estaba, fue cuando me di cuenta de que solo había seis flotadores y una pequeña barquita para otras seis personas. En ese momento pensé: «Si esto se hunde, no tenemos dónde agarrarnos». Pero al final llegamos a lo que ellos llamaban la ciudad de Pha Ngam, que simplemente eran cuatro chabolas de madera.

Me comentaron que para ir a la aldea que mi amiga me había recomendado tenía que alquilar una moto, así que alquilé una Honda de motocrós de 125 c/c.

Al día siguiente mientras paseaba con la que en aquel entonces era mi mujer, encontré un cartel con un dibujo de dos personas en posición de combate y pregunté a los aldeanos. Ellos me comentaron que había un torneo de boxeo tailandés en el estadio de esa localidad. Cogimos la moto, y bajamos por la *highway*, que eran dos roderas de cuatro por cuatro en medio de la selva. Cuando llegué al estadio, me empecé a reír, ya que era una empalizada hecha con madera, sin tejado y sin suelo.

La gente apostaba por uno u otro contrincante con mucha agitación. Se trataba de un combate al K.O, hasta que uno de los dos cayese al suelo.

Una vez terminado aquel lamentable espectáculo a las dos de la madrugada, cogimos la moto camino a nuestra choza de madera y paja. Animado por la luz de la luna, atravesamos ese camino de cabras con aquella moto cuando de repente, nos encontramos un tronco en medio de la carretera, el cual no había percibido en el camino de ida. El impacto fue brutal y salimos volando disparados de la moto cayendo entre la maleza; la moto, mi exmujer y yo, cada uno por un lado. Después del golpe, me levanté comprobando que mi exmujer estaba bien y que yo también lo estuviera acercándome a la moto, la cual no había corrido la misma suerte pues la horquilla estaba doblada y los guardabarros se habían desprendido, el manillar miraba para un lado y la rueda para el otro. Como la luz de la luna lo permitía y yo entendía de motos colocando entre mis piernas la rueda y con mis brazos, recoloqué el manillar e intenté arrancar la moto varias veces, sin conseguirlo. Había muchos sonidos en la selva, infinidad de animales y sabíamos que durante toda la noche no pasaría nadie por allí, y ambos sabíamos lo grandes que eran los animales en Tailandia; las cucarachas eran como huevos, ya que lo habíamos apreciado en Bangkok cuando pisábamos una, los mosquitos eran casi como pájaros y los lagartos parecían cocodrilos. Se oían ruidos de animales desconocidos para nosotros, lo cual aumentaba nuestro estado de ansiedad. Viendo que la moto no arrancaba, me senté encima de ella y me puse a meditar. En ese momento me vino un flash, como si la moto fuera uno conmigo y me pidiese que colocase la pipa en la bujía, a lo que rápidamente metí la mano y la coloqué en su sitio, y al volver a intentar arrancarla, hizo un estruendo y arrancó a la primera, mejor que nunca.

Regresamos en la moto, a pesar de que la rueda delantera estaba como un ocho. Pudimos llegar hasta nuestra cabaña y dormir lo que quedaba de noche. A la mañana siguiente cuando fui a devolver la moto me la cobraron como una nueva alegando que allí las piezas eran muy caras.

Este tipo de sincronicidades me ocurren muy a menudo.

LOS SUEÑOS

Freud, el padre del psicoanálisis en su libro *La interpretación de los sueños* decía que aquello que soñamos tiene mucha relación con nuestros deseos y por eso, si eres capaz de analizar tus sueños, podrás conocer lo que deseas en realidad, lo que deseas en el inconsciente.

El sueño tiene dos funciones que se ven reflejadas en nosotros, una es una función fisiológica y otra la función psicológica.

1. La *función fisiológica* que el sueño tiene en nosotros es la de reparación, imprescindible para tener un buen estado anímico, físico y mental, ya

que es en el momento en el que estamos durmiendo cuando nuestro organismo quedan en un estado de inconsciencia. Llevar una rutina adecuada de sueño puede ayudarte a curar enfermedades y mejorar las funciones inmunitarias o el metabolismo, entre otros beneficios. ¿Quién no ha necesitado dormir para que un dolor se pasara? o, quizá, ¿quién no ha escuchado la expresión «un sueño reparador» ?

2. En relación con la *función psicológica* del sueño, podemos decir que aquí se encuentran los estímulos anímicos y que durante la vigilia no pueden ser manifestadas; por eso, de manera libremente el inconsciente actuará para que la mente consciente interprete. Con esta función aparece toda la información que necesitamos, la respuesta a todas nuestras preguntas, o bien a través de premoniciones o como una forma de interpretación.

El subconsciente o inconsciente manifiesta un mensaje al cerebro, y con su lenguaje está diciendo aquello que necesitas, pero la interpretación del mensaje no siempre es fácil, así que quien mejor los va a interpretar es la persona que tiene los sueños. Por ejemplo, el significado de soñar con un perro tendrá connotaciones diferentes dependiendo si a una persona le gustan o no.

Sin profundizar demasiado en todos los detalles del sueño podemos distinguir principalmente dos fases:

- La fase REM *(rapid eyes movement)*, identificada por un movimiento rápido de ojos.
- La fase NO REM o sueño lento. El sueño se inicia con esta fase en la que podemos distinguir cuatro grados en relación a las ondas cerebrales que explicamos en el primer capítulo del libro. Estas ondas cerebrales se irán sucediendo progresivamente y parten desde las ondas alfa, correspondientes a la vigilia, como cuando estamos conscientes. Estas ondas darán paso a otras más lentas como las theta hasta llegar a las ondas delta, que son mucho más lentas y aparecen en la fase más profunda del sueño.

A partir de esta primera fase NO REM han transcurrido unos 70 a 120 minutos de sueño, y comienza el estado REM. Es aquí cuando los sueños son más elaborados y aquellos que se recuerdan con más facilidad. Estos son sueños que después serán clasificados como premonitorios, proféticos o aquellos que tienen la solución a nuestras cuestiones.

Cuenta la leyenda que Edison, cuando tenía un problema que resolver, en lugar de machacarse para encontrar la solución, se sentaba en su butaca y se echaba a dormir mientras sostenía en la mano una bola de metal. En el momento en que se dormía dejaba de sostener la bola de metal, esta caía al suelo y el ruido le despertaba de esta forma despertaba de golpe en estado theta y podía recabar los sueños que había tenido durante su sesión de «meditación» para construir nuevas soluciones.

Dalí usaba el mismo truco, al cual bautizó como «dormir sin dormir».

Hay diferentes tipos de sueños y en relación con su temática, pueden estar relacionados con fobias, sueños recurrentes, astrales, religiosos, conscientes e inconscientes, proféticos, premonitorios, regresivos… Pero, además, los sueños se experimentan en un plano existencial donde es posible viajar en el tiempo y en el espacio, así como quizá interrelacionarnos con otras dimensiones.

También existen otros tipos de sueños: las pesadillas, por regla general causados por traumas, fobias, o miedos desconocidos; también pueden producirse alteraciones del sueño, como es la llamada parálisis del sueño, apnea, enuresis, insomnio o el síndrome de piernas inquietas…

Adormitado en un autobús, Friedrich Kekulé, químico alemán, descubrió el benceno. Mientras dormitaba le llegó una visión que proporciona un punto de partida para esta teoría, como se registra en *Serendipidty. Descubrimientos accidentales en la ciencia*, por Royston M. Roberts.

Einstein estuvo toda su carrera meditando sobre un sueño que tuvo cuando fue adolescente. Soñó que estaba deslizándose en un trineo por una pendiente de nieve empinada y, en su sueño, al acercarse a la velocidad de la luz, todos los colores se mezclaron en uno. Inspirado por este sueño, estuvo toda su carrera pensando en qué sucedía a la velocidad de la luz.

Dimitri Mendeleev, de alguna manera quiso organizar a los 65 elementos conocidos. Sabía que había un patrón a ser discernido, y algo tenía que ver con el peso atómico, pero el patrón era difícil de alcanzar. Entonces, Mendeleev en un sueño vio una tabla donde todos los elementos cayeron en su lugar cuando eran requeridos. Se despertó e inmediatamente lo escribió en un pedazo de papel. Y así fue como se formó la tabla periódica.

Científicamente, se ha estudiado, que cuando eres niño el sueño es diferente que cuando eres adulto. El sueño REM en los niños es mayor y dura más tiempo que en los adultos pues conforme se avanza en edad, cada vez es más corto, y se tienen menos sueños de este tipo.

El no recordar los sueños es simplemente una cuestión de práctica: si una persona se propone recordar los sueños, existen varias técnicas que te pueden ayudar a ello, como apuntar lo que le viene a la cabeza antes de dormir, ponerse un despertador para despertar hacia la mitad de la noche cuando se esté en fase rem, y así anotar lo que se estaba soñando, y por la mañana, justo al despertar, volver a apuntar lo que se recuerda, ya que, en esta última fase es donde se producen los sueños más lúcidos. Lo más práctico es utilizar la técnica de los sueños del Método Silva que expongo a continuación.

Ejercicio 55: Técnica de los sueños del Método Silva

- Justo antes de ir a dormir prepara una grabadora, un móvil, o una libreta para apuntar tus sueños. Ponla cerca para utilizarla cuando te despiertes durante la noche, o en la mañana. Siéntate en la cama o métete dentro, entra en estado de relajación en un nivel alfa. Una vez que ya sientas que estás en estado alfa mediante el protocolo de relajación, di mental o verbalmente: «Quiero recordar un sueño y lo voy a recordar». Acuéstate y despertarás en algún momento de la noche, durante los ciclos del sueño, o bien por la mañana con el recuerdo de este sueño. Entonces escribe en la libreta o graba tu sueño en la grabadora o móvil.

- Cuando te haya funcionado unas cinco veces, pasa a la siguiente fase. De nuevo, antes de acostarte, realiza el protocolo de relajación y vuelve a repetirte mentalmente «Quiero recordar todos los sueños y los voy a recordar». Duérmete y despertarás en varias ocasiones durante la noche. Anota o graba los recuerdos que tengas de tus sueños.

- Una vez hayas puesto en práctica esta técnica, puedes pasar a la tercera fase: «Quiero recordar un sueño que contenga información para resolver el problema que tengo en mente». Nuevamente escribe tu sueño que podrá darte la información que necesites.

- Observa la posición lunar de las noches en que realices la técnica (lo puedes consultar en internet). Si vuelves a tener otro sueño que coincida parcial o totalmente con el anterior sueño, también debes apuntarlo y observar la luna. Si la luna coincide de su misma fase, considéralo como un mensaje de tu subconsciente.

Esta relación del sueño y las fases lunares se explica a través de nuestro ritmo circalunar (en torno a la luna), así como el circadiano (en torno al día). Estos dos ritmos están relacionados con la evolución humana, pues científicos han descubierto que esto pudo desarrollarse como método de supervivencia para dotarnos de un sueño más ligero cuando la luna está llena y había más depredadores. De esta forma, al tener un sueño ligero, el ser humano se mantenía en estado de alerta.

Cuando practiqué esta técnica, me fui a dormir, y aquella noche tuve un sueño muy curioso: soñé que iba a Japón, me vi por un camino especial, el cual me llevó hasta un pequeño dojo, donde había un gran maestro de kárate, y este me adoptaba como a un hijo suyo, me enseñaba las costumbres, los secretos de las artes marciales. Estaba en un gran estadio, un estadio inmenso, más grande del que había visto jamás, haciendo una kata (forma donde se combinan una sucesión de movimientos coordinados de kárate). Sentía un poder inmenso en mi cuerpo, sentía los músculos muy poderosos, los movimientos eran precisos, certeros, y todo el mundo alrededor, miles de personas me miraban con mucha admiración, todo el mundo hacía ¡Ohhhhhh! Y un gran estruendo de aplausos me despertó. Apunté el sueño en una libreta especial que dedicaba para apuntar mis sueños.

Seguidamente, volví a dormirme, y me vi conduciendo un lujoso deportivo rojo, sintiéndome como un gran triunfador, y con mucho dinero y una gran satisfacción física, mental, emocional y espiritual. Al día siguiente me desperté, anoté de nuevo este sueño.

En otra ocasión, impartiendo el curso de Control Mental en Zamora, quería regalar una relajación especial a mis alumnos, así que me metí en la cama con la idea de hacer algo nuevo para ellos. Despertándome a media noche escribí mi visualización más famosa, en la cual utilizo la fuerza del león, la visión del águila, y la proactividad del delfín.

En otro sueño estaba en una cálida playa, la arena era muy fina, un sol muy agradable, tenía una mujer a mi lado, a la cual no podía verle la cara, pero justo cuando nos estábamos bañando, hubo un momento en el que el sol le dio en los ojos, y vi unos enormes ojos verdes, que con gran intensidad y amor me miraban fijamente. Sentí que esa era la mujer que me amaba y a quien yo amaba.

Después, todos estos sueños se hicieron realidad.

Ejercicio 56: Técnica del vaso de agua del Método Silva

Muy relacionada con la técnica de los sueños es esta que os voy a mostrar a continuación; la técnica del vaso de agua es útil para resolver problemas, para tomar decisiones y para encontrar respuestas.

Esta técnica se remonta muchos siglos atrás, y su autoría se atribuye a Hermés Trimegistro, un sabio egipcio cuyas técnicas y conocimientos estaban celosamente guardados (de ahí proviene la expresión cerrado herméticamente).

Una de las enseñanzas de Hermés relacionada con la búsqueda de soluciones consistía en sostener un vaso de vino y representar mentalmente la meta en el mismo. El hecho de colocarlo a la altura de la frente es porque se consideraba desde la antigüedad la conexión entre este mundo y otros mundos o dimensiones a través de la glándula pineal.

Más tarde, al beber el vaso, el vino llevaba esa meta o esa solución a cada una de las células de su cuerpo. El vino, al ser programado servía como una especie de recordatorio para decirle a nuestro cerebro que siga buscando la información necesaria para resolver este problema ya sea dormido o despierto.

Esta técnica se cambió al agua debido a que una sanadora espiritual, Olga Worrell, trabajó con prestigiosos centros de investigación y, poniendo agua en sus manos en forma de copa, lograba cambiar realmente el perfil espectográfico del mismo, de tal forma que observó que con la mente se podía cambiar la estructura molecular del agua como posteriormente lo ha comprobado el doctor Masaru Emoto en su famoso libro *Los mensajes ocultos del agua*.

El ser humano está compuesto por 70% de agua, por lo que tenemos una estrecha afinidad. De hecho, el ser humano, usando la radiestesia, encuentra agua subterránea fácilmente. Esto explica que la técnica del vaso de agua funcione también con el agua. Añadir limón la puede hacer aún más poderosa. La técnica funcionará mucho mejor con las dos manos y separando los dedos, pues menos energía será devuelta a los dedos permitiendo que una mayor cantidad de energía se proyecte dentro del agua. La técnica tiene que ser utilizada únicamente para un solo proyecto a la vez.

José Silva adaptó esta técnica para utilizarla en el Método Silva de Control Mental. En este caso la técnica está adaptada a la forma en la que la uso yo a nivel personal.

Antes de ir a dormir, busca un vaso, copa o recipiente (preferentemente que sea de cristal o cerámica, pues el plástico produce reacciones químicas y no contiene la mejor energía). Llénalo de agua (también puedes echar unas gotas de limón de esta forma se producirá una solución electrolítica). Siéntate en la cama, cierra tus párpados elevando ligeramente los ojos hacia arriba para conectar con tu modo visual, esto provoca un estado psíquico especial.

(Continuación)

Ejercicio 56: Técnica del vaso de agua del Método Silva

Coloca también tus dedos sujetando el vaso, sin que se toquen entre sí. Los dedos en el vaso proyectan energía como puede observarse en las electrofotográficas. Coloca el vaso a la altura del centro de tu frente, justo a la altura de la glándula pineal o también llamado por los místicos «el tercer ojo». Repítete mentalmente o bien di en voz alta: «con este agua encontraré la solución que busco». En caso de que busques algo como objetos perdidos o situaciones en las que necesites contactar o encontrar a alguna persona o situación. En caso de que estés buscando la solución a un dilema en algún proyecto, repítete lo mismo. A continuación exponlo con todas las submodalidades (visual, auditivo y kinestésico) con imágenes, emociones y sensaciones.

Mientras te repites mentalmente estas afirmaciones, bebe la mitad del vaso de agua. Después colócalo encima de la mesilla de noche y, tapándolo para que no caiga polvo y de esta forma procedes a dormirte directamente nada más hacer la técnica. Si te despiertas en la noche con un sueño con la información que estabas buscando, escríbelo. Si te levantas con sed, bebe de otro vaso, este agua no deberás tocarlo.

A la mañana siguiente, nada más despertar, coge el vaso de nuevo, y, aunque hayas tenido un sueño revelador deberás terminar el ciclo. Bebe el agua restante repitiéndote la misma afirmación «Con este agua encontraré la solución que busco».

La respuesta te podrá venir de diferentes maneras; tal vez una conversación en el autobús en la que hablan exactamente de la solución que tú buscas, en la televisión, radio, abriendo un libro… o simplemente te llega de forma intuitiva.

Cuando fui al especialista en altas miopías, me dijo que me quedaría ciego, a lo que yo decidí cambiar de médico, ya que la materia orgánica en el ser humano se puede modificar mediante la palabra, lo que nos decimos a nosotros mismos, el pensamiento, las emociones que sentimos, y por las cosas que hacemos. Así que me puse a visualizar con las técnicas de control mental, observando mi ojo perfectamente, hablando muy bien sobre él y al cabo de diez años apareció la tecnología que me podía curar.

Viajé por toda España investigando qué técnicas y posibilidades había para operarme visitando a los mejores oftalmólogos del país. Finalmente, ya sabiendo cuál era la técnica más apropiada para mí tenía que tomar la decisión de si me operaba o no. Para ello utilicé la técnica del vaso de agua para tomar decisiones que aprendí en control mental, como ya os he explicado. Aquella noche hice esta técnica antes de dormir, pero no tuve ningún sueño, mi mente consciente se comunica con mi mente subconsciente a través de los sueños, pero en dicha ocasión, no ocurrió nada durante la noche.

A lo largo del siguiente día tomé entre mis manos el libro de Herman Hesse Siddhartha, lo abrí por una página donde decía: «Estaba sentado un monje meditando a orillas de un río, cuando pasó Buda por su lado, y le dijo: "¿Qué haces hijo mío?", a lo que respondió el meditador: "oh maestro, estoy meditando para aprender a levitar y cruzar el río meditando". Cerca, había un barquero que se dedicaba a transportar a las personas de una orilla a otra, quien le dijo: "¿Por qué no cruzas el río en la barca y los veinte años que vas a estar aprendiendo a levitar los utilizas en algo más práctico?"» de tal forma, que leyendo esto, entendí que allí se encontraba la respuesta que yo estaba buscando, y que realmente, era mejor operarme que pasar muchos años más visualizando y programando mis ojos. Así que organicé una operación con el doctor que por intuición había elegido. Me operé con anestesia local los dos ojos, y tal y como yo había visualizado, la operación salió perfecta. Era la primera operación que realizaba con esta tecnología, y la recuperación fue tan milagrosa, que en un mes tenía el 95% de visión, llevando mi caso a un congreso en Texas y exponiéndolo como un gran logro. En el año 2006 contaba con el 95% de visión y no solo había mejorado, pues antes solo tenía 75%, sino que por supuesto, no me había quedado ciego como auguraba el primer doctor, once años atrás.

Hoy, diez años después, me sigue mejorando la visión. Con ello aprendí, que hay que ver los problemas desde diferentes puntos de vista, y que médicamente, siempre hay que contrastar diversas opiniones, y aun así, podemos alterar físicamente nuestro cuerpo con nuestra mente, modificando tejidos en cualquier parte del organismo, incluido el cerebro.

Como decía el premio Nobel de Medicina de 1906, Santiago Ramón y Cajal: «Todo ser humano, si se lo propone, puede ser el escultor de su propio cerebro». Y esto ya lo ha demostrado la ciencia: científicos de Harvard y el doctor Bruce Lipton en su libro *La bilogía de la creencia*, han afinado que personas con problemas psiquiátricos han modificado físicamente su estructura cerebral.

EL AGRADECIMIENTO

El agradecimiento es un sentimiento poderoso y capaz de hacernos cambiar nuestra actitud y nuestro estado de ánimo, así como nuestra forma de afrontarnos a nuestros problemas. Mantener una actitud agradecida no es solo una forma de cortesía, sino la manera de conectarnos con nuestro plano emocional. Si te sientes agradecido por algo, ¿por qué no decirlo?, ¿por qué no mostrar abiertamente nuestro agradecimiento?

Mantenerse en un estado de gratitud es una de las formas más poderosas de permanecer conectado a la energía universal y de aumentar tu vibración energética. De esta forma podemos manifestar nuestros deseos.

La gratitud es una acción que necesita atención y enfoque para convertirla en un hábito que forme parte de ti y de forma inconsciente te conviertas en una persona agradecida. El agradecimiento es una deuda del alma, como dice el refranero «Es de bien nacido ser agradecido».

Cada noche escribe en tu libreta u ordenador (no importa el lugar, pero será más eficaz si lo escribes de manera física) todas aquellas situaciones en las que puedas estar o sentirte agradecido, ya sean personas, experiencias, emociones, sentimientos o incluso obstáculos. Agradece lo que tienes y lo que no tienes.

La queja es sinónimo de pobreza y la gratitud sinónimo de riqueza. Tal vez tu situación actual sea de pobreza, pero si agradeces cada cosa que tienes te llegarán más cosas, tanto físicas como espirituales; sin embargo, si continúas con la queja, cada vez tendrás menos, por eso una actitud de agradecimiento es una actitud de riqueza.

Por ejemplo, ha llegado a tu cuenta la trasferencia de tu nómina. Si te dices: «Cada vez gano menos, con esto no me llega para nada», tu salario irá disminuyendo, así que cada vez que obtengas dinero, de la forma en la que llegue, es importante sentir un auténtico agradecimiento. Cada vez que tengas pensamientos negativos cámbialos por otros positivos, agradeciendo la posibilidad que tienes de vivir, pues la vida en sí es un bien que tenemos que agradecer. Agradece vivir en el país que vives, por las oportunidades que te da. Agradece cuando tengas que pagar el alquiler o la hipoteca, pues tienes un hogar.

Todos los dones y riquezas te llegarán si lo agradeces, pues la abundancia en todos los aspectos de la vida dependerá de cuanta gratitud sientas. Cuando agradecemos y nos sentimos agradecidos, conectamos la abundancia en todas sus dimensiones posibles. A menudo olvidamos valorar y apreciar todas aquellas acciones, pues estamos acostumbrados a ellas. Un gesto como pulsar un botón y que se encienda la luz, o quizá abrir el grifo y tener la posibilidad de que salga agua, incluso caliente es algo por lo que debemos estar agradecidos, pues casi 4,000 millones de personas no disponen de la posibilidad de realizarlo, mientras que tu dispones de ello en cualquier momento. Estamos tan concentrados en todo aquello que nos falta y en nuestras expectativas que no somos capaces de agradecer los sencillos gestos que la vida nos está ofreciendo.

El agradecimiento es una herramienta para trasportarnos a un mundo mucho más sano. Agradecer está relacionado con aprender a valorar, apreciar, y vivir en el presente y a aceptar que muchas veces, la vida en general no es como creemos que debería ser, pero aun así, debemos valorar todo aquello que nos aporta.

La gratitud es como un músculo, conforme vamos practicándola, percibimos muchas más cosas por las que sentirnos agradecidos.

> «El agradecimiento es la memoria del corazón».
> Lao Tse

Ejercicio 57: La carta de gratitud

Haz una carta con todo aquello que posees, ya sea objetivo o subjetivo. Puedes poner, por ejemplo, que de manera objetiva posees una casa, un coche, ropa… y añade el porqué del agradecimiento: «Tengo un coche y estoy agradecido porque me transporta cada fin de semana a cualquier lugar de España donde imparto mi curso. Voy cómodo, y me siento estupendo por la seguridad que me produce». Un ejemplo de agradecimiento subjetivo puede ser la perseverancia: «Estoy agradecido por la perseverancia que tengo, porque, gracias a ella, a pesar de los años que llevo intentando escribir este libro, finalmente lo he conseguido». Las cosas objetivas serán objetos, y las cosas subjetivas serán cualidades o sentimientos de amor, amistad, etc. Por ejemplo, yo agradezco a mi pareja la paciencia que tiene, así como la paciencia que me hace tener y todo su amor y cariño. También puedes agradecer cosas que todavía no tienes. Si das gracias por ese nuevo trabajo que te va a realizar profesionalmente, el universo va a entender que te lo mereces y es muy factible que llegue a tu vida.

Agradece cada cosa que tienes y experimenta esa emoción de gratitud en tu corazón. Hasta el último átomo de tu cuerpo debe sentir esta gratitud.

Ejercicio 58: El agradecimiento

Llevo haciendo este ejercicio durante más de treinta años. Lo aprendí gracias a un monje de la India y nunca he dejado de practicarlo cada vez que me ducho, pues el acto de ducharse posee un efecto limpiador y purificante a nivel físico, a nivel energético y espiritual.

Me coloco de pie, con los ojos cerrados y mirando a la luz (ya sea una ventana o una bombilla). Los pies alineados con tus hombros. Cuerpo recto y cabeza ligeramente inclinada hacia delante colocando la coronilla hacia el cielo. Coloco las palmas de las manos juntas, pegadas justo a la altura de mi pecho. Inspiro.

Imagina una luz violeta que sale del centro del universo, penetra por tu coronilla y te llena de energía recorriendo todo tu cuerpo. Da gracias al menos por una cosa, y si sientes que debes estar agradecido por más, puedes hacerlo también. No hay límite para ser agradecidos.

Con tus palmas unidas a la altura de tu frente coloca tus dedos pulgares en ella elevando tus brazos. Haz un ligero movimiento y traslada tus manos hasta tu pecho de nuevo, tus dos dedos pulgares deberán hacer contacto con tu piel. En este momento pide a tu mente subconsciente y a la mente universal que te guíe y te ayude en tu camino. Acabas de conectar tu mente con tu corazón.

Doy gracias por haber tenido muchos y muy buenos maestros, a los cuales respeto mucho, pero son seres humanos igual que nosotros y también todos tenemos nuestro ego, por lo cual mi consejo es que aprendas de todo y de todos, pero lo más importante eres tú mismo, y todo el conocimiento que necesitas está en tu interior.

Entrenando con mi maestro.

Muchas veces encontrarás personas de las que puedes aprender mucho, pero tal vez juzgues su aspecto, o sus fallos, como el caso de mi maestro, que me enseñó mucho, pero en el campeonato del mundo no estuvo a la altura y me dejó perder anteponiendo sus intereses por delante de la honradez, pero no por ello he dejado de valorar la cantidad de enseñanzas que recibí de él.

No caigas en el ego espiritual pensando que lo sabes todo. Es importante continuar aprendiendo el resto de nuestra vida, pues, al igual que comemos y dormimos, el hecho de aprender y meditar deben de ser parte fundamental de nuestra vida.

Impartiendo un Curso del Método Silva en Madrid.

En la actualidad, me encuentro en un gran momento en lo que la relación con mis hijos respecta, pues comparto mucho con ellos, los cuido de lunes al mediodía a viernes en la mañana. Es un deleite verlos crecer, me encanta hacerles la comida y cuidarlos y cuando los recoge su madre, me marcho cada fin de semana a impartir los cursos. De esta forma he creado una red de trabajo excepcional, con más de veinte coordinadores y coordinadoras por toda la geografía nacional e incluso en otros países.

En la actualidad y durante estos últimos años me he formado como facilitador en los cursos de Louise Hay, como coach en el Instituto Europeo de Coaching durante varios años, también con Tony Robbins, Máster en Programación Neurolingüística (PNL) con Anna Flores, habiendo entrenado también con Richard Bandler. También soy facilitador en PSYCH-K, he realizado el curso de entrenamiento mental de NeuroFocus System que imparte mi amigo David Gómez, pero lo más importante para mi es mi progreso en el Método Silva con más de 250 cursos impartidos y 12,000 asistentes a mis cursos. Como coach hago más de 200 sesiones al año. De esta forma me encuentro totalmente satisfecho y realizado con mi trabajo. Este libro que os muestro es el resultado de una búsqueda y aprendizaje en el mundo del desarrollo personal de más de treinta y dos años de trabajo y esfuerzo.

Epílogo

Me gustaría hacer hincapié en aquello que ha cambiado y mejorado tanto mi vida. Entre estos factores están los grandes pilares del Método Silva: la práctica de la relajación, la meditación y el entrenamiento de las tres mentes. Si logras tener más claridad y dominio sobre ellas, encontrarás la llave de la vida, del éxito y del bienestar. Integrar la práctica de la meditación en tu vida te permitirá vivir en el aquí y ahora, en el presente. Y esta es la única forma de mantener a raya al ego.

Mi maestro Hisataka me transmitió los pilares del Satori (el despertar) y yo te los he intentado transmitir a ti de la mejor forma posible, pero te pido un favor: no te quedes en la mera lectura creyendo ciegamente lo que te cuento. Pon en práctica los ejercicios y las técnicas que te propongo en este libro y a través de tu experiencia podrás comprobar su potencial. El objetivo es cambiar tu mundo interior, para que posteriormente todos estos beneficios se reflejen en tu mundo exterior. Esto solo se puede conseguir con el entrenamiento diario y sin olvidar el poder de la palabra, pues a través de estas eres capaz de modificar tu forma de pensar.

Aunque en este libro he hablado mucho sobre el plan de acción y la planificación de tus objetivos, lo que te va a ayudar a alcanzarlos velozmente será la visualización, la imaginación, y por último, sentirlos en tu cuadro mental. Estas prácticas se pueden afinar mucho mediante el trabajo y la práctica, por ello te recomiendo encarecidamente que asistas a un curso del Método Silva de Control Mental, el entrenamiento de la mente más eficaz.

Ante todo piensa en unas palabras iniciales de Kipling que te recordé al principio de este libro: «Piensa que puedes y podrás».

Bibliografía

Álava, María Jesús: *La inutilidad del sufrimiento*, La Esfera de los Libros, Madrid, 2002.

—: *Recuperar la ilusión*, La Esfera de los Libros, Madrid, 2007.

Benson, H. & Proctor, W.: *Beyond the relaxation response*, Berkley Books, NuevaYork, 1985.

Bandler, R., y Grinder, John: La estructura de la magia. Lenguaje y terapia, cuatro vientos, Barcelona, 1998.

—: *De sapos a príncipes*, Cuatro Vientos, Barcelona, 2014.

B. Stone, R.: *La magia del poder psicotrómico*, Edaf, Madrid, 1998.

Covey, S.: *Los 7 hábitos de la gente altamente efectiva*, Paidós, Barcelona, 1989.

Cuéllar, Alejandro, *La magia de la PNL. Comunicación, transformación y poder personal*, Edaf, Madrid, 2012.

Dilts, R.: *Liderazgo creativo*, Urano, Barcelona, 1996.

—: *Como cambiar creencias con la PNL*, Urano, Barcelona, 1998.

—: *El poder de la palabra*, Urano, Barcelona, 2003.

El Kybalión, de Hermes Trismegisto, edición de Tres Iniciados, Edaf, Madrid, 2017.

Fanelli, Vincenzo, *Mejora tus relaciones con eneagrama y PNL*, Edaf, Madrid, 2011.

Fox, E.: *The Mental Equivalent* (1st ed.), Dancing Unicorn Books, Lanham, 2016.

Frankl, V. & Kopplhuber, C.: *El hombre en busca de sentido* (1st ed.), Herder, Barcelona, 2015.

Goleman, D., González Raga, D., & Mora, F.: *Inteligencia emocional* (1st ed.), Kairós, Barcelona, 2009.

Hay, L.: *El poder está dentro de ti* (1st ed.), Books4pocket, Barcelona, 2007.

—; *Usted puede sanar su vida*, Books4pocket, Barcelona, 20078.

Hill, N.: *Piense y hágase rico* (1st ed.), Vintage Español, Nueva York, 2010.

—: *Las llaves del éxito. Los 17 principios del triunfo personal*, Edaf, Madrid, 2013.

Hughes, Daniel: *Relaciones personales excelentes. 8 claves para tener relaciones de calidad*, Urano, Barcelona, 2014.

Jung, C., Hull, R., & Shamdasani, S.: *Dreams* (1st ed.), Princeton University Press, Princeton, 2012.

Kubler-Ross, E.: *La rueda de la vida*, Ediciones B, Barcelona, 2006.

O'Connor, J., y Seymour, J.: *Introducción a la PNL*, Urano, Barcelona, 990.

Philips, Denning: *Autodefensa psíquica y bienestar*, Obelisco, Barcelona, 2001.

Rivas, R.: *Saber pensar: dinámica mental y calidad de vida*, Urano, Barcelona, 2008.

Silva, José, y Goldman, Burt: *El Método Silva de contol mental. Dinámicas mentales*, Edaf, Madrid, 2011.

Stamataeas, Bernardo: *Emociones tóxicas*, Ediciones B, Barcelona, 2014.

Sunt Zu, *El arte de la guerra*, Edaf, Madrid, (1ª. Ed. 1993), 2014.

Tracy, B.: *Máxima eficacia*, Urano, Barcelona, 2003.

Vilaseca, Borja: *Encantado de conocerme* (5ª ed.), DEBOLSILLO, Barcelona, 2015, .

Wilber, K.: *No boundary* (1st ed.), Shambhala, Boston, 2001.

—: *La práctica integral de vida. Programa orientado al desarrollo de la salud física, elequilibrio emocional, la lucidez mental y el despertar espiritual del ser humano del siglo XXI*, Kayrós, Barcelona, 2011.

Relación de ejercicios

Relación de figuras

Datos de interés

Para contactar con el autor, cursos y conferencias
u obtener más información sobre el Método Silva:

www.luisperezsantiago.com

www.metodosilva.com

www.Silvamethod.com

Para información sobre *coaching* en general:

www.piensaquepuedesypodras.com